大学生就业指导与创新创业实务

孙连军　李成龙　崔玉祥 ◎ 主编

中国书籍出版社
China Book Press

本书编委会

主　编　孙连军　李成龙　崔玉祥

副主编　(按姓氏笔画排序，排名不分先后)

　　　　王付华　刘　娜　李　鹏　邱晓彤

　　　　陈凤娇　杨　凯　张　畅　赵　美

　　　　薛　萌

前　言

近年来，大学毕业生人数越来越多，就业形势亦日益严峻。本书结合当前大学生的就业状况，顺应"大众创业，万众创新"的时代趋势，在遵循现代职业教育规律的前提下，从就业教育和"双创"引导相结合的角度，以"认知—理解—运用"为线索系统规划课程内容，科学设计教学模块，形成模块主题相对独立、模块内容渐次递进的层级结构，旨在培养大学生良好的职业意识、就业能力和"双创"意识的实现能力。通过激发大学生就业、创业的自主性，引导大学生树立正确的就业观、创新观、创业观，促使大学生理性规划自身未来发展，自觉形成自我职业生涯管理的能力。

本书采用富有创意的目录结构，创新了教学内容的组织形式，将教学内容的容量进行了前瞻性设计，方便教学内容的摘选与教学环节的优化。本书可作为各类职业院校就业指导、创新创业教材，也可以作为相关教职人员的参考书，也适合有志于规划自己职业生涯、提升自己创新创业能力的广大青年阅读。

参与本书编写的都是山东信息职业技术学院一线教师，具有丰富的教学经验。第一模块由李鹏、薛萌、王付华主写，第二模块由赵美主写，第三模块由邱晓彤主写，第四模块由陈凤娇主写，第五模块由李鹏主写，第六模块由刘娜主写，第七模块由杨凯、李成龙、张畅主写，第八模块由李成龙主写。孙连军、李成龙、崔玉祥负责全书的策划、统稿、定稿工作及相关章节编写。

本书在编写过程中参考了国内外许多专家和学者的学术成果，并引用其中一些内容，因篇幅有限未能一一注明出处，在此谨向原作者表示诚挚的谢意。

由于时间紧张加上编者水平有限，书中难免有一些疏漏和不足之处，敬请广大读者批评指正。

编　者

2020 年 1 月

目 录

第一模块 知法规——就业形势与政策 1
 主题1 就业形势分析 3
 主题2 就业政策解读 6
 主题3 就业法律法规导述 14

第二模块 定方位——职业定位分析 23
 主题1 职业认知 25
 主题2 职业探索 36
 主题3 职业测评 44

第三模块 备行程——求职准备 69
 主题1 求职心理的准备 71
 主题2 就业信息的收集与处理 79
 主题3 求职资料的准备 85

第四模块 面对面——面试实务 95
 主题1 面试准备 97
 主题2 面试技巧条分 104
 主题3 面试注意事项明悉 111

第五模块 保平安——入职保障 125
 主题1 就业协议书订立 127

主题2　劳动合同签订 ·· 135
　　主题3　就业风险防范 ·· 156

第六模块　识双创——创新与创业 ·································· 177
　　主题1　创新概述 ·· 179
　　主题2　创业认知 ·· 194
　　主题3　创新与创业互化 ·· 203

第七模块　筹创业——创业准备 ····································· 211
　　主题1　创业素养认知 ·· 213
　　主题2　创业计划书撰写 ·· 222
　　主题3　创业模拟实践 ·· 237

第八模块　做老板——创业实务 ····································· 253
　　主题1　创业环境适析 ·· 255
　　主题2　创业团队组建 ·· 269
　　主题3　公司注册 ·· 280

第一模块

知法规——就业形势与政策

知识目标

- 认知大学生就业形势
- 掌握就业及创业政策
- 了解就业保障法律

技能目标

- 能够找准就业形势下的定位
- 能够深入解读就业政策
- 能够把握就业权益要点

要点导图

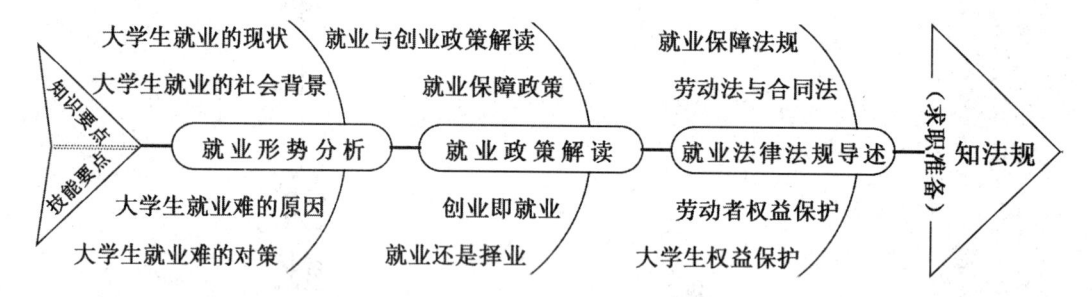

图 1-1 "知法规"知识与技能要点

前导案例

2019 年中国大学生就业报告

2019 年 6 月 10 日，麦可思公司根据大学毕业生跟踪数据撰写发布了《2019 年中国大学生就业报告》，报告显示：本科就业率持续缓慢下降，高职高专就业率稳中有升。

2018 届大学毕业生的就业率为 91.5%。其中，本科毕业生就业率（91.0%）持续缓慢下降，较 2014 届（92.6%）下降 1.6 个百分点；高职高专毕业生就业率为 92.0%，较 2014 届（91.5%）上升 0.5 个百分点。

由于深造比例持续上升，毕业生待就业压力未明显增加。

2018 届本科毕业生"受雇工作"的比例为 73.6%，连续五届持续下降；"自主创业"（1.8%）的比例较 2017 届（2.0%）略有下降；"正在读研"（16.8%）及"准备考研"（3.3%）的比例较 2017 届分别增长 3.2 个、1.4 个百分点。

2018 届高职高专毕业生"受雇工作"的比例为 82.0%，较 2017 届下降 1.5 个百分点;"自主创业"(3.6%)的比例较2017届(3.8%)略有下降;"读本科"的比例(6.3%)连续五届上升,较2014届增长2.1个百分点。

由于深造的分流,毕业生待就业压力没有明显增加。2018届本科毕业生待就业比例为4.2%,较2014届(4.5%)略有下降;2018届高职高专毕业生待就业比例为7.5%,较2014届(8.1%)降低0.6个百分点。

2018届本科毕业生就业率最高的学科门类是工学(93.1%),其次是管理学(92.7%),最低的是法学(85.1%)。2018届本科毕业生就业率最高的专业类是电气类(95.5%)。2018届本科毕业生就业率排前三位的专业是软件工程(96.8%)、能源与动力工程(96.8%)、工程管理(95.8%)。

2018届高职高专毕业生就业率最高的专业大类是生化与药品大类(93.7%),其次是公共事业大类、材料与能源大类(均为93.3%)。2018届高职高专毕业生就业率最高的专业类是食品药品管理类(94.5%)。2018届高职高专毕业生就业率排前三位的专业是高压输配电线路施工运行与维护(97.1%)、电气化铁道技术(95.9%)、电力系统自动化技术(95.5%)。

案例解读:

从就业率变化趋势可以看出,本科学科门类中的艺术学、经济学、理学毕业生就业率下降较多;高职高专专业大类中的资源开发与测绘大类、医药卫生大类、土建大类毕业生就业率上升较多。

主题1 就业形势分析

长知识

知识点1:大学生就业的社会背景

就业是民生之本,特别是在当前我国经济减速换挡、结构优化调整、动力加快转换的关键时期,就业的"稳定器"作用显得更加重要。近年来,随着高校大规模的扩招,毕业生数量逐年增多,据2019届全国高校毕业生就业工作视频会议信息显示,2020届的高校毕业生人数预计达到874万人,比2019年多40万。

大学生面临着严峻的就业形势,加上金融危机的影响,毕业生的就业受到了前所未有的挑战,大学生在毕业之后能否顺利就业,已经成为了全社会普遍关注的热点问题。即使2020年有874万的大学毕业生,按照现在的经济发展速度以及企业市场需求,再加上每年政府提供的大量就业机会,也是能够容纳这些大学生的,但是为什么大学毕业生会感觉到就业压力越来越大,最终形成大学生就业难的现象?

知识点2：大学生就业难的原因

大学生就业难有社会原因、政策原因和大学生自身的原因，具体如下。

1. 就业结构不合理，供求关系出现问题

高等院校的增加导致毕业生数量与社会上的供求关系出现了问题，但从实质上来讲是教育的发展与经济发展不相匹配的结果。主要原因有两个：第一，我国人口数量的不断增加导致大量的人口需要就业，但是我国新生的人口增长速度比我国经济的发展速度还要快，就业岗位越来越不足；第二，随着我国教育的发展，学生步入大学已经成为一种潮流，这导致高校进一步扩大招生范围，而扩大招生范围的背后是就业难的问题，最后导致大学生就业难成为一种普遍现象。

2. 用人单位在选取大学生时存在误区

首先，过分注重文凭。不少用人单位认为员工的学历越高越好，这就造成了被招聘人员的水平和岗位不匹配或造成人才浪费。第二，性别歧视。很多用人单位考虑到女性的生理因素、婚姻因素以及生育保险和女性劳动保护费等情况，在同等条件下，会优先考虑男性，这就造成了女大学生就业难。第三，生源地域歧视。很多用人单位考虑到本单位的业务状况和当地各方面联系紧密，更倾向于招聘本地的大学生，实行地区保护主义，这也不利于大学生的公平竞争。第四，过分看重工作经验。经验不足是大学应届毕业生最大的劣势，很多用人单位都喜欢招聘有经验的人才，这样一般大学应届毕业生是无法满足用人单位要求的。

3. 大学生存在的误区

首先，不少毕业生发现求职履历上如果有相关证书、奖励、工作经历会给找工作带来方便，就会通过投机取巧或者造假的方式来取得用人单位的初步信任。第二，由于高校扩招、民办学校增多、招生规模不断扩大、招生分数不断降低，再加上一些大学生在校期间不认真学习、动手能力差、缺少实践经验，导致大学生的整体素质有下降的趋势。第三，毕业生的就业观念没有根本转变，就业期望值较高，对于自身定位有误区。

练技能

技能点1：大学生就业难的对策

1. 大学生转变就业观念，提高自身能力

大学生需要改变自己的就业观念，树立从基层开始的就业观。毕业生都希望去一些大的公司、企业上班，但是当前社会很多小城市、农村等还存在很多空缺的岗位，这些岗位同样需要人才。大学生应先就业，经过一段时间的锻炼以后再有选择性地就业，根据自身实际再创业，这种职业的选择战略可以帮助大学生在工作的道路上找到适合自己的岗位。只有不断地在实践工作中积累经验，不断地磨炼自己，提高自身各方面的工作能力，才能在激烈的就业环境中脱颖而出，缓解社会上的就业压力。

2. 高校需对自身教学进行改革

高校需要根据当前的社会形势对教学进行调整，让学生在大学阶段就有一定的职业选择和工作的能力。一是调整学生的专业结构，使学生的学习与日后的就业联系起来，使专业人才与社会需要更加对口，而那些专业设置不合理的学校或者专业就需要降低招生的数量。二是学校不仅要对应届毕业生进行相关的就业指导，而且要把就业指导贯穿在四年的大学学习中，让学生在毕业时可以掌握更多的就业知识，减少学生的就业压力。三是需要建立一个高素质、高效率的专业就业指导教师团队。四是以就业为指导，对不同专业的学生进行特点教学，结合专业所具有的特点开展教学，这样可以培养出具有专业能力和实践能力的人才，同时也提高学生的综合能力。

3. 政府部门需履行好责任

一是政府需要制定相关的法律制度来不断地完善当前社会就业体系。政府部门从就业市场出发，建立一系列全面的政策制度，把毕业生就业细化，加入到制定的相关法规中，从根本上减轻毕业生就业的压力。二是政府需要建立有关毕业生失业的保障制度和失业就业培训机构。这样才能及时地对毕业生进行针对性的就业指导，从而解决毕业生就业难的问题。

要想从根本上解决大学生就业难的问题，还需要学生、学校、社会和政府部门的共同努力，毕业生是当今社会发展中一支强有力的队伍，所以高校要根据社会的发展和需要培养与时俱进的人才。

任务

辩论：就业难还是不难

学生分成小组，针对当前大学毕业生就业难的问题进行辩论，分析当前的就业形式，了解当前的就业政策，掌握当前就业的趋势，并结合自我认知与专业特点，分为正反双方进行辩论。

正方：难

我国高等教育从二十世纪九十年代末期步入了大众化发展阶段，却未抛弃片面强调学历教育、文凭至上的观念，这就使得注重技能、强调实用的职业教育严重滞后。经济社会发展需要的是技能型人才，而大部分大学生在学校实操机会甚少，实践能力较差，不能满足企业需求。举例论证：

所说的大学生就业难是基于什么呢？现在让我们从以下几个方面陈述：

反方：不难

辩方总强调就业困难，难道大学生毕业了就因为困难而不去找工作吗？

难道看不到国家给予的就业政策吗？难道就业难是政府的原因，与自身没关系吗？（从政府、学校和学生自身三个方面进行反驳）

开眼界

爱因斯坦曾经失业一年

爱因斯坦出生在德国，父母都是犹太人，17岁时虽父母移居瑞士苏黎世，1900年爱因斯坦从苏黎世联邦理工学院毕业。苏黎世联邦理工学院是"欧陆第一名校"，享誉全球，可即使名校毕业，爱因斯坦在毕业后的一年多里还是没找到工作。看着自己已经23岁了，还要父母养活自己，爱因斯坦心里不是滋味，甚至有些绝望。

面对当时的困境，爱因斯坦振作精神，开始给当时德国的一位化学家奥斯特瓦尔德写自荐信，据说这位德国化学家非常珍惜人才，被人称为"科学伯乐"。爱因斯坦给他写信，希望能在奥斯特瓦尔德身边谋个差事，但是信件发出了很久，一直没有回音。

爱因斯坦一连写了四封信，第四封信寄出好几个月后，仍然没有收到奥斯特瓦尔德的回复，正当他不气馁准备写第五封信的时候，他收到了瑞士伯尔尼专利局的一封来信，希望爱因斯坦就职审查各种新发明的技术职位。

其实，在爱因斯坦发出第一封信的时候，奥斯特瓦尔德就已经离了原来的实验室，爱因斯坦发出的四封邮件全部扔进了无人问津的门前邮箱。这天，有一位奥斯特瓦尔德曾经的助手正巧路过实验室，无意间看到了爱因斯坦的几封邮件。巧合的是这位助手是爱因斯坦的大学同学，他对爱因斯坦的才华非常钦佩，于是他向他所就职的瑞士伯尔尼专利局推荐了爱因斯坦，最终爱因斯坦被录用了。

凭借这四封自荐信，爱因斯坦找到了工作，摆脱了待业，正是在这个专利局审查员的岗位上，他利用业余时间发表了三篇震动世界物理学领域的论文，其中就有狭义相对论理论，从而改写了人类的科学史，直达物理学的顶峰。

主题2　就业政策解读

长知识

知识点1：就业保障政策

高校生毕业仅仅依靠政府部门、国企及各类大型企业是远远不够的，他们提供的岗位再多都是有限的。所以政府及教育部门针对大学生就业问题做了部署，鼓励大学生响应国家的发展计划，给大学生提供了更多的就业机会，提供多渠道保障高校毕业生就业。

1. 支持基层就业项目

国家一如既往地鼓励支持"三支一扶""大学生志愿服务西部计划""大学生村官""特岗计划"等基层就业项目，同时还会适时扩大规模。国家的全面发展，需要更多的高校人才加入。

2. 鼓励大学生参军

高校毕业生应征入伍服义务兵役，除享有优先报名应征、优先体检政审、优先审批定兵、优先安排使用等"四个优先"政策，家庭按规定享受军属待遇外，还享受优先选拔使用、学费补偿和国家助学贷款代偿、退役后考学升学优惠、就业服务保障等政策。

3. 鼓励大学生到国家最需要的地方

鼓励大学生到国家重点支持的地区、重大工程、重大项目以及重要领域就业。

4. 做好中小微企业和大学生之间的桥梁，让大学生能及时了解企业的各种招聘信息。

5. 通过政策的引导，让大学生有正确的就业意识，快速接受新型就业模式和用工模式。

知识点2：就业与创业政策解读

"三到一创"：2019年的就业政策要点解读

教育部发布《关于做好2019届全国普通高等学校毕业生就业创业工作的通知》，核心内容就是"三到一创"，今年比往年更强调"三到一创"，"三到"就是到基层、到中小微企业、到国家和产业需要的地方，"一创"就是指创业。

2020全国普通高校毕业生预计874万人，再创新高。此外，海归留学生也开始进入就业市场。据不完全统计，2020年海归毕业生与本土毕业生相加将超过900万之众。

如此庞大的就业大军，能否在新政策引领下顺利渡过就业难关？

"三到一创"拓展就业渠道

2019年的就业政策更加强调"三到一创"。

首先要鼓励毕业生到基层就业，《关于做好2019届全国普通高等学校毕业生就业创业工作的通知》还指出要充分发挥中小微企业吸纳毕业生就业的主渠道作用，围绕"一带一路"建设、雄安新区建设等引导毕业生到重点地区以及重大工程、项目、领域就业。此外，适应新业态、参军入伍以及到国际组织实习任职也是政策鼓励的就业选择。

第二，继续鼓励大学生自主干事，并加大支持和帮扶的力度。

（1）培养大学生自己干事的理念，对其创新意识及实践能力加以训练。

（2）学校和地区不仅要提供好创业场地和做好资金支持，还需提供法律服务，引导并保障大学生创业的顺利进行。

解读：创业创新成为就业增长重要源泉

近年来，国务院和各级地方政府积极推进"大众创业、万众创新"，努力搭建创业创新平台，不断完善创业创新支持政策，持续做好创业创新公共服务，催生出一大批新的市场主体，日益成为我国创新发展和扩大就业的重要支撑。2018年前三季度，我国新登记注册的企业超过500万户，日均新登记企业超过1.8万户。数据显示，平均每个企业或者项目的从业人员为8.44人，创业对于就业的拉动作用明显，已经成为稳定就业的"蓄水池"。同时，创业创新带来新业态和新动能的成长发展，也对促进就业起到了积极作用。《2017年大众创业万众创新发展报告》指出，目前新动能对新增就业的贡献率达到70%左右。全国创业孵化载体内企业就业人数超过200万人，每家毕业企业平均带动就业43人。

在创业方面，新政策亮点也较多。这主要体现在两点：一是场地支持，二是资金扶持。因而，加大双创教育和创业指导服务成为各高校和有关部门做好就业工作的重头戏。

政策落实需要迈过"四道坎"

如何将毕业生政策落到实处？需要高校带头发力，也离不开整个社会的协同。就业政策落实是系统性工程，需要跨过四道坎。

第一道坎是转变观念。毕业生和社会都要意识到，就业不一定要到大城市、大机关、大企业去。

第二道坎是解决上升空间不足的难题。乡村发展需要大量人才，但到基层后，毕业生最担心的就是上升渠道。促进城乡均衡发展、建设美丽乡村、实施乡村振兴战略才能有助于突破困境。

完善社会保障体系和信用体系是第三道坎。在诚信社会，一旦信用受损，对日后的生活、工作必定产生很大影响。所以社会信用体系建设应该更加完善、合理，不至于影响毕业生的信用。

第四道坎要坚定不移支持民营经济发展。民营企业本身是就业大户，截至2017

年底，民营企业吸纳了 80%以上的城镇劳动就业。大学生创业不仅能够实现自身就业，还可以带动就业。大学生创业过程中，有一部分企业将来也会成长为民营企业。如果政策不好，这些小企业不仅很难长大，还很容易被扼杀。

练技能

技能点1：创业即就业

我们先了解一下创业的扶持政策。

大学生创业优惠与扶持政策是为鼓励高校毕业生自主创业，以创业带动就业，财政部、国家税务总局发出《关于支持和促进就业有关税收政策的通知》，明确自主创业的毕业生从毕业年度起可享受三年税收减免的优惠政策。其中，高校毕业生在校期间创业的，可向所在高校申领《高校毕业生自主创业证》；离校后创业的，可凭毕业证书直接向创业地县以上人社部门申请核发《就业失业登记证》，作为享受政策的凭证。为促进高校毕业生自主创业，教育部提出，要落实完善创新创业优惠政策，加大创新创业场地和资金扶持力度，加强创业指导与服务等。

学校是大学生创新创业最重要的孕育平台，根据《教育部关于做好 2019 届全国普通高等学校毕业生就业创业工作的通知》规定，各高校要按照《普通高等学校学生管理规定》要求，进一步细化创新创业学分积累与转换、弹性学制管理、保留学籍休学创业、支持创新创业学生复学后转入相关专业学习等政策，允许学生用创业成果申请学位论文答辩。

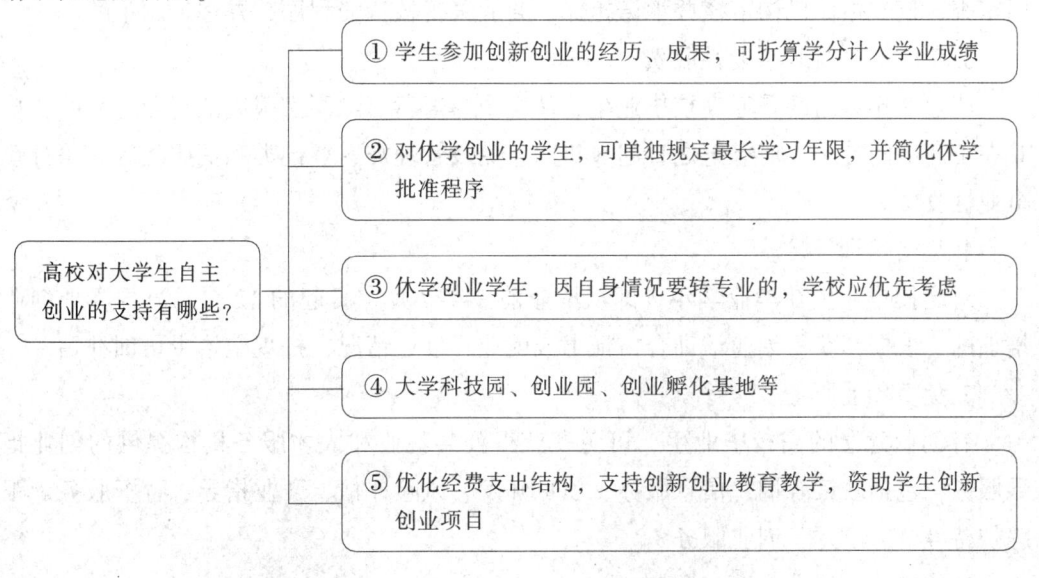

高校对大学生自主创业的支持有哪些？
① 学生参加创新创业的经历、成果，可折算学分计入学业成绩
② 对休学创业的学生，可单独规定最长学习年限，并简化休学批准程序
③ 休学创业学生，因自身情况要转专业的，学校应优先考虑
④ 大学科技园、创业园、创业孵化基地等
⑤ 优化经费支出结构，支持创新创业教育教学，资助学生创新创业项目

图 1-2　高校对大学生创业的支持

按照《国务院关于进一步做好新形势下就业创业工作的意见》《国务院办公厅关于深化高等学校创新创业教育改革的实施意见》等文件规定，高校毕业生自主创业优惠政策主要包括以下6项：

```
①税收优惠                    ④享受培训补贴
②创业担保贷款和贴息支持    高校毕业生自主    ⑤免费创业服务
                            创业优惠政策
③免收有关行政事业性收费      ⑥取消高校毕业生落户限制
```

图 1-3　高校毕业生创业的优惠政策

1. 税收优惠

财税〔2017〕49号文件规定，对持《就业创业证》的高校毕业生，在毕业年度内（即1月1日至12月31日）创办个体工商户、个人独资企业的，3年内按每户每年8000元为限额，依次扣减其当年实际应缴纳的营业税、城市维护建设税、教育费附加和个人所得税。限额标准最高可上浮20%。

2. 创业融资支持

对符合条件的高校毕业生自主创业的，可在创业地按规定申请创业担保贷款，贷款额度为10万元，部分发达地区可以最高贷款30万。

大学生可以申请创业担保贷款，按照自愿申请、社区推荐、人力资源社会保障部门审查、贷款担保机构审核并承诺担保、商业银行核贷的程序，办理贷款手续。

3. 免收有关行政事业性收费

毕业2年以内的普通高校毕业生，从事个体经营（除国家限制的行业外）的，自其在工商部门首次注册登记之日起3年内，免收管理类、登记类和证照类等有关行政事业性收费。

4. 享受培训补足

对高校毕业生在毕业学年（即从毕业前一年7月1日起的12个月）内参加创业培训的，根据其获得创业培训合格证书或就业、创业情况，按规定给予培训补贴。

5. 免费创业服务

有创业意愿的高校毕业生，可免费获得公共就业和人才服务机构提供的创业指导服务，包括政策咨询、信息服务、项目开发、风险评估、开业指导、融资服务、跟踪扶持等"一条龙"创业服务。

6. 取消高校毕业生落户限制

允许高校毕业生在创业地办理落户手续（部分城市按有关规定执行）。

自主创业可获小额贷款

案例：小李毕业后没有找到合适的工作，一直在家闲着。街道社保所的工作人员得知这一情况后，让小李参加街道组织的创业培训课程。几节课听下来，小李对微水洗车的一个创业项目产生了浓厚的兴趣，动了给自己当老板的心思。可小李手头并没有足够的创业资金，经过社保所工作人员的帮助，小李通过信用社顺利贷款，开始走上自主创业之路。

所谓自主创业，是指能够结合自己的特点，通过自主从事生产和服务及其他经营活动来创造就业岗位，并依法获得劳动报酬的就业方式。《就业促进法》第十九条规定：国家实行有利于促进就业的金融政策，增加中小企业的融资渠道；鼓励金融机构改进金融服务，加大对中小企业的信贷支持，并对自主创业人员在一定期限内给予小额信贷等扶持。

任务

1. 大学生如果要创业，除了咨询学校的就业或创业指导老师外，还可以通过校外的哪些平台或部门获取信息、政策与资金的帮助？

2. 请大家搜寻学校所在地或家乡的地方性就业扶持政策，尤其是创新创业政策有哪些具体规定。

技能点2：就业还是择业

（一）就业思路引导

无论是已经进入社会谋职还是仍在学习的在校生，每个人都渴望成功，成功的前提是了解就业环境、解读就业政策，准确地进行自我剖析和挖掘，发现自己、了解自己，并在宏观分析下结合自己微观的特点，找到两者的结合点，那就是未来自己的就业方向或定位。下面举例说明。

1. 个人概况

张明，2016年9月考入上海某技术学院，将在2020年7月毕业，为人诚恳、性格温和、有主见、富有创造能力、积极进取，喜欢能让自己静下心来的工作环境，喜欢一切有关计算机和电子方面的知识，结合所学专业及课程，希望从事自动化、电子、电气设备以及计算机控制系统设计、协调、运行等相关领域的职业。

2. 就业形势分析

就业形势的两面性分析

利	弊
1. 改革开放四十年来，我国的经济飞速发展，国家发展的同时对人才的需求也大为增长，所以大学生的就业前景是乐观的。	1. 距离毕业还有不到一年的时间，而距离找工作只有半年的时间，并且找工作时不是用人高峰期，就业机会不是很多。
2. 加入世贸组织后，中国面临的国际化形势给个人提供了更多的机会，尤其是在"一带一路"政策的推动下，可以在更多国家和地区的舞台展现个人优势。	2. 国际化的环境同时也意味着国际范围的竞争和挑战，对个人素质要求也就更高了，对于英语来说，就不能只满足于听、写，表达能力也至关重要。
3. 在学校有很多优秀的同学和朋友，有很多向他们学习的机会，并且有构建良好的人际关系的条件。	3. 公司及用人单位对毕业生的要求提高，更需要有经验的人才。
4. 就专业知识方面来说，现在是一个信息爆炸的时代，各种渠道获得的各种类型的信息浩如烟海，对很多人来说，海量的信息只会让他们感到无所适从，而这也就产生了对于信息进行组织和管理使之有序化的需求，因此大的环境来说，这个专业方向是很有发展前景的。	4. 当今优秀的人才很多，而机会不一定是均等的，这时就不单单是知识的比拼，更是对个人发现机会、展示自己并把握机会能力的考验。

3. 就业思路分析

针对上述环境与自我分析，制定了相应的就业思路。

(1) 在校阶段继续努力学习，掌握更多的知识，努力提高自己的专业竞争力以及计算机方面的专业知识，希望将来可以在此方面有所发展。

(2) 认真研读就业政策，了解就业环境，解读就业典型案例，积极参加一些就业的培训和招聘企业的宣讲会，了解企业，积累求职经验，锻炼并提高自信心，以期发现或创造更好的就业机会。

(3) 利用乐观积极的工作态度，勇于创新，去尝试更多的不同工作，增加就业机会和选项。

(4) 多参加集体和社交活动，增强与他人的交往和沟通能力，构建良好的人际关系网络。

在毕业实习来临前，张明一直关注时事政策，不断寻找与自己的结合点。由于身处上海，具备天然的国际视野，在政策的关注中张明发现"一带一路"、"中美贸易战"、"新形势新贸易"等关键词频频出现，并且发现了国家在这些方面的引导与扶持政策，最后张明决定跳出国内就业的圈子，试试海外的岗位。几经挑选，与上海某公司达成了就业协议，本来计划应聘其上海研发中心的助力研究员，最后在公司人力专员的引导下先到非洲市场担任手机销售工程师，三年后回国转为研发岗位。

（二）树立正确就业观和择业观

实践证明，树立正确的就业观念，有利于我们顺利就业，为自己事业发展打下良好的基础。反之，如果没有正确的就业观做指导，就像一艘没有航向的轮船，最终会东撞西撞，迷失航程。

1. 什么是正确的就业观

正确的就业观首先要衡量自己的综合素质、专业知识、实际操作能力，根据这些自身基本条件去对照自己做什么工作比较适合。没有正确地评估自己、盲目去就业，就是错误的就业观。

2. 怎样才能树立正确的就业观

（1）选择单位和具体工作时，要量力而行，切忌好高骛远。

（2）树立先生存、再发展，先就业、后择业的观念，切不可追求一步登天。

（3）专业对口是相对的，不是绝对的，不可过分强调专业对口。

3. 树立正确的择业观

（1）以理性心态对待就业形势

（2）用现实眼光选择单位

当前，尽管就业形势很严峻，但专业学得好、动手能力强的同学仍是人才市场的"抢手货"。每个同学在毕业前一定要扎扎实实学好专业课，并根据自己的特长参加一至两项技能培训，获得职业资格证书，为自己择业拓宽就业渠道。

总之，提高自身素质是必要的，我们有了扎实的专业基础，树立了正确的就业观与择业观，看清自己，摆对自己的位置，还愁没有就业路吗？

任务

1. 请大家结合自身情况表述自己的就业观和择业观。
2. 请大家举例分享自己身边人或其他成功人士的就业或择业经历。

开眼界

就业准备才能准备就业

某高校毕业生小魏，一心想在珠江三角洲工作。他首先从就业政策入手，到图书馆翻看了珠江三角洲各地的报纸，还通过网上查询，把珠江三角洲就业的相关信息做了全面搜集和系统分析。

然后，小魏参加各种供需见面会，与用人单位面对面沟通，进一步了解了用人单位需求和实际状况，通过具体分析，小魏决定抛开省一级供需见面会，而把重点放在一些地市级的供需见面会上。通过一段时间的实地调研，并根据用人单位的岗位需求制作自己针对性的简历，小魏发现在三水、新会一带有许多适合自己的机会。这两个地方今年仍需要一些大学毕业生，而且其人事政策仍允许接收部分外地毕业生。

经过努力，小魏最终在新会找到了比较理想的就业岗位。

回首整个求职历程，小魏深有体会地说："政策就是市场，政策就是机会。"

毕业生在求职择业时，要注意分析政策对求职的导向作用，比如各地接收毕业生的基本条件，包括生源、层次、专业等方面的要求，通过分析、对比，从中找到符合自身条件的信息，有的放矢地进行求职活动，提高求职效率。

主题3　就业法律法规导述

长知识

知识点1：《劳动法》与《劳动合同法》

为了维护劳动者公平就业权利，为创造公平、公正的社会就业环境，我国目前存在《劳动法》《劳动合同法》《就业促进法》《劳动争议调解仲裁法》《工资支付暂行规定》《年休假管理条例》《工伤保险条例》等法律法规，以及与之相关的解释。

（一）《中华人民共和国劳动法》

《中华人民共和国劳动法》（简称《劳动法》）是为了保护劳动者的合法权益，调整劳动关系，建立和维护适应社会主义市场经济的劳动制度，促进经济发展和社会进步，根据宪法而制定的。于1994年7月5日正式颁布，2009年8月27日第一次修正，2018年12月29日根据第十三届全国人民代表大会常务委员会第七次会议《关于修改〈中华人民共和国劳动法〉等七部法律的决定》第二次修正。

《中华人民共和国劳动法》是新中国成立以来我国第一部全面规范劳动关系的劳动法律，它关系到数以亿计的劳动者的切身利益，尤其是修正之后，具有更大的意义：

1. 保证了劳动者的休息权，严格规定了劳动者的休息时间和工作时间；

2. 普遍实行了劳动合同制度，国有企业、集体企业、外商投资企业劳动合同签订率均在95%以上，劳动者与用人单位双向选择、协商确定双方权利义务的用人机制和观念已经形成；

3. 建立了劳动标准制度，工资支付制度不断完善，对工资支付的项目、水平、形式、对象、时间以及特殊情况下的工资支付等工资支付行为，均有了明确规范，最低工资保障制度在保障低工资劳动者权益方面发挥了重要作用；

4. 为建立养老、失业、医疗、工伤等社会保险制度提供了法律支持。

（二）《中华人民共和国劳动合同法》

《中华人民共和国劳动合同法》（简称《劳动合同法》）是为了完善劳动合同制度，明确劳动合同双方当事人的权利和义务，保护劳动者的合法权益，构建和发展和谐稳定的劳动关系而制定的。由第十届全国人民代表大会常务委员会第二十八次会议于2007年6月29日修订通过，自2008年1月1日起施行。2012年12月28日第十一届全国人民代表大会常务委员会第三十次会议《关于修改〈中华人民共和国劳动合同法〉的决定》修正。

《劳动合同法》的贯彻实施，不仅有利于更加切实有效地保护劳动者的合法权益，同时也有利于增强企业凝聚力，有利于促进企业长远发展，对于实现劳动关系双方利益的平衡、促进劳动关系规范有序发展、构建和谐稳定的劳动关系，进而促进社会和谐都具有十分重要的意义。

知识点 2：就业保障法规

（一）《中华人民共和国就业促进法》

《中华人民共和国就业促进法》（简称《就业促进法》）是为促进就业，促进经济发展与扩大就业相协调，促进社会和谐稳定而制定的法律。2007年8月30日第十届全国人民代表大会常务委员会第二十九次会议通过，自2008年1月1日起施行。

《就业促进法》是我国就业领域第一部基本法律，它的颁布施行，标志着我国在建设以《宪法》为依据、以《劳动法》为基础、以《就业促进法》《劳动合同法》《社会保险法》为主干、以相关法律法规为配套的劳动保障法律体系方面，又迈出了至关重要的一步。

（二）《中华人民共和国劳动争议调解仲裁法》

为了公正及时地解决劳动争议，保护当事人合法权益，促进劳动关系和谐稳定，继《劳动合同法》《就业促进法》之后，2007年12月29日第十届全国人民代表大会常务委员会第三十一次会议表决通过了又一部劳动法律——《中华人民共和国劳动争议调解仲裁法》（简称《劳动争议调解仲裁法》）。与现行规范劳动争议解决的法规相比，这部法律有诸多创新之处，体现了以人为本，及时、方便、快捷、公正化解劳动争议的立法精神，将对完善我国劳动争议解决机制产生积极的影响。自2008年5月1日起施行。

《劳动争议调解仲裁法》颁发施行的意义

1. 它能公正及时地解决劳动争议

公正及时是解决劳动争议的一项基本原则。本法从性质上说是程序法，通过规范劳动争议调解仲裁的具体程序制度，使劳动争议得到公正及时的处理。同时，劳动争议在处理时应注意及时处理，防止久拖不决。

2. 它注重保护劳动者和用人单位双方的合法权益

劳动关系的双方当事人为劳动者和用人单位，《劳动争议调解仲裁法》作为处理劳动争议的专门法，既保护劳动者的合法权益，也保护用人单位的合法权益。

3. 它可以促进劳动关系和谐稳定

劳动争议最根本的特点就在于其主体一方是劳动者，这一特点决定了劳动争议处理的重要性。劳动争议直接关系到劳动者基本生活的维持和工作权利的实现，也关系到其家庭的维持和稳定问题，因此，劳动争议是一个带有社会性的问题。

如果说《就业促进法》是保障劳动者就业权利的法律、《劳动合同法》是规范用人单位与劳动者权利义务的法律，那么《劳动争议调解仲裁法》则定分止争，是实现这些权利的程序性法律。

练技能

技能点1：劳动者权益保护

劳动者享有平等就业和选择职业的权利、取得劳动报酬的权利、休息休假的权利、获得劳动安全卫生保护的权利、接受职业技能培训的权利、享受社会保险和福利的权利、提请劳动争议处理的权利以及法律规定的其他劳动权利。根据大学生毕业前后容易遇到的问题，我们从以下几个方面阐述劳动权益要点。

《劳动合同法》的适用范围扩大

案例1：这几天，毕业不久的幼儿教师陈秋芳一直为工资的事烦恼。今年初，她应聘于市区一家民办幼儿园。暑假到了，幼儿园还拖欠了她两个月的工资。她咨询过有关部门，答复是民办幼儿园属于民办非企业单位，目前不在《劳动法》调解范围内。

解释：民办学校、民营医院、民办幼儿园属于民办非企业单位，由于这些单位不在《劳动法》适用范围，以前这些单位的劳动者与用人单位发生劳动纠纷时只能对照相关的主体处理。2008年1月1日起实施的《劳动合同法》第一条新增了"个体经济组织、民办非企业单位"，今后，在民办非企业单位就业的劳动者与单位产生劳动纠纷时可依照《劳动合同法》寻求法律帮助。

劳动者在劳动中有择业自主权

案例2：黄某系大学法律本科学历，并考取了法律顾问资格证书，为某矿业公司员工，与公司签有5年期限的劳动合同，工作岗位为法律顾问。在劳动合同履行3年时，公司借口工作需要，未经黄某同意，即单方变更了黄某的工作岗位，安排黄某从事统计员工作。黄某认为自己没有不胜任工作的表现，且公司的法律顾问岗位并未撤销，公司强行变更工作岗位是违法的，于是提起劳动争议仲裁，要求公司按劳动合同履行义务。

解释：公司的做法侵犯了黄某的择业自主权。劳动权包括就业权和择业权，劳动者有权根据自己的爱好、能力等自主选择职业、工种，该公司如变更黄某的工作岗位，应与黄某协商，未经协商即变更黄某的工作岗位是违法的，应承担相应的法律责任。公司没有正当理由单方变更黄某的工作岗位是违法无效的，应按劳动合同规定继续履行。

员工正常跳槽给予单位的赔偿金额有限

案例3：李某不久前从一家电子公司跳槽。公司认为李某是公司培养出来的业务骨干，跳槽后可能对公司不利，便向李某索赔10万元。

解释：《劳动合同法》对劳动者支付违约金的情况作了严格的限制，即仅限于违反服务期协议以及竞业禁止协议两种情形下，其他对于劳动者解除劳动合同的违约金是一律不允许的。第二十二条规定，劳动者违反服务期约定的，应当按照约定向用人单位支付违约金。违约金的数额不得超过用人单位提供的培训费用。用人单位要求劳动者支付的违约金不得超过服务期尚未履行部分所应分摊的培训费用。第二十三条规定，劳动者违反竞业限制约定的，应当按照约定向用人单位支付违约金。因此对于用人单位来说要依靠违约金来约束劳动者跳槽的时代即将结束，未来想要防止员工随意跳槽，用人单位应在管理方式和理念上作调整。

特殊工种需持证上岗

案例4：文科出身的大学生小郑经老乡介绍，来到一家大型超市做出纳。来了两个月，该大型超市的电工辞职走了。这下可急坏了大型超市的经理，因为仓库有不少需要冷冻存放的货物，一旦电出问题，损失就得由超市来承担。小郑心想：能兼一份职的话会多赚一点，况且自己在农村跟当电工的叔叔经常去帮人维修电路，干这个应该不成问题。于是他向经理毛遂自荐，经理一看眼下确实缺人，在简单地问了问小郑电路基础知识后，就让他上岗了。

解释：目前，我国职业资格主要根据特殊工种和技术工种的不同要求，进行设置和组织实施。《就业促进法》第五十一条规定：国家对从事涉及公共安全、人身健康、生命财产安全等特殊工种的劳动者，实行职业资格证书制度，具体办法由国务院规定。本条的规定进一步明确对于涉及公共安全、人身健康、生命财产安全等特殊工种，用人单位如招用人员，必须从取得相应职业资格证书的人员中录用。电路问题涉

17

及相关单位的人身财产安全，仅仅凭自己曾经从事过一点简单电工的经验是无法适应现代化的复杂超市电路需要的。所以小郑如果要在这种特殊岗位上工作，必须先拿到相应的职业资格证书。

思考： 有人认为《劳动合同法》一方面有利于保障求职大学生的合法权益，另一方面也使得用人单位在招聘大学生时更加谨慎挑剔，进一步加剧了大学生就业市场上供大于求的矛盾。对于大学生而言，你认为《劳动合同法》对于就业究竟是"雪中送炭"还是"雪上加霜"呢？

技能点2：大学生权益保护

就业难的新形势下，加强大学生的就业权益保护至关重要。下面首先对大家的法律保障意识做一下测试。

大学生就业法律问题调查问卷

1. 请填写您的基本信息

   姓名：_____   性别：_____   年级：_____

2. 请问您平时会主动了解相关的就业方面的法律吗？

   □ 经常   □ 一般   □ 偶尔   □ 几乎不

3. 您认为了解相关的就业法律知识在求职过程中是否重要？

   □ 重要   □ 一般   □ 不重要

4. 您都通过什么途径获取就业法律知识？（多选）

   □ 课堂或讲座   □ 学校就业指导中心   □ 各类媒体

   □ 查阅学习相关法律文献   □ 其他

5. 根据我国劳动法规定，劳动合同可以规定试用期，试用期最长不超过：

   □ 3个月   □ 4个月   □ 5个月   □ 6个月

6. "五险一金"中的五险包括：养老保险，医疗保险，失业保险，生育保险，工伤保险，住房公积金。其中，完全由用人单位承担，个人不需要缴纳的是：（多选）

   □ 养老保险   □ 医疗保险   □ 失业保险

   □ 生育保险   □ 工伤保险   □ 住房公积金

7. 试用期内是否享有保险？

   □ 享有   □ 不享有

8. 若您与某单位签订合同，成为聘用制员工，按照签订的合同中规定，您必须每年参加公司的考核，若考核不合格，即解除劳动合同，请问这样的规定合法吗？

   □ 合法   □ 不合法

9. 您对用人单位的要求有什么看法？

☐ 只要能被录用什么要求都可以接受
☐ 与法律不符但只要自己觉得没什么就无所谓了
☐ 坚决以维护自己的合法权益为底线

10. 如果您在找工作的过程中遭到性别歧视或其他不公正待遇你会怎么办？（可多选）

☐ 与招聘单位协商　　☐ 向当地政府劳动保障部门投诉
☐ 向当地法院起诉　　☐ 向当地劳动仲裁委员会申请仲裁

11. 您是否认为只有在大学毕业后才可以成为用人单位的正式员工？

☐ 是　　　☐ 否　　　☐ 不清楚

12. 您在就业中遇到侵犯自己权利的情况，您会：

☐ 寻求法律援助　　☐ 找用人单位协商解决
☐ 由学校有关部门解决　　☐ 觉得这样的事情很多，就当学习，忍忍算了

通过调查分析，发现大学生难以理解和把握就业保障法律的内容与精神。虽然有感性法律意识，但缺乏理性法律应用能力；有被动法律意识，但欠缺主动法律意识，尤其是在就业权益遭到侵害现象时才会想到用法律维护自身权益，缺少主动维权意识。现就大学生就业过程中常见的问题及法律保护措施与做法进行阐述，以促进大学生的顺利就业。

工资拖欠可申请支付令

案例1：李某已连续3个月未拿到工资，李某投诉至当地的劳动行政部门，但劳动行政部门处理后，公司仍不肯支付李某工资。

解释：以前，劳动者遭遇欠薪后一般只能通过劳动争议仲裁或由劳动行政部门处理，处理程序较复杂，诉讼成本较高。《劳动合同法》第三十条第二款规定：用人单位拖欠或者未足额支付劳动报酬的，劳动者可以依法向当地人民法院申请支付令，人民法院应当依法发出支付令。这既简化了讨薪程序，又对欠薪单位产生强大的震慑力。

试用期工资有保障，不签合同每月付双薪

案例2：今年2月，小黄应聘于市区一家电子公司。上班已5个多月，公司始终以仍在试用期为由，没有与小黄签订劳动合同，发给小黄低于其他职工工资标准的实习工资。

解释：《劳动合同法》第七条规定："用人单位自用工之日起即与劳动者建立劳动关系。"这就意味着即便用人单位未与当事人签订劳动合同，一旦具有了用工行为，

双方即已建立了劳动关系，其二者之间应当适用劳动法和劳动合同法的各项规定。同时第二十条规定劳动者在试用期的工资不得低于本单位相同岗位最低档工资或者劳动合同约定工资的百分之八十，并不得低于用人单位所在地的最低工资标准。第八十二条规定用人单位自用工之日起超过一个月不满一年未与劳动者订立书面劳动合同的，应当向劳动者每月支付二倍的工资。

试用期时间有限定

案例3：毕业生刘进找到工作后，单位与他签订了试用期合同，试用期1年，并且需试用期满后，才能与他签订正式合同，给他办理进杭落户手续。

解释：该单位的做法违反法律。《劳动合同法》规定第十九条：劳动合同期限三个月以上不满一年的，试用期不得超过一个月；劳动合同期限一年以上不满三年的，试用期不得超过二个月；三年以上固定期限和无固定期限的劳动合同，试用期不得超过六个月。

与正式合同期相比，试用期内的工资收入及福利待遇要低，而且有很多单位在试用期内不为毕业生缴纳相关社会保险。因此，对应届毕业生来讲，试用期并非越长越好。而且根据劳动合同法的规定，试用期只能在正式合同中才能约定，不能订立单独的试用合同。该毕业生可持试用期合同到相关劳动仲裁部门提请仲裁。

未毕业通常不能签劳动合同

案例4：小何是一名全日制高校应届毕业生，明年6月即将从大学毕业。由于如今的就业市场竞争激烈，学校也要求应届生在最后一学年尽快找到工作。今年11月，通过大型招聘会，小何得到了一家大型外企的青睐。可是公司的招聘负责人告诉小何，要等他明年6月毕业后才能签劳动合同。小何常听说一些学长在求职时由于没有及时签订劳动合同权益受到侵害的例子，于是非常疑惑，如果公司不与自己签订劳动合同，那明年6月前这段时间的工作公司是否会给自己购买医疗保险等社会保险呢？

解释：我们国家现行的劳动用工制度和档案管理制度绝大多数是一一对应的模式。所以，除了一些特殊情况，一人只能在一家单位工作或学习。小何今年还是全日制大学的在校学生，全日制学校学生入学时需要将档案转入学校，如果是外地学生，甚至连户籍都需要转入就读学校。通俗地说，小何的"坑"就在学校了，他不能在读书期间校外又扎"坑"，无法在外与其他用人单位建立劳动关系。诸如医疗保险、工伤保险等社会保险是基于劳动关系的，缺乏这一基础，社会保险也无法缴纳。只有当小何从学校毕业之后，才可以与其他用人单位签订劳动合同，这样社会保险、公积金等也可以开户缴纳了。毕业生与用人单位确定就业意向后可以用《就业协议书》来维系关系。

乙肝病毒携带者可以平等就业

案例5：即将毕业的大学生小李刚找到一份工作，单位要求进行全面的入职体检，这让他的神经紧绷起来，因为他是乙肝病毒携带者。知道过不了血液检测关，情急之下，他只好找一个和自己外表相像的人当"替身"。据了解，小李很是优秀，每次求职，面试都能顺利通过，可到了体检这一关就没戏了。"难道一个人与乙肝沾上了边，就与美好的事业绝缘了吗？"小李陷入深深的苦恼之中。

解释：2008年1月1日开始实施的《就业促进法》虽然没有提到乙肝病毒携带者的具体字眼，但在第三十条却作了概括性规定，用人单位招用人员，不得以是传染病病原携带者为由拒绝录用。但是，经医学鉴定传染病病原携带者在治愈前或者排除传染嫌疑前，不得从事法律、行政法规和国务院卫生行政部门规定禁止从事的易使传染病扩散的工作。可见，只要全国人大及其常委会制定的法律、国务院制定的行政法规或国务院卫生行政部门的规定没有禁止，用人单位就不得以乙肝病毒携带者为由拒绝录用。换言之，除了前述规定，其他任何机关或单位禁止录用乙肝病毒携带者的规定都是无效的。

遇到就业歧视可以打官司

案例6：出生在河南商丘一个普通家庭的秋子2006年7月毕业于商丘某职业技术学院英语专业，并取得教师资格证。2006年12月1日，秋子与上海某教育投资管理咨询有限公司分别签订了实习合同与外派合同。根据实习合同的约定，秋子在位于郑州市的华北大区师训部进行为期一个月的实习。12月21日，根据外派合同的约定，秋子接到公司通知，其工作地点为公司的加盟学校——浙江省某教育学校。24日，秋子到达学校，当日又接到华北大区师训部负责人的电话通知，要求其当日返回郑州，另有工作安排。秋子于26日返回位于郑州的华北大区师训部，后者以秋子相貌不佳为由，多番推诿，拒不按照合同规定履行劳动合同。2007年2月5日，秋子怀揣录音证据前往上海劳动仲裁部门维权，该案被称为全国"相貌歧视第一案"。

解释：我国不少法律都有关于反对就业歧视的阐述和规定，但大都是太过原则和笼统。《就业促进法》不仅规定了政府在保障公平就业方面的职责和用人单位与职业中介机构不得性别歧视的义务，第六十二条还规定了一个极具可操作性的内容——如果自己遭受到就业歧视，可以向人民法院提起诉讼。也就是说，凡劳动者遇到就业歧视，如前述健康和性别歧视外，还有民族、种族、信仰、年龄、身体（如身高、相貌、残疾）、地域、学历等各种五花八门、或明或暗的就业歧视，都可以向法院提起诉讼，通过司法途径获得救济，由法院根据法律规定和具体情况作出裁决，责令用人单位改正或作出赔偿。

职业中介机构不得向劳动者收取押金

案例7： 小张在别人的介绍下，来到了一家职业中介所。工作人员当即给小张联系了一家单位，条件是需交100元押金，成功了则再加交50元算是中介费，失败了则只需交5元服务费，100元押金退回。小张去了那家单位进行了面试，结果发现工作环境太差而且待遇很低，就没有签约。等回到职业中介所要押金时，工作人员却说单位已经给你找好了，是你自己不愿意去，就等于介绍成功了，执意不肯退押金。

解释： 《就业促进法》规定了职业中介机构未经依法许可和登记，不得从事职业中介活动。此外还特意规定了职业中介机构不得扣押劳动者的居民身份证和其他证件，或者向劳动者收取押金。如果扣押劳动者居民身份证等证件的，由劳动行政部门责令限期退还劳动者，并依照有关法律规定给予处罚。如果向劳动者收取押金的，由劳动行政部门责令限期退还劳动者，并以每人五百元以上二千元以下的标准处以罚款。因此在《就业促进法》实施后，职业中介机构各式各样的押金应该寿终正寝了。

就业困难人员和家庭将得到就业援助

案例8： 大学毕业生小张一家四口生活举步维艰，父母双双下岗，只得在街头给路人擦皮鞋。自己和妹妹虽然已经大学毕业了，可是由于严峻的就业形势，至今没有找到合适的工作。父母也曾多次到有关部门请求帮助，但大都无功而返。

解释： 针对当前就业困难人员和家庭的困境，《就业促进法》有一节专门规定了"就业援助"。要求各级人民政府建立健全就业援助制度，采取税费减免、贷款贴息、社会保险补贴、岗位补贴等办法，通过公益性岗位安置等途径，对就业困难人员实行优先扶持和重点帮助。此外，还有一些可以量化的可操作性的规定，如第五十六条规定，县级以上地方人民政府采取多种就业形式，拓宽公益性岗位范围，开发就业岗位，确保城市有就业需求的家庭至少有一人实现就业。法定劳动年龄内的家庭人员均处于失业状况的城市居民家庭，可以向住所地街道、社区公共就业服务机构申请就业援助。街道、社区公共就业服务机构经确认属实的，应当为该家庭中至少一人提供适当的就业岗位。

课后习题

1. 如果你马上就要实习了，你对自己的未来出路有什么打算？进行毕业选择调研了吗？
2. 请描述自己的就业意向。
3. 在了解就业形式和就业市场后，说说你的求职定位和求职策略。
4. 如果你现在进入一家私企工作，应该享有哪些权利和履行哪些义务？
5. 请谈一下如何利用劳动保障法律维护自己的合法权益。

第二模块

定方位——职业定位分析

知识目标

➢ 认知职业相关概念
➢ 理解工作单位、职位探索
➢ 了解职业测评概述

技能目标

➢ 能够运用职业家族树
➢ 能够进行工作分析
➢ 能够使用职业测评工具

要点导图

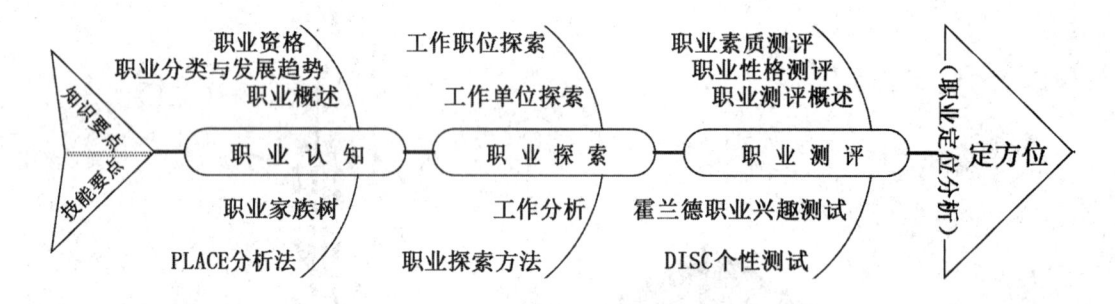

```
知识要点：职业资格、职业分类与发展趋势、职业概述
         工作职位探索、工作单位探索
         职业素质测评、职业性格测评、职业测评概述

         职业认知 —— 职业探索 —— 职业测评 —— 定方位（职业定位分析）

技能要点：职业家族树、PLACE分析法
         工作分析、职业探索方法
         霍兰德职业兴趣测试、DISC个性测试
```

图 2-1　定方位——职位定位分析

前导案例

小王和小林在大学时是睡在上下铺的好友。毕业时，小王认为，个人要想发展，就应当进大公司去寻找广阔的发展空间，因为大公司名气大、牌子硬、管理规范，发展的机会很多，所以，他立志要到大公司去实现自己的梦想，并且通过努力如愿以偿进了一家大公司。小林则认为，人在哪里工作不是很重要，重要的是要能施展自己的才能，实现自己的价值。他认为，小公司人少，个人发展的机会反而可能更多。所以，毕业时他找了一家小公司。

在后来的工作实践中，由于小王所在的公司人才济济，他只能做一些与自己的专业没有什么关系的杂活，在相当长的时间里，他所在部门的重要工作都由领导安排其他人去做，根本轮不到他去实现自己的愿望。小林的公司则由于人手少，有了活大家一起干，工作成果见效快，他的才能在这里也很快就显露出来。不久，小林的公司由于业务发展，成立了一个公关部和一个策划部，由他出任策划部的经理，负责招聘一些年轻人到部门工作。

小王和小林经过一段时间后，一个郁郁寡欢，一个如鱼得水。

案例解读：

求职择业的大学生应该对自己做出正确的评价，从不同的招聘单位中选择最适合自己发展的一个。最好的未必适合自己，只有找准自己的职业定位，才能找到最适合自己的工作岗位。

经济和社会的发展不断改变着人们的生活方式，也不断催生新的职业，旧的传统职业也可能不断衰退，甚至退出历史舞台。作为即将跨出校园、准备就业的准劳动者而言，认识职业、理解职业、了解职业环境，对于顺利就业，规划自己的职业生涯，在职业生涯中先人一步、快人一拍，是非常重要的。

主题 1　职业认知

长知识

职业是人与社会联系的纽带，也是一个人安身立命之本。一个人如果没有职业，就会缺少独立生存于社会的经济基础，同时也无法发挥出个人的才干，不能够服务于社会，承担社会义务，更不能更好地实现自己的人生价值。因此，大学生需要对职业进行认知。

知识点 1：职业概述

1. 职业的概念

"职业"一词，最早见于《国语·鲁语》中"昔武王克商，通道于九夷百蛮，使各以其方贿来贡，使无忘职业"。这里的"职"指执掌之事，"业"是古代记事的方法，把要做的事情在木棒上刻成锯齿状，有多少事就刻多少齿，做完一件就消去一个齿，即"修业"。"职业"最初的表意与一定的社会分工和完成某件事所需要的技能相联系。

职业存在于社会分工之中，是人类社会发展到一定阶段，出现社会分工后的产物。从社会学的角度看，职业是个人参与社会生产过程之中获得的一种社会位置，并由国家授予和认可，其侧重于强调职业的社会性。从经济学意义上，职业是劳动者相对稳定地承担某项具体的社会劳动，或者稳定从事某类专门的社会工作，并可以从中获得收入的社会工作。它并不否认职业的社会性，只是更强调其经济性。

职业是人的重要生存方式，职业活动几乎贯穿人的一生。人们在生命的早期阶段接受教育和培训，是为将来的职业活动作准备。从青年时期走入职业生涯，到老年最终离开职业岗位，长达几十年，即使退休以后，还可能仍然参与职业活动。个人通过职业，实现人生价值。

综上所述，职业是社会对个体的角色定位，是人们在社会生活中所从事的对社会承担责任并可以从中获得合法的、稳定的经济和非经济报酬的专业活动。

2. 职业的特性

职业的特性反映了职业主体在长期的实践活动中所形成的与其他形式的劳动相区别的本质属性。

（1）职业的社会性

职业是个人在社会劳动体系中从事的一种活动，所以职业活动的过程也是为社会提供服务的过程。职业的社会特性反映了不同的职业承担着不同的社会责任。不同职业人以承担不同的职业角色，完成自己社会人的历史使命。

（2）职业的多样性和层次性

随着社会的发展，社会分工越来越细，职业种类越来越多。我国早有"三百六十行"之说，现代社会职业则有着多达几千至上万种职业。职业除呈现出多样性的特点之外，还呈现出层次性和差异性。职业的层次性根源于不同职业的体力、脑力付出的不同和工作复杂程度的不同，以及教育资格条件、工作的自主权、收入水平、社会声望、在工作组织中权利结构中的地位等方面的差别。

（3）职业的专业性和技术性

人们在社会生活中无论从事何种职业，都需要在一定程度上掌握和具备该职业所需要的知识和技术，只有这样才能胜任所对应的职业。

（4）职业的连续性和经济性

从社会个体来说，个人在较长时间内持续地进行某种活动，并通过这项活动比较稳定地获得一定的经济收入或报酬，该活动才被视为职业活动。从社会整体来说，职业生命周期的连续性是相对的。

从不同的角度分析，职业除了上述特性外，还有规范性和时代性等特性。

3. 职业的功能

职业实现了劳动者与生产资料的结合，体现了人与人的社会关系。人们通过某种职业不仅满足了自身的需要，而且通过各自劳动成果的交换，也满足了彼此的需要。因此，职业即职业活动无论对于个人还是社会都有着非常重要的意义。

（1）职业的个人功能

① 职业是个体获得生存和发展的基础。一方面，职业是个人获得生存与维持家庭生活的经济来源。另一方面，职业可以使个人获得非经济利益，如名誉、地位、权力等。职业环境和地位，是人的社会地位的象征。人们在职业问题上的努力和奋斗，构成人们社会地位"阶梯"式向上提升的重要内容。

② 职业是个体获得精神需要和满足的社会载体。人们从事的某种特定职业类别

的工作，在要求个体具备一定素质的同时，还要为个人才能的发挥提供机会，成为促进人的才能和个性发展的场所，成为形成和发展人的精神需求的重要场所。

③ 职业是个体实现社会贡献的途径通道。职业是个人承担特定社会角色并形成一定行为模式的条件。个人从事某种职业，就是进入一个社会劳动分工体系之中参与相关活动。个人在这个体系中的活动结果，就是为社会作出的贡献。

(2) 职业的社会功能

① 职业是社会存在的内容。职业作为一种社会存在，既是人的社会身份、等级的体现，也是人类社会存在的一个内容。通过人们的职业劳动生产出社会财富，也为社会的存在和发展提供物质基础。职业分工及其结构，是社会经济制度与社会经济结构的重要部分，是社会经济发展水平的反映。

② 职业是社会发展的动力。职业的社会运动，包括个人改善职业的向上流动、与社会经济结构相联系的职业结构变动、不同职业阶层间的矛盾冲突及解决等，构成了社会发展与社会进步的动力。此外，人们为了追求未来的热门职业而进行人力投资、不断学习更成为推动社会发展的巨大动力。

③ 职业是社会控制的手段。职业是人的重要生活方式，安居乐业是人们的共同愿望。政府为公众创造职业岗位，执行"充分就业"政策，从其功能的角度看，就是为了减少社会问题，达到社会控制的目的。

知识点 2：职业分类与发展趋势

1. 职业分类

职业分类是运用一定的科学方法和手段，依据一定的分类原则，对社会全体从业人员所从事各种专门化的社会职业进行的全面、系统的划分与归类。职业分类的目的是将社会上纷繁复杂的现行工作类型划分成规范统一、井然有序的层次或类别。

职业分类是一个国家形成产业结构和进行产业结构、产业组织及产业政策研究的基础，对于社会各行业的发展有着十分重要的意义。任何一个国家的职业分类都影响并制约着其国民经济各部门管理活动的成效，科学的职业分类能有效掌握和观测国家经济结构及就业结构的变动发展，并能为国家职业教育培训确定目标与方向。

由于各国国情不同，职业分类方法和标准也有所差别。

(1) 国外的职业分类

世界上经济发达的国家对职业分类问题都比较重视，一般按照以下三种标准进行分类。

第一种是按照脑力劳动和体力劳动的性质、层次进行分类。这种分类方法把从业人员划分为白领工作人员和蓝领工作人员两大类。白领工作人员包括专业性和科技性的工作人员。

第二种是按心理的个别差异进行分类。这种分类方法是根据美国霍普金斯大学心理学教授、著名的职业指导专家约翰·L·霍兰德（John L.Holland）创立的人格——职业类型匹配理论，将人格类型分为现实型、研究型、艺术型、社会型、企业型和常规型六种，与此相对应的是六种职业类型。

① 现实型。现实型主要是指熟练的手工和技术工作。通常指运用手工工具或机器进行的工作，在西方常称为"蓝领"职业。从事这类工作的人包括木匠、鞋匠、锁匠、产业工人、运输工人（司机）等。

② 研究型。研究型主要指科学研究和试验工作。从事这些工作的人，包括研究自然界和人类社会是怎样构成和发展变化的工作人员，科研人员（包括自然科学和社会科学）就属于这类职业。

③ 艺术型。艺术型主要指艺术创作类工作。从事这些工作的人用语言、音像、动作、色彩等创作艺术工作。作家、音乐家、舞蹈家、摄影师、书画家、雕塑家等各类文艺工作者属于这类职业。

④ 社会型。社会型指为人办事的工作，即教育人、医治人、帮助人、服务人的工作。例如教师、医生、护士、服务员、家庭保姆等。

⑤ 企业型。企业型指那些劝说、指派他人去做某事的工作。从事这类工作的人包括国家机关及工作机构的负责人、党政干部、经理、厂长、律师、推销员等。

⑥ 常规型。常规型通常指办公室工作，即与组织机构、文件档案和活动安排等打交道的工作。例如办公室办事员、图书管理员、统计员、银行出纳员、商店收款员、邮电工作人员等。

第三种是依据各个职业的主要职责或"从事的工作"进行分类。这种分类方法较为普遍，主要有两种具体分类。其一是国际标准职业分类，把职业分为10个大类、43个中类、133个小类，这种分类便于提高国际之间职业统计资料的可比性和国际交流。其二是加拿大《职业岗位分类词典》，把分属于国民经济中主要行业的职业划分为23个主类、81个子类、489个细类和7200多个职业基本名称。这种分类对每种职业都有定义，逐一说明各种职业的内容及从业人员在普遍教育程度、职业培训、能力倾向、兴趣、性格以及体质等方面的要求，有较大的参考价值。

（2）我国的职业分类

新中国成立以来，国家有关部门为满足国民经济发展、社会人口普查以及劳动人事规划指导等方面的需求，开展了大量的职业分类调查工作，参照国际劳工局的《职业分类标准》，制定了有关职业分类的标准和政策。1998年12月，国家分类大典和职业资格工作委员会编制完成了《中华人民共和国职业分类大典》，并于1999年5月正式颁布实施。

《中华人民共和国职业分类大典》是我国第一部对职业进行科学分类的权威性文

献。由于它的编制与国家标准《职业分类与代码》(GB6565-86)的修订同步进行，相互完全兼容，因此，它本身也就代表了国家标准。《中华人民共和国职业分类大典》把我国职业划分为由大到小、由粗到细的四个层次：大类（8个）、中类（66个）、小类（413个）、细类（1838个）如表2-1所示。

表2-1 我国职业分类

类别	中类	小类	细类
第一大类：国家机关、党群组织、企业、事业单位负责人	5	16	25
第二大类：专业技术人员	14	115	379
第三大类：办事人员和有关人员	4	12	45
第四大类：商业、服务业人员	8	43	147
第五大类：农、林、牧、渔、水利业生产人员	6	30	121
第六大类：生产、运输设备操作人员及有关人员	27	195	1119
第七大类：军人	1	1	1
第八大类：不便分类的其他从业人员	1	1	1

大类是职业分类中的最高层次。大类的划分是以工作性质的同一性为主要依据，并考虑我国管理体制、产业结构的现状与发展等因素，将我国全部社会职业大致分为管理型、技术型、事务型、技能型等八大职业类别。第七类和第八类不再进行下层次的划分。每一大类的内容包括大类编码、大类名称、大类描述、所含中类的编码和名称。

中类是大类的子类。中类的划分是根据职业涉及的知识领域、使用工具与设备、加工和运用的技术以及提供的产品和服务种类的同一性进行的。每一中类的内容包括中类编码、中类名称、中类描述、所含小类的编码和名称。职业分类大典将8个大类分为66个中类。

小类是中类的子类，一般是指工作范围。小类的划分是按劳动者的工作环境、条件、技术性质的同一性进行的。每小一类的内容包括小类编码、小类名称、小类描述和所含细类编码的名称。职业分类大典将66个中类分为413个小类。

细类是国家职业分类最基本的类别，即职业。一个职业包含一组性质相同、具有通用的职业知识和职业技能的工作。细类的划分一般采用工作分析法，即将工艺技术、对象相同、操作流程和方法相似的若干工作种类或者岗位，归并为一个细类（职业）。每一细类（职业）的内容包括职业编码、职业名称、职业定义、职业描述及归入本职业的工种与编码。职业大典分为1838种职业，加上后来增补的106种新职业，至今已有1944个细类（职业）。

2. 职业的发展趋势

(1) 职业的发展态势与特点

随着社会的不断进步，职业在不断地分化、重组，新的职业层出不穷，传统的职业面临着消亡。目前，第一、第二产业的社会职业以消亡变动和重组为主，第三产业正在迅猛发展，特别是互联网信息产业发展潜力巨大。这些新兴行业的出现和兴起将为社会提供更多的就业岗位。同时由于新技术、新成果的不断推广应用，又为传统行业提供了新的发展机遇，整体呈现出以下特点。

① 职业要求的专业化与综合化。

科学技术和生产力的飞速发展使得社会分工更为精细和具体，各个职业的专业化程度越来越高。许多传统的职业进一步分解，细化为许多专业化程度更深的职业，如财政工作现在已经包括资产评估、税务、会计、精算等一系列职业在内的职业群体。

随着社会和科技的发展，部分职业的专业化程度越来越高。若不具备一定的专业知识，就不能从事该职业。同时，职业逐渐向综合化、多元化的方向发展，打破了以往每种职业都有相对固定范围的界限，职业间的相互交叉、延伸，使职业间的界限越来越模糊。这就要求职业工作者具有较高的综合素质和较强的应变能力。

② 职业人员的社会活动方式正在发生根本性的变革。

职业作为人们参与社会生活、从事社会活动、进行人生实践的最主要的场所，从多方面决定了从业人员的特征和境遇。他们的社会活动方式在工作方式、组织方式和人际关系方面发生着根本性的变革。

工作方式的变革。现代社会中，工作以项目为核心的发展趋势日益明显，由于城市化的发展使员工居住地方越来越分散，SOHO (Small office, Home office 的简称，意为"居家办公") 正在成为人们重要的工作方式。信息产业成为第四产业，从事信息行业的人数将逐渐超过从事传统服务业和制造业的人数，现代化的通信手段如电子邮件、网络会议的使用将成为人们工作联系的主要方式。

组织方式的变革。知识经济时代，职业结构将发生变革，越来越多的工作转变为对知识的加工而不是对物质的处理；传统的长期固定的工作正在被临时性工作、项目分包、专家咨询、交叉领域的合作所代替，生产方式呈现多元化态势。与其相适应的组织方式也正在发生变革，网络技术支持下的虚拟组织、交叉领域的团队组织以及完成外包工作的工作小组都将成为现代社会的组织方式。

人际关系的变革。伴随着组织方式的多元化以及社会保障体系的完善，职业人员对组织的依赖性减弱，传统的固定组织中的人际关系被弱化。组织中群体间的思想、情感交流趋于表层，群体冲突和"办公室政治"相对弱化。人际沟通方式呈现多样化，但以网络技术和现代通讯手段为主。非正式的组织迅速发展，以此来满足人们人际交往的需求。由于工作项目支撑的或以合作交流为目的的非正式组织大多发展成为新的正式组织，职业人员因此有了第二、第三职业，这就使职业人员的人际关系更加广泛。

③ 第三产业的职业数量大增。

从职业结构的发展变化来看，第一产业的就业数量比例降低，劳动生产率提高，产品呈现出绿色、高科技、深加工等特点，职业岗位则"少而精"，其知识、技术含量高，对从业者的技能层次要求高。第二产业的结构随着社会需求变化而不断变化、更新，其产品和技术工艺的种类繁多，职业岗位的数量与层次将增多。

第一、第二产业的高度发展，人民收入的普遍提高，生产机械化、自动化的日益发展，劳动生产率不断提高，都可以节约出大量的社会劳动力投入到第三产业部门。因此，未来以服务为主的第三产业的职业将迅速发展，数量和比例进一步加大，岗位种类与层次众多，职业层次提高，形成若干大的"高新第三产业"职业群，如金融证券、物业管理、旅游、保健类职业，以至人们已提出"第四产业""第五产业"概念。在未来相当长的时间内，与新科技革命相关的信息、能源、环境、生命和空间领域的技术岗位都将成为热门职业。

④ 不同职业的供给量不断变化。

新职业在不断产生，落后职业则逐渐被淘汰。新职业是指社会经济发展已经存在一定规模的从业人员，具有相当独立成熟的职业技能。新职业主要分为两种情况：

第一，全新职业，随着社会经济发展和技术进步而形成的新的社会工作；

第二，更新职业，是指原有职业内涵因技术更新产生较大变化，从业方式与原有职业相比已发生质的变化。

知识点3：职业资格

1. 职业资格的概念

职业资格是指对从事某一职业所必备的学识、技术和能力的基本要求。职业资格主要包括从业资格和执业资格。

从业资格是指政府规定专业技术人员从事某一专业技术性工作的学识、技术和能力的起点标准。从业资格通过学历认定或考试取得。

执业资格是政府对某些责任较大、社会通用性强、关系公共利益的专业（职业）实行准入控制，是依法独立开业或从事特定专业技术工作在学识、技术和能力方面的必备标准。执业资格一般通过考试获得。

从业资格和执业资格反映了职业资格涵义的不同层次。获取从业资格只证明已达到从事某职业对人所掌握知识、技能的最低要求；而获取执业资格则反映其专业知识、技能水平的高低。

2. 职业资格证书

职业资格证书制度是劳动就业制度的重要内容，也是一种特殊形式的国家考试制度。它是指按照国家制定的职业技能标准或任职资格条件，通过政府认定的考核鉴定机构，对劳动者的技能水平或职业资格进行客观公正、科学规范的评价和鉴定，对合格者授予相应的国家职业资格证书。

《劳动法》第八章第六十九条规定："国家确定职业分类，对规定的职业制定职业技能标准，实行职业资格证书制度，由经过政府批准的考核鉴定机构负责对劳动者实施职业技能考核鉴定。"《职业教育法》第一章第八条明确指出："实施职业教育应当根据实际需要，同国家制定的职业分类和职业等级标准相适应，实行学历文凭、培训证书和职业资格证书制度"。这些法规确定了国家推行职业资格证书制度和开展职业技能鉴定的法律依据。

3. 职业资格等级证书

我国职业资格证书分为五个等级：初级（五级）、中级（四级）、高级（三级）、技师（二级）和高级技师（一级）。

（1）国家职业资格五级

初级技能：能够运用基本技能独立完成本职业的常规工作。

（2）国家职业资格四级

中级技能：能够熟练运用基本技能独立完成本职业的常规工作；并在特定情况下，能够运用专门技能完成较为复杂的工作；能够与他人进行合作。

（3）国家职业资格三级

高级技能：能够熟练运用基本技能和专门技能完成较为复杂的工作；包括完成部分非常规性工作；能够独立处理工作中出现的问题；能指导他人进行工作或协助培训一般操作人员。

（4）国家职业资格二级（技师）

能够熟练运用基本技能和专门技能完成较为复杂的、非常规性的工作；掌握本职业的关键操作技能技术；能够独立处理和解决技术或工艺问题；在操作技能技术方面有创新；能组织指导他人进行工作；能培训一般操作人员；具有一定的管理能力。

（5）国家职业资格一级（高级技师）

能够熟练运用基本技能和特殊技能在本职业的各个领域完成复杂的、非常规性的工作；熟练掌握本职业的关键操作技能技术；能够独立处理和解决高难度的技术或工艺问题；在技术攻关、工艺革新和技术改革方面有创新；能组织开展技术改造、技术革新和进行专业技术培训；具有管理能力。

练技能

技能点1：职业家族树

家庭对个体职业选择及职业发展都有深远的影响，职业家族树以图画形式，引导其评估家族的影响，促进他们的职业认知。其流程如下。

（1）在树梢处填上个人偏好的职业（可填数种）。

（2）将家族中各人的职业分别填入树的枝干上（各支干代表家族成员，标出称谓）。由于各人的职业可能有所变动，因此可同时填上目前的职业与先前担任过的重要工作，并将与咨询对象有直接关系的重要任务特别圈起来。

（3）将家族人员职业的共同特点填于树根处。

（4）讨论职业家族树，可以以下列问题作为引导：

① 看到自己的家族职业树你想到什么？

② 对家族中个人的职业有何感觉（骄傲、羡慕、不屑等）？

③ 如何知道他们希望我要选择何种职业？

④ 家族中在兴趣、能力、体能和外貌等特质上，与我最相似的是谁？他们从事的职业与我的偏好有何关联？

⑤ 我的家族在工作上最满意的是什么？

⑥ 家族中哪些工作习惯与特质造成满意或不满意的结果？

（5）探讨各人各种职业的优点与缺点。

技能点2：PLACE分析法（职业评估分析法）

1. PLACE分析法概述

PLACE分析法是一种收集与评估职业信息的职业评估方法。如表所示，这个方法要求求职者考虑关于职业的五个要素和六个步骤。

（1）PLACE分析法的五个要素

P：职位（place）。包括职位的经常性任务、所需担负的责任、工作层次等。

L：工作地点（location）。包括地理位置、环境状况、室内或户外、都市或乡村、工作地点的变化、安全性等。

A：晋升（advancement）。包括工作的升迁路径、升迁速度、工作稳定性、工作保障等。

C：雇佣条件（condition of employment）。包括薪水、福利、进修机会、工作时间、着装规范、休假情形及特殊雇用规定等。

E：雇用要求（entry requirement）。所需的教育程度、专业认证、培训、经验、能力、人格特质、品德修养等。

(2) PLACE 分析法六个步骤

步骤一：将正在考虑的职业填写在"职业目标"后面。

步骤二：用 PLACE 对该职业进行客观描述。

步骤三：用文字表达自己对于该职业 PLACE 五要素的评价。

步骤四：以 0~5 分进行评分，从"完全没有吸引力"到"有绝对的吸引力"，表示各要素满足个人需要的程度。

步骤五：算出该职业方案的总分，即为该职业对你的总的吸引力有多大。

步骤六：把候选职业得到的分数相比较，就可以看出哪个职业的吸引力更大。

表 2-2　职业评价工作单

职业目标：		
职业特点（客观描述）	评价（主观看法）	评分（完全没有吸引力→绝对有吸引力）
P（职位）		
L（工作地点）		
A（晋升）		
C（雇用条件）		
E（雇用要求）		
总得分：		

开眼界

常见的职业资格证书介绍

劳动部证书：人力资源管理师、电子商务师、经营师、策划师、营养师、项目管理师、企业培训师、职业经理人、理财规划师、景观设计师、园艺师

人事部证书：一级建造师、二级建造师、造价工程师、监理工程师、经济师、一级注册建筑师、二级注册建筑师、房地产经纪人、环境影响评价工程师

建设部证书：造价员、建筑预算员、建筑质检员、建筑施工员、建筑安全员、装饰预算员、装饰施工员、物业管理企业经理

旅游局证书：导游资格、中级导游

财政部证书：会计从业资格证、会计职称

教育部证书：教师资格证

主题 2 职业探索

长知识

科学技术的高速发展促使很多工作出现专精化发展趋势。开展恰当的职业探索，才能最大限度地实现与职位匹配。而对于职业的了解，在求职的不同时期有不同的要求。

我们身处在一个信息发达的时代，搜寻工作信息的方法有很多。对于职业探索，光讲方法是不够的，关键还要做到有心，随时留意周围的信息。一次谈话、一个广告，都可能帮助我们建立起对职业的了解。对于职业的探索只有太晚没有太早。

知识点 1：工作单位探索

1. 工作单位探索概述

现代社会有很多的职业岗位，需要从微观的角度选择适合自己的工作类型，从而进行更为详细的职业选择。微观层面的职业探索，主要是学会如何去分析、评价一个单位，一个职位。

表 2-3 单位探索因素表

单位全称	×××××	地理位置	×××××
管理性特征因素	单位类型	事业、企业或机关单位等	
	组织架构	单位的部门构成及相互关系	
	组织文化	单位在其发展过程中形成的共同的价值观、行为准则等	
	人员结构	单位员工的性别结构、年龄结构、学历结构等	
	人员流动	单位人员流动率以及造成人员流动的主要原因	
	新手现状	单位新进员工的发展现状等	
发展性特征因素	所属主管部门及行业	单位上级部门或主管部门、单位所属行业的背景	
	业务范围	业务或服务范围	
	发展阶段	单位成立时间或发展历程等	
	发展规模	单位的员工人数、营业状况等	
	业内排行	单位在同行业内的地位	

每个人的价值取向不一致，所以对工作单位进行分析和评估的维度也不相同。本书选择了单位的管理性特征因素和发展性特征因素两个维度，具体见表 2-3 单位探索因素表。当然，在具体的操作过程中，也可能随着自己对某个单位的了解而会发现更多的探索维度。

2. 管理性特征因素探索

单位的管理性特征因素主要包括单位类型、组织架构、组织文化、人员结构和新手状况等方面。我们在探索这些因素时，不仅要从总体上把握单位的框架，而且还要考虑单位与众不同的风格，如事业单位的专业与稳定、企业的变动与竞争等。在同一大类中不同的单位也会具有不同的风格表现。

（1）单位类型探索

单位类型是在工作单位探索中的重要关注点，它对单位的管理方式、组织文化等具有较大的影响。根据经济核算方式不同，我国通常将单位分为企业单位、事业单位和机关单位。

① 企业单位

企业单位是指从事生产经营和社会服务等经济活动，具有法人资格，实行经济独立核算的营利性组织，是国民经济的基本单位。根据所有制的性质不同，主要将企业分为国有企业、集体企业、乡镇企业、私营企业、三资企业和股份制企业等。企业单位是以盈利为目的的独立核算的法人或非法人单位。它的特点是自收自支，通过成本核算进行盈亏配比，通过自身的盈利解决自身的人员供养、社会服务，创造财富价值。

企业的大小不一，其特点和对员工要求也不相同。具体见表2-4。

表2-4　企业大小之别

项目	大企业	小企业
用人特点	注重发展潜力，愿意付出精力培养员工	注重效率、喜欢有经验和直接上手的员工
优点	规范的公司管理和企业文化 管理制度完善 各种培训机会	强调独立作业，可以获得较多实战经验 有较大地参与事业的机会及个人发展空间
缺点	组织庞大，缺乏灵活性 竞争激烈 工作范围狭窄、单调	公司风险较高 教育培训薄弱 职务变动频繁

② 事业单位

以非生产劳动为主，不履行党政群机关职能，依靠国家财政拨款为主要经济来源，不以营利为直接目的，创造的物质和精神产品直接或间接服务于整个社会的单位统称为事业单位。国家会对事业单位进行财政补助，分为全额拨款事业单位、差额拨款事业单位、自主事业单位、国家不拨款的事业单位。事业单位是以政府职能、公益服务为主要宗旨的一些公益性单位、非公益性职能部门。它参与社会事务管理，履行管理和服务职能，主要从事教育、科技、文化、卫生等活动，上级部门多为政府行政主管部门或政府职能部门，其行为依据有关法律，所作出的决定多具有强制力。

事业单位一般属于第三产业范畴，主要职责是对全社会的某些专门领域提供服务，它对人员的专业性要求较高，职业岗位以各类专业技术人员为主。

③ 机关单位

机关通常泛指国家政党或团体为实现职能而设立的、负责指挥和控制行政活动的机构。主要分为中国共产党各级机关、人民代表大会机关、政府机关、中国人民政治协商会议的机关和社会团体机关等。

国家机关是指为国家行使其职能而设立的各种机构，是专司国家权力和国家管理职能的组织。它主要包括各级权力机关、行政机关、审批机关、检察机关和军队中的各级机关。社会团体是各种群众性组织的总称。它包括工会、团委、妇联、青联、科协、各类学会和行业协会等。社会团体种类繁多，拥有一定数量的就业岗位。它对从业者的要求除了通常的专业知识外，还要求较高的政策水平、工作能力。

(2) 组织架构探索

组织架构主要指单位根据不同任务需要所设置的部门或机构。通过了解组织架构，一方面可以推测单位的发展状况，明确自身的意向性部门在整体组织结构中的地位与作用，另一方面由于单位组织架构不同，分管人事招聘的部门有所不同，可以更方便自己求职。

不同单位的组织架构模式有差别，部门名称也往往不同，总体来说，分为以下几类。

① 简单型架构，整个单位构造单纯、简明，决策权集中，这类组织架构的信息沟通很快，一般为小公司、小企业。

② 功能型架构，根据不同职能设置专职部门，集中专门人员处理专门事务。如设计部门、生产部门、销售部门、财务部门和人事部门等，专人专事，分工明确，有利于节省人力资本，促进规模发展。但容易造成部门之间的协调存在一定难度。功能型组织架构是目前很多大型企业采用的组织机构模式。

③ 产品型组织架构，即围绕具体产品组织各方面的业务人员成立专门机构，负责该产品的全部业务。该种组织机构权责更为明确，其不足是不同产品部门之间重复设置一些结构，造成人员浪费，同时不同产品部门之间的沟通难度大。产品型组织架构是一些集团公司采用的组织结构。

④ 矩阵式组织架构，是功能型组织架构和产品型组织架构的融合。一方面，每个产品要依靠各个部门，另一方面，每一个部门也会涉及各个产品的相关工作。

单位发展初期，规模较小往往实行简单组织架构，伴随着规模扩大后，向产品型或矩阵型结构发展。

知识点 2：工作职位探索

1. 工作职位探索概述

单位根据工作任务及职责设置的工作岗位即为职位。职位任务与职位职责是职位最本质的内涵，同时完成任务必然与相应报酬紧密相连，综合起来，包括三个方面：

第一，参与生产，涉及工作性质、工作任务和工作胜任特征；

第二，参与分配，人们承担了职位工作，就有机会参与社会资源的分配，获取各种报酬，包括物质的和非物质的报酬；

第三，建立社会关系，职位工作往往是其建立社会关系的主要途径，我们在工作中建立的与其他部门或其他社会成员的联系成为职位的重要资源。

因此在进行工作职位探索时，主要从工作过程和工作结果两个方面进行考察。

2. 工作职责及资格探索

表 2-5　工作说明书范例

职位：人力资源助理	职务编号：
部门：人力资源	公平就业机会委员会所定职务分类：
呈报人：人力资源经理	办公室职员按公平劳动标准所处地位：
起草人：××	非免付加班费者
工作概要：	
基本工作职能： 1. 协助人力资源方面的各种工作活动，包括准备工作安排、发布招聘广告、进行招聘面试、安排对公司的现场参观、核实推荐材料、使新员工和实习生熟悉情况（25%） 2. 根据人力资源经理的要求，撰写内部和外部来往信函，包括备忘录、员工通知和书信（20%） 3. 从事使全面安全管理计划和职业安全与健康管理局的规定相符合的协调工作，包括主持常规的安全委员会会议，对日常遵守规定情况进行现场督察，组织员工进行安全培训（20%） 4. 管理员工福利，包括储蓄退休、因工伤残补偿、健康和保健福利；回答员工的问题和调查索赔问题（20%） 5. 准备解雇员工所需的文字工作，包括退休金结算、储蓄退发、统一综合财务调节法案规定的福利、最后工时结算以及仍欠假期福利费（6%） 6. 通过重新调整员工档案中有关资料，使员工休假、病假等假期与实际相一致（5%） 7. 协调指定员工的就业前药物检查和被指定员工的随时性药物检查（4%） 知识、技能和能力： 1. 关于公司政策、程序、产品和服务方面的知识 2. 关于人力资源实践工作活动和办事惯例方面的知识 3. 关于就业法律方面的知识，如：中国残疾人法、职业安全和健康法及其他法律 4. 关于因工伤残补偿索赔管理方面的知识，关于健康保险索赔管理方面的知识 5. 与该职务相关的基本要求方面的知识，如职业安全和健康法的要求等 6. 分析思考能力和解决问题方面的技能 7. 解决冲突的手段与措施方面的技能 8. 书面与口头交流的技能 9. 谦恭有礼和专业的举止，与同事和各种工作上的人际关系进行交往的能力 受教育程度与工作经历要求： 1. 管理专业或相关领域大专毕业或同等学历，两年的人力资源管理工作实践或同等经历 2. 体格要求： 视力：必须能够看清计算机屏、数据报告和其他文件 听力：必须能够足以与同事员工和顾客交流，参加各种会议和准备公司信息 站立和行走：正常 用指拨弄、抓弄、触觉：必须能够写、打字和使用电话 3. 工作条件： 正常工作条件，不存在令人讨厌的状态	

对工作职责及资格要求的探索是大学毕业生在求职过程中最为关键的。大学毕业生必须了解职位的入职机会和条件，必须了解入职后自己应该做什么、怎么做、做到什么程度。也就是必须了解工作对象、内容、任务、责任以及工作过程。通过工作职责及资格探索，主要为了澄清三个问题：一是自己是否喜欢该工作，二是这类工作能否发挥自己的长项，三是此类工作属于什么职业类别、发展前景如何。

3. 工作回报探索

工作的回报不仅是物质和非物质的收获，还应该有个人发展、社会资源和心理感受和情感体验等。

表2-6　工作回报结构表

工作回报	薪酬福利	工资	根据职务等级、岗位测评结果以及工龄、学历和资历等因素确定的报酬
		奖金	根据员工的业绩及单位的经济效益而支付给职工的额外报酬
		津贴	薪酬的补充，一般不与员工的业绩直接挂钩，而是作为政策性的报酬
		福利	由单位及职位带来的所有非货币报酬
	个人发展	培训进修	岗前职后能接受的培训进修的项目、频率及机会
		晋升	从事该岗位工作能得到的晋升空间与机会
		职业变通	横向转换职业或岗位的机会
	社会资源	人际关系资源	从事该岗位工作能获得的人际关系
		社会地位	社会上对该岗位的认识和尊重程度
	工作满意感	公平感	与其他岗位或工作相比，从事该岗位工作的付出与得到的合理性
		成就感	完成该岗位工作任务所得到的满足感的程度
		自我实现	从事该岗位工作所能发挥个体潜能、实现自己理想的程度

报酬结构中，薪酬是单位以货币方式支付给劳动者的劳动报酬，包括工资、奖金及津贴，三类的具体构成比例与单位的薪酬政策有关。福利是企业为员工提供的除货币形式以外的、具有公益性的待遇，一般不与绩效挂钩。

练技能

技能点1：工作分析

1. 工作分析的概念

工作分析是对工作内容、要求和条件进行调查研究和系统描述，以便对工作进行规范、指导和改进的过程。

工作分析的目的是确定一个工作所承担的任务、职责以及如何来完成相应的工作任务，履行规定的职责，以保证组织中各项工作按管理者的意愿进行分配，做到人职匹配，提高组织的工作绩效。

2. 工作分析的内容

工作分析的内容包括工作调查和工作描述两方面的内容。

（1）工作调查。对职务的工作内容、要求和条件进行系统的调查研究，获取必要的信息。工作调查的对象可以概括为5W1H。

表2-7 5W1H法的工作分析思路

因素	现状如何	为什么	能否改善	该怎么改善
工作内容（What）	做什么	为什么要做	是否可以做其他工作达成目的	到底应该做什么
工作时间（When）	何时做	为何要在此时做	有无其他更好的时间	应该在何时做
工作地点（Where）	在何处做	为何要在此处做	有无其他更好的地方	应该在何处做
工作原因（Why）	什么目的	为什么是这目的	有无别的目的	应该是什么目的
工作主体（Who）	由何人来做	为何要此人做	有无其他更好的人	应该由何人做
工作方式（How）	如何做	为何要这样做	有无其他更好的方法	应该如何做

（2）工作描述。对上述调查所得的信息进行分析、研究和再加工，对职务的工作内容、工作要求和工作条件、工作方式进行系统描述。

工作分析的结果主要是形成工作说明和工作规范，在大多数情况下，工作说明和工作规范的具体内容将形成工作说明书，表明需要完成的各种工作的具体内容、特定性质和职责、工作权限、工作关系、工作要求和任职者的资格等。

工作说明是以书面形式描述工作的任务、职责、要求和条件等具体内容，主要包括以下几个方面的内容。

① 工作名称：明确是什么工作。

② 工作目标：工作的最终目标。

③ 工作职责：围绕工作目标来确定的，要实现工作目标必须明确负责的工作范围及承担相应的责任。

④ 工作任务和程序：所要完成的工作任务、工作职责、完成工作所需要的资料、机器设备、工作流程以及上下级关系。

⑤ 工作条件：包括环境的温度、适当的光照度、通风设备、安全措施等。

工作规范是任职者要胜任该项工作必须具备的资格与条件。主要包括以下几方面内容。

① 任职资格：主要包括教育背景、工作经历、技能要求。

② 能力要求：能力要求包括任职者的领导、组织、创新、分析能力，以及信息处理能力、人际交往能力和表达沟通能力等。

③ 心理素质：对任职者的个性心理特点要求。

④ 身体素质：主要是岗位对身体的特殊要求。

3. 如果你是工作的接受者，当你接受如下任务时，你该如何处理？并将任务内容记录在任务接受记录中。

(1) 主管对工程部的几个工程师说：你们把这台电脑送给城建的赵老师吧。

(2) 业务经理对助理说：帮我采购一台联想v490的电脑，送去给轻工的王老师，尽快办理。

(3) 下班前，主管对助理说：帮我把这份文件送给工贸的赵老师，晚上七点前送到。

(4) 主管对助理说：帮我把这份excel文件重新排版一下吧，20分钟后我要用，谢谢！

(5) 主管对工程师a说：你按这份配置清单帮客户组装一台电脑吧，今天下班前完成。可是你发现配置清单中没有显卡，主板也没有集成显卡。

表2-8　5W1H工作任务接受记录

What	When	Where	Why	Who	How

技能点2：职业探索方法

1. 生涯人物访谈法

要了解职业社会，对职场人士进行访谈是很好的途径和方法。我们可以根据自己的专业或者兴趣选择不同行业或者职业的生涯人物做访谈与调查，将生涯人物的规划道路与自己的规划相对比，客观分析内外各种环境因素对自己发展的影响。

通过对生涯人物的经历进行全面回顾性总结，吸取经验，修订自身的规划，提高成功的机率。生涯人物访谈实践的具体步骤如下。

生涯人物访谈报告

访谈对象：_____

访谈时间：_____

访谈对象基本情况：_____

职位信息汇总：

_____

_____

生涯经验总结：

_____

_____

_____

访谈心得体会：

_____

_____

_____

_____

图 2-2　生涯人物访谈报告范例

2. 观察法

观察法是对某一职业的劳动者的工作过程进行直接的观察，以了解职业的工作环境、过程、操作技术等方面的状况。观察法可以为了解职业特性提供直观、真实的材料和感受。对一项工作的观察，可以采用在较长时间内连贯不断的方式，也可采用不定期的观察或访查的方式。

表 2-9　观察法的形式

形式	具体实施	适用范围
直接观察法	通过直接对工作的全过程进行观察来收集信息	适用于工作周期短、规律性强的职位及流水线工人职位，不适用于周期长、非标准化的工作，也不适用于各种户外工作及中高管理人员的工作
阶段观察法	通过分阶段对某一职位的工作事项进行观察来收集信息	
工作表演法	通过要求被观察者当场表演某一工作事项并对该工作事项进行观察来收集信息	

使用观察法时，必须要注意观察的客观性。为了使观察的结果客观，在进行观察时，务必让被观察者的表现不受观察者的影响，即工作表现应当和平时一样，否则被观察者一旦意识到自己被观察，就可能过分表现自己，从而造成假象。

3. 问卷法

问卷法是采用调查问卷来收集某一项工作信息的一种方法。有关人员事先设计出问卷，然后由员工或调查人员填写，最后进行归纳分析，做好详细记录。

一份典型的职位探索调查问卷通常包括下列方面的问题：

(1) 该工作的各种职责以及花费在每种职责上的时间比例；

(2) 非常规性的特殊职责；

(3) 工作协调和监管责任；

(4) 所用物资和仪器设备；

(5) 所作出的各种决定和所拥有的决定权；

(6) 所准备的记录和报告；

(7) 所运用的知识、技能和各种能力；

(8) 所需的培训；

(9) 体力活动及特点；

(10) 工作条件。

4. 将学生分组，采用多种途径对本专业进行探索，其中每人必须进行一次生涯人物访谈。要求每个成员都参与。形成报告：我的专业可从事的职业有哪些？我对感兴趣的职业有什么了解？

开眼界

职业选择

根据智联招聘应届生招聘数据库的数据显示，毕业生扎堆财务、人力、贸易、高级管理等看上去"轻松"且"高大上"的职位，而忽视需求不断增加的服务类、销售类岗位。原因如下：一是对服务类、销售类岗位的误解，认为此类职位门槛低、工作压力大、职责不规范；二是对职位的发展前景缺乏了解。职能性岗位往往上升通道短，有一定的职位"天花板"；而看似低端的业务类、销售类岗位能够提供较高的绩效提成，增加收入，职位发展通道也相对宽广。智联招聘调查也显示，67%的企业高管是从销售、业务岗位晋升，服务、销售等岗位能够帮助个人综合能力快速提高。

主题 3　职业测评

长知识

　　心理测验起源于人们对个体差异的关注和研究，所谓个体差异，指的是个体之间的不同之处。如有些人理解能力较强，有些人分析能力较强，而有些人则富于创造性等。利用测评工具帮助学生了解自己的兴趣、能力、技能、需求等，并在评估基础上为自己的未来发展做出明智决定。

　　通过多项测试，让你对自己的性格、职业适应性、职业成熟度、人际关系技能等方面有正确的认识，作为成功选择职业类型和合适岗位、成功与人沟通交流并面对未来挑战的参考。

知识点 1：职业测评概述

1. 职业测评的内涵

　　科学的职业测评以特定的理论为基础，经过设计问卷、抽样、统计分析建立常模等程序编制，必须符合三个条件。

　　(1) 效度。测验结果的准确性。

　　(2) 信度。测验结果的稳定性。

　　(3) 常模。每一位被试的心理测验都有个原始分数，通常情况下这个分数没有实际意义，除非这个分数能与别人比较。与此相关的标准便是常模。常模是指有代表性的样本在测验上的分数分布情形。

　　科学的职业测评是客观化、标准化的问卷，它的科学性、客观性、可比较的功能是其他自我了解的方法不具有的。

2. 职业测评的作用

　　职业测评的目的是实现人适其职，职得其人；人尽其才，才尽其用。它在研究、咨询、辅导和组织对员工的职业生涯开发中占据重要的地位，是不可或缺的工具。具体来说，它的作用包括以下几个方面。

　　(1) 预测作用。预测个体在教育训练、职业训练以及未来工作中的表现。

　　(2) 诊断作用。评估个体的长处和短处、优势和劣势，并诊断个体在兴趣、价值观和职业生涯决策等方面的特质。

　　(3) 区别作用。区别出个体的某些特质最类似于哪一类的职业群体。

　　(4) 比较作用。依据测量学指标，将个体素质（能力倾向、兴趣、价值观等）与某些效标团体相比较，从而观察两者之间的匹配程度。

(5) 探测作用。了解个体在职业生涯发展的连续过程中，其职业决策、职业适应性的行为、态度，以及能力方面的一般状况，以便提供必要的职业辅导。

(6) 评估作用。对职业生涯咨询或辅导的进展情况和效果进行评估。

3. 职业测评的分类

职业测评中的心理测试主要包括以下几种类型。

(1) 职业兴趣测试

不同人的工作生活兴趣可以按照对人、概念、材料这三大基本内容要素分类，而社会上的所有职业、工作也是围绕这三大要素展开的。基于这一理论思想设计的职业兴趣测验可以在个体兴趣与职业之间进行匹配。

(2) 职业性格测评

人的性格千差万别，或热情外向，或羞怯内向，或沉着冷静，或火暴急躁。职业心理学研究表明，不同的职业有不同的性格要求。虽然每个人的性格都不能百分之百地适合某项职业，但却可以根据自己的职业倾向来培养、发展相应的职业性格。不同性格特征的人员，对企业而言，决定了每个员工的工作岗位和工作业绩；对个人而言，决定着自己的事业能否成功。

(3) 职业能力测评

我们这里所言的能力，是指劳动者从事社会生产活动的能力即职业工作能力。

人们的能力可分为一般能力和特殊能力两大类。一般能力通常又称为智力，包括注意力、观察力、记忆力、思维能力和想象力等，一般能力是人们顺利完成各项任务必须具备的一些基本能力，特殊能力是指从事各项专业活动的能力，如计算能力、音乐能力、动作协调能力、语言表达能力、空间判断能力等。由此可见，能力是一个人完成任务的前提条件，是影响工作效果的基本因素。因此了解自己的能力倾向及不同职业的能力要求，对合理地进行职业选择具有重要意义。

4. 霍兰德职业兴趣测试（见第三模块/主题1/技能点2）。

知识点2：职业性格测评

1928年，美国心理学家马斯顿博士在他的《正常人的情绪》一书中，提出了DISC测评以及理论说明。他采用了四个认为是非常典型的人格特质因子，即Dominance——支配，Influence——影响，Steadiness——稳健，以及Compliance——服从。DISC个性测试现已成为国外企业广泛应用的一种人格测试，用于测查、评估和帮助人们改善其行为方式、人际关系、工作绩效、团队合作、领导风格等。研究表明，它所考察的维度和管理绩效相联系，为企业认识、甄选、录用、岗位安置提供了良好的测评手段。

1. 什么是 DISC

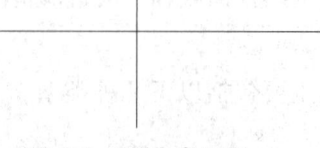

图 2-3 DISC 象限图

DISC 是以"理性——感情"和"主动——被动"为纵、横坐标，把行为分成四种倾向：Dominance ——支配型/控制者、Influence ——活泼型/社交者、Steadiness ——稳定型/支持者、Compliance ——完美型/服从者，如图所示。这四种倾向没有好坏对错之分，每一个人的性格中都有 D、I、S、C 因子。

2. DISC 的象限分析

（1）Dominance ——支配型/控制者

D 型又被称为开拓型、力量型。D 型人外向、乐观，是积极的行动者。他们喜欢做主，行动力强，思考力较弱，喜欢挑战较高的目标，不达目的不罢休，充满自信，意志坚定，有活力，做事主动，不易气馁，是推动别人行动的人。由于他们行动力很强，所以往往做事会有很大的成就。

D 型人的缺点是不易看到别人的需求，只看到自己的需求；不容易适应环境，经常人际关系较差，做错事后不容易原谅自己；无耐性、固执、易争吵、好斗、说话易伤害别人，具有强迫性，很容易支配别人。

在工作方面，D 型人是务实和讲究效率的人，目标明确，眼光全面，组织能力强，行动迅速、果敢、坚持到底，在反对声中成长。但是由于过于强调结果，D 型人往往容易忽视细节，处理问题不够细致。

D 型人没有兴趣从事一成不变的工作，希望可以掌控全局。他们追逐更大的权力、更高的位置，不怕压力，期待工作就像战场一样充满挑战。D 型人适合从事有挑战性的工作，如律师、创业家等。

（2）Influence ——活泼型/社交

I 型又被称为推销型、影响型。I 型人是一群人里面说话最多的，天生希望成为注意力的中心，具有很强的好奇心，热情、热心，具有很好的表达能力，精力充沛、有干劲。I 型人生性较乐观，会将大多数状况视为有利条件。他们急于认识他人并获得其欣赏，通常有能力说服他人共同合作。他们的自我意识很强，口才极佳，但 I 型人较圆滑，对他人的感觉较敏感。他们非常外向，且以人为主，同时珍惜关系。

I 型人的缺点是以自己为中心，独霸主题，爱打断别人的谈话，不注意记忆，变化无常。他们易交朋友，但深交的朋友却不多。他们缺乏毅力，喜好多却不精，好表现，粗线条，轻许诺，以自己的快乐为主。

在工作方面，I 型人是一个热情的推动者，总有新主意，色彩丰富，说干就干，能够鼓励和带领他人一起积极投入工作。可是，I 型人似乎总是情绪决定一切，想哪儿说哪儿，而且说得多干得少，遇到困难容易失去信心，杂乱无章，做事不彻底，爱走神，爱找借口，喜欢轻松友好的环境，非常害怕被拒绝。

I 型人希望从事与人互动接触、有舞台能得到掌声、能发挥口语表达能力、工作气氛愉快、工作环境轻松的工作。不喜欢官僚的程序，而希望允许一些天马行空的想法。I 型人适合从事经常与人接触的工作，如教育训练、演艺人员、广告创意、客户服务、柜台接待、导游等。

(3) Steadiness——稳定型/支持者

S 型又被称为专家型、和平型。S 型人性格低调、易相处，很轻松平和，无异议，耐心，适应能力强，无攻击性，是很好的聆听者，具有外交手段，人际关系好，朋友很多。他们不仅是忠诚的员工，也是可信赖的团队成员。他们是按部就班的逻辑思考者，喜欢为一个领袖或目标奋斗。他们热爱长期的工作关系，以服务为导向，同时又耐心且和善，真正关心他人的感觉和问题，尤其能扮演幕僚的角色。

S 型人的缺点是不容易兴奋，拒绝改变、喜欢一成不变，看似懒惰，不愿承担责任、回避压力，沉默，马虎无主见。因为他们避免出错，不希望伤害到任何人，追求结果圆满，就会因考虑太多而变得犹豫不决、优柔寡断。

在工作方面，S 型人能够按部就班地管理事务，他们喜欢工作环境个人化、轻松、友好且非正式。他们喜欢一致、缓慢且简单的方法，同时具备长期的专注力，使他们能稳健地执行工作。奉行中庸之道，平和可亲，一方面习惯避免冲突，另一方面也能处变不惊。但是，S 型人似乎总是慢吞吞的，很难被鼓动，得过且过。由于害怕承担风险和责任，宁愿站在一边旁观。很多时候，S 型人总是没有主意，有话不说，或折中处理。

S 型人喜欢在工作中接触人，只是在作风上比较保守、被动，不喜欢管人，不喜欢有压力，也不喜欢给人压力。S 型人可以从事参谋类的工作，或是长期的、稳定性强的工作，如教师、特别助理、公务人员、非营利事业组织人员等。

(4) Compliance——完美型/服从者

C 型人又被称为客观型、服从型。C 型人是理想主义者，以思考为主，深思熟虑，并且目标感很强，追求完美，有艺术天分，沉闷，关注细节，高标准，做事前一定要有计划、有条理、有组织，交友慎重，关心别人，情感丰富容易感动，也容易受伤。他们天生精准且井然有序。由于他们思路清晰，只要知道正确的方向，就能够受到激励，他们喜欢规矩和秩序。

C 型人的缺点是行动力弱，想得多但做得少，优柔寡断，容易抑郁，容易自惭自愧、悲观、天生消极、易受环境影响、情绪化。

在工作方面，C型人是一个完美主义者，他们对自己和下属的要求都非常高。计划性强，注重细节，讲究条理、整洁，能够发现问题并制定解决问题的办法，喜欢图表和清单，坚持己见，善始善终。但是，C型人也很可能是一个优柔寡断的人，习惯于收集信息资料和作分析，却很难投入到实际运作的工作中来。容易自我否定，因此需要别人的认同。同时也习惯于挑剔别人，不能忍受别人的工作做不好。C型特征明显的人非常不喜欢冒险与压力，有逃避的倾向。尽管如此，他们却是扎实的问题解决者，天生具有组织、诠释信息的能力。

C型人喜欢从事研究性的工作，可以独立作业，在实验室、研究室、图书馆里面可能有他们的踪迹。他们喜欢谨慎地思考后才作出行动，重视规划、顺序、流程及制度，善于修正别人的论点。C型人适合从事精准化的工作，如会计、精算师、脑部外科医师等。

知识点3：职业素质测评

职业素质是指从业者在一定生理和心理条件基础上，通过教育培训、职业实践、自我修炼等途径形成和发展起来的，在职业活动中起决定性作用的、内在的、相对稳定的基本品质。职业素质主要包括身体素质、心理素质、思想与政治素质、科技文化素质、审美素质、专业素质、社会交往和适应素质、学习和创新方面的素质。

1. 心理素质

心理素质是在遗传基础之上，在教育与环境影响下，经过主体实践训练所形成的性格品质与心理能力的综合体现。心理素质好的人具有较强的适应性、承受能力、自信心和意志力，更容易拥有奋进、快乐、幸福的人生；而心理素质差的人，一旦遇到挫折就会很容易想不开而做出傻事。

（1）心理素质测试

以下8道试题，每题只能选一个选项，然后将每个选项对应的分数累加起来，就能大致了解你的心理素质和应付能力。

① 你骑车闯红灯，被警察叫住。警察知道你急着要赶路，却故意拖延时间，这时你：

A. 急得满头大汗，不知怎么办才好

B. 十分友好地、平静地向警察道歉

C. 听之任之，不作任何解释

② 在朋友的婚礼上，你未料到会被邀请发言，在毫无准备的情况下，你：

A. 双手发抖，结结巴巴说不出话来

B. 感到很荣幸，简短地讲几句

C. 很平淡地谢绝了

③ 你在餐馆刚用过餐，服务员来结账，你忽然发现身上带的钱不够，你：

A. 感到很窘迫，脸发红

B. 自嘲一下，马上对服务员实话实说

C. 在身上东摸西摸，拖延时间

④ 假如你乘坐公共汽车时忘了买票，被人查到，你的反应是：

A. 尴尬，出冷汗

B. 冷静，不慌不忙，接受处理

C. 强作微笑

⑤ 你独自一人被关在电梯内出不来，你会：

A. 脸色发白，恐慌不安

B. 想方设法自己出去

C. 耐心地等待救援

⑥ 有人像老朋友似的向你打招呼，但你一点也记不起他（她）是谁，此时你：

A. 装作没听见似的不搭理

B. 直率地承认自己记不起来了

C. 朝他（她）瞪瞪眼，一言不发

⑦ 你从超市里走出来，忽然意识到你拿着忘记付款的商品，此时一个很像保安人员的人朝你走来，你会：

A. 心怦怦跳，惊慌失措

B. 诚实、友好地主动向他解释

C. 迅速回转身去补付款

⑧ 假设你从国外回来，行李中携带了超过规定的烟酒数量，海关官员要求你打开行李箱检查，这时你会：

A. 感到害怕

B. 泰然自若，听凭检查

C. 与海关官员争辩，拒绝检查

每道题选 A 得 0 分，选 B 得 5 分，选 C 得 2 分。

0~25 分：你承受压力的心理素质较差，很容易失去心理平衡，变得窘促不安，甚至惊慌失措。

25~32 分：你的心理素质比较强，性情还算比较稳定，遇事一般不会十分惊慌，但有时往往采取消极应付的态度。

32~40 分：你的心理素质很好，几乎没有令你感到尴尬的事，尽管偶尔会失去控制，但总的来说，你的应变能力很强，是一个能经常保持镇静、从容不迫的人。

(2) 提高心理素质的方法

提高心理素质对一个人的心理成长很有必要。虽然心理素质与先天有着一定的联系，但是靠后天的锻炼，还是可以提高心理素质的。

① 正视现实。正确看待社会、看待人生、看待自己的处境，对应付挫折有心理准备。既不盲目乐观，也不消极处世。

② 体现自己的价值。要认识到自己对亲人、朋友、同事和他人是有价值的，是能够为社会做出自己的一份贡献的。

③ 相信并运用自己的能力。相信自己有能力控制自己的生活并改变生活，能掌握自己的发展道路，掌握自己的命运。

2. 沟通能力

沟通能力是指一个人与他人有效地进行沟通信息的能力，包括表达能力、争辩能力、倾听能力和设计能力。良好的沟通能力是处理好人际关系的关键。具有良好的沟通能力可以使我们很好地表达自己的思想和情感，获得别人的理解和支持，从而和上级、同事、下级保持良好的关系。沟通能力差的人常常会被人误解，给别人留下不好的印象，甚至无意中对别人造成伤害。

(1) 沟通能力测试

每个人都有独特的与人沟通、交流的方式，阅读下面的情境性问题，选出你认为最合适的处理方法。请根据自己的第一印象回答，不要过多考虑。

① 你的上司邀请你共进午餐，回到办公室，你发现你的同事颇为好奇，此时你会：

A. 告诉他详细内容

B. 粗略描述，淡化内容的重要性

C. 不遗漏任何蛛丝马迹

② 当你主持会议时，有一位下属一直以不相干的问题干扰会议，此时你会：

A. 要求所有的下属先别提出问题，直到你把正题讲完

B. 告诉该下属在预定的议程之前先别提出别的问题。

C. 纵容下去

③ 当你准备跟上司去讨论事情时，有人打长途电话来找你，此时你会：

A. 告诉对方你在开会，待会儿再回电话

B. 告诉上司的秘书说不在

C. 接电话，而且该说多久就说多久

④ 有位员工连续四次在周末向你要求他想提早下班，此时你会说：

A. 你对我们相当重要，我需要你的帮助，特别是在周末

B. 今天不行，下午四点我要开个会

C. 我不能再容许你早退了，你要顾及他人的想法

⑤ 你刚好被聘为某部门主管，你知道还有几个人关注着这个职位，上班的第一天，你会：

A. 把问题记在心上，但立即投入工作，并开始认识每一个人

B. 忽略这个问题，并认为情绪的波动很快会过去

C. 个别找人谈话以确认哪几个人有意竞争职位

⑥ 有位下属对你说，"有件事本不应该告诉你的，但你有没有听到……"你会说：

A. 跟公司有关的事我才有兴趣听

B. 谢谢你告诉我怎么回事，让我知道详情

C. 我不想听办公室的流言

评分标准：选 A 为 3 分，选 B 为 2 分，选 C 为 1 分，满分 18 分。

15~18 分：被测评人具有良好的沟通能力，能很好地表达自己的思想和情感，获得别人的理解和支持，从而和上级、同事、下级保持良好的关系。

11~14 分：被测评人的沟通能力一般，需要加强。

6~10 分：被测评人的沟通能力很差，常常会被别人误解，给别人留下不好的印象，甚至无意中对别人造成伤害。

本测验选择了一些在工作中经常会遇到的、比较尴尬的、难于应付的情境，测试你是否能正确地处理这些问题，从而反映你是否了解正确的沟通知识和技能。这些问题看似无足轻重，但是一些工作中的小事和细节往往决定了别人对你的看法和态度。如果你分数偏低，不妨仔细检查你所选择的处理方式给对方带来什么样的感受，或会使自己处于什么样的境地。

(2) 沟通能力的培养

沟通的本质是信息的传递，提高沟通能力就是提高信息传递和接收的能力，也能更好地表达自己和更好地理解别人。

① 不同的场合采用不同的沟通方式。不同的场合对于沟通的要求是不一样的，例如在公司与领导的沟通，在家里与亲人的沟通等。分清不同的场合与对象，可以让你的沟通更有效率。

② 掌握必要的沟通技巧并加以练习。有些人面临的困难是虽然很想与其他人很好地沟通，但总是不得要领。想向他人表达一个意思，却始终说不清楚；本想与他人消除误会，但结果可能弄得更糟。沟通技巧是需要学习并加以练习的。

③ 多聆听，了解对方的真正意图。戴尔·卡耐基说："如果你想成为一个谈话高手，必须先是一个专心听讲的人。"想要知道对方要什么，倾听就是不可缺少的第一步。

④ 注意自己的沟通风格。心理学家研究发现，一个人跟别人说过话后，所留给人的印象，只有 20% 取决于谈话的内容，其他 80% 则取决于沟通的风格。当你采取强势风格，即使有理，到最后别人还是留下不好印象；接纳对方，从而转化对方的思

考，方是上策。

3. 团队协作能力

团队协作能力是指建立在团队基础上，发挥团队精神、互补互助以达到团队最大工作效率的能力。对于团队成员而言，不仅要有个人能力，还要有与其他成员协调合作的能力。

（1）团队协作能力测试

任何一个组织的成功都不能仅仅依靠个人单枪匹马作战，因此团队精神的重要性不言而喻。那么，来看看你的团队合作精神如何。

① 如果某位中学校长请你为即将毕业的学生举办一次介绍公司情况的晚间讲座，而那天晚上恰好播放你"追踪"的电视连续剧的最后一集，你会：

A. 立即接受邀请

B. 同意去，但要求改期

C. 以有约在先为由拒绝邀请

② 如果某位重要客户在周末下午5:30打来电话，说他们购买的设备出了故障，要求紧急更换零件，而主管人员及维修工程师均已下班，你会：

A. 亲自驾车去30公里以外的地方送货

B. 打电话给维修工程师，要求他立即处理此事

C. 告诉客户下周才能解决

③ 如果某位与你竞争最激烈的同事向你借一本经营管理畅销书，你会：

A. 立即借给他

B. 同意借给他，但声明此书无用

C. 告诉他书被遗忘在火车上了

④ 如果某位同事为方便自己去旅游而要求与你调换休息时间，在你还未作决定如何度假的情况下，你会：

A. 马上应允

B. 告诉他你要回家请示夫人

C. 拒绝调换，推说自己已经参加旅游团了

⑤ 你如果在急匆匆地驾车去赴约途中看到你秘书的车出了故障，停在路边，你会：

A. 毫不犹豫地下车帮忙修车

B. 告诉他你有急事，不能停下来帮他修车，但一定帮他找修理工

C. 装作没看见他，径直驶过去

⑥ 如果某位同事在你准备下班回家时，请求你留下来听他"倾吐苦水"，你会：

A. 立即同意

B. 劝他第二天再说

C. 以夫人生病为由拒绝他的请求

⑦ 如果某位同事因事要去医院探望夫人，要求你替他去接一位搭夜班机来的大人物，你会：

A. 立即同意

B. 找借口劝他另找别人帮忙

C. 以汽车坏了为由拒绝

⑧ 如果某位同事的儿子想选择与你同样的专业，请你为他做些求职指导，你会：

A. 立即同意

B. 答应他的请求，但同时声明你的意见可能已经过时，他最好再找些最新的资料作参考

C. 只答应谈几分钟

⑨ 你在某次会上发表的演讲很精彩，会后几位同事都向你索要讲话纲要，你会：

A. 同意——并立即复印

B. 同意——但并不十分重视

C. 同意——但转眼即忘记

⑩ 如果你参加一个新技术培训班，学到了一些对许多同事都有益的知识，你会：

A. 返回后立即向大家宣布并分发参考资料

B. 只泛泛地介绍一下情况

C. 把这个课程贬得一钱不值，不泄露任何信息

评分说明：

全部回答"A"：你只能说是一位极善良、极有爱心的人，但你要当心，千万别被低效率的人拖后腿，应该有自己的主见。

大部分回答"A"：说明你很善于合作，但并非失去个性，认为礼尚往来是一种美德，在商业生活中亦不可或缺。

大部分回答"B"：你是一个以自我为中心的人，不愿意为自己找麻烦，不想让自己的生活规律、工作秩序受到任何干扰。

大部分回答"C"：你是一个名副其实的孤家寡人，不善于同别人合作，几乎没有团队意识。

(2) 团队协作能力的培养

一个团队中的成员有差异，能力有高低，然而当所有人能够协调合作、上下一心时，却能爆发出1+1>2的效果，通过有意识的练习，可以让你的团队协作能力得到很好的提升。

① 树立共同的目标。团队就是为了实现某目标而由相互协作的个体所组成的正式群体，一个团队存在的前提就是有共同的目标。

② 充分了解团队成员。主动去发现团队成员的积极品质，学习这些品质，并努力克服和改正自身的缺点和消极品质。团队成员之间欣赏长处、熟悉短处，才能做到扬长避短，默契配合。

③ 建立信任。高效团队的一个重要特征就是团队成员之间相互信任。团队成员彼此相信各自的品格、个性、特点和工作能力。这种信任将使团队成员乐于付出，相信团队的目标并为之付出自己的责任。当团队中的每个人都能坦诚相待，都有一份奉献精神时，个人的能力肯定也会得到极大的提升。

④ 彼此承担责任。团队在运作过程中难免会出现失误，若每次出现错误都互相推卸责任，那么这个团队就没有存在的价值。对自己负责，更意味着对团队负责，对团队成员负责。

4. 创新能力

经济学家约瑟夫·熊彼特指出，创新是建立一种生产函数，在经济生活中引入新的思想方法，实现生产要素新的结合。创新能力是指一个人具有的运用一切已知信息产生某种新颖、独特、有社会或个人价值的产品的能力，实质就是创造性地解决问题的能力。

（1）威廉斯创造力倾向测试

表2-10是一份帮助个人了解自己创造能力的测试量表。所有题目都没有标准答案，请根据你的第一印象快速作答。如果你发现题目描述的情形很适合自己，请在题后表格中的"完全符合"选项内打"√"；如果只是部分适合，则在"部分符合"选项内打"√"；如果题目描述的内容对你来说根本不可能，在"完全不符合"选项内打"√"。虽然没有时间限制，但尽可能地争取以较快的速度完成。

表2-10 创造力测试表

编号	问题	选项		
		完全符合	部分符合	完全不符合
1	在学校里，我喜欢试着对事情或问题作猜测，即使不一定都猜对也无所谓			
2	我喜欢仔细观察我没有看过的东西，以了解详细的情形			
3	我喜欢听变化多端和富有想象力的故事			
4	画图时我喜欢临摹别人的作品			
5	我喜欢利用旧报纸、旧日历及旧罐头等废物来做各种好玩的东西			
6	我喜欢幻想一些我想知道或想做的事			
7	如果事情不能一次完成，我会继续尝试，直到成功为止			

续表

编号	问题	完全符合	部分符合	完全不符合
8	做功课时我喜欢参考各种不同的资料，以便得到多方面的了解			
9	我喜欢用相同的方法做事情，不喜欢去找其他新的方法			
10	我喜欢探究事情的真假			
11	我喜欢做许多新鲜的事			
12	我不喜欢交新朋友			
13	我喜欢想一些不会在我身上发生的事情			
14	我喜欢想象有一天能成为艺术家、音乐家或诗人			
15	我会因为一些令人兴奋的念头而忘记了其他的事			
16	我宁愿生活在太空站，也不喜欢住在地球上			
17	我认为所有的问题都有固定的答案			
18	我喜欢与众不同的事情			
19	我常想要知道别人正在想什么			
20	我喜欢故事或电视节目所描写的事			
21	我喜欢和朋友一起，和他们分享自己的想法			
22	如果一本故事书的最后一页被撕掉，我就自己编造一个故事，把结局补上去			
23	我长大后，想做一些别人从没有想过的事情			
24	尝试新的游戏和活动，是一件有趣的事			
25	我不喜欢太多的规则限制			
26	我喜欢解决问题，即使没有正确的答案也没有关系			
27	有很多事情我都很想亲自去尝试			
28	我喜欢唱没有人知道的新歌			
29	我不喜欢在班上同学面前发表意见			
30	当我读小说或看电视时，我喜欢把自己想成故事中人物			
31	我喜欢幻想200年前人类生活的情形			
32	我常想自己编一首新歌			
33	我喜欢翻箱倒柜，看看有些什么东西在里面			

续表

编号	问题	选项		
		完全符合	部分符合	完全不符合
34	画图时，我很喜欢改变各种东西的颜色和形状			
35	我不敢确定我对事情的看法都是对的			
36	对于一件事情先猜猜看，然后再看是不是猜对了，这种方法很有趣			
37	玩猜谜之类的游戏很有趣，因为我想要知道结果如何			
38	我对机器有兴趣，也很想知道它里面是什么样子，以及它是怎样转动的			
39	我喜欢可以拆开来的玩具			
40	我喜欢想一些新点子，即使用不着也无所谓			
41	一篇好的文章应该包含许多不同的意见或观点			
42	为将来可能发生的问题找答案，是一件令人兴奋的事			
43	我喜欢尝试新的事情，目的只是为了想知道会有什么结果			
44	玩游戏时，我通常是有兴趣参加，而不在乎输赢			
45	我喜欢想一些别人常常谈过的事情			
46	当我看到一张陌生人的照片时，我喜欢去猜测他是怎样一个人			
47	我喜欢翻阅书籍及杂志，但只想知道它的内容是什么			
48	我不喜欢探寻事情发生的各种原因			
49	我喜欢问一些别人没有想到的问题			
50	无论在家里或在学校，我总是喜欢做许多有趣的事			

记分方法：

本量表共有50题，包括冒险性、好奇性、想象力、挑战性四项。其中，正面题目"完全符合"计3分，"部分符合"计2分，"完全不符合"计1分；反面题目"完全符合"1分，"部分符合"计2分，"完全不符合"计3分。

冒险性题目有：正面题目1、5、21、24、25、28、36、43、44；反面题目：29、35。

好奇性题目有：正面题目2、8、11、19、27、32、34、37、38、39、47、49；反面题目：12、48。

想象力题目有：正面题目6、13、14、16、20、22、23、30、30、31、32、40、

46；反面题目：45。

挑战性题目有：正面题目 3、7、10、15、18、26、41、42、50；反面题目：4、9、17。

在做完所有题目后，根据测试表中所给每一选项计算自己的最后得分，得分高说明创造力强；反之说明创造能力差。

其中，冒险性得分≥30 为优；好奇性得分≥36 为优；想象力得分≥35 为优；挑战性得分≥32 为优。总分高于 133 分，有创造性潜能；111~133 分，良好；111 分以下，一般。

在好奇性特征上得分高，表明受测者具有下列个性品质：富有追根究底的精神；主意多；肯深入思考事物的奥妙；能把握特殊的现象并观察其结果。在好奇性特征上得分低，表明受测者不具备上述特征，影响受测者创造力的发展。

在想象力特征上得分高，表明受测者具有下列特征：善于视觉化；善于幻想尚未发生过的事情；可进行直觉的推测；能够超越感官及现实的界限。低分者缺乏想象力，因而创造性不高。

在挑战性特征上得分高，表明受测者具有下列特征：善于寻找各种可能性；能够了解事情的可能性及现实间的差距；能够从杂乱中理出秩序；愿意探究复杂的问题或主意。低分者在这方面表现出因循守旧的特点，因而缺乏创造性。

在冒险性特征上得分高，表明受测者具有下列特征：勇于面对失败或批评；敢于猜测；能在杂乱的情境下完成任务；勇于为自己的观点辩护。而低分者缺乏冒险性，因而创造性不足。

(2) 创新能力的培养

创新能力是一种综合素质，被视为智慧的最高形式。要想培养和提高自己的创新能力，可以从以下几个方面入手。

① 培养创新的兴趣。创新的过程往往充满了艰辛与挑战，只有当人们真正对创新感兴趣，探究的是自己内心向往的东西时，才会呈现出情绪饱满、精神愉快、充满自信、联想丰富的最佳状态。

② 培养创新的好奇心。创新的好奇心是理解和追求未知的强烈愿望。只有理解未知的强烈意愿产生的创新好奇心，才会对广泛共知而又被忽视的未知事物产生强烈的进行深入探究的心理动力。

③ 培养创新思维。著名物理学家劳厄在谈教育时说："重要的不是获得知识，而是发展思维能力，教育无非是将一切已学过的东西都遗忘时所剩下来的东西。"古往今来，许多成功者既不是那些最勤奋的人，也不是那些知识最渊博的人，而是一些思维敏捷、最具有创新意识的人，他们懂得如何去正确思考，善于利用头脑的力量。

④ 提高学习能力。学习的意义在于能不能在没有问题的地方发现问题，在没有

机会的地方寻找机会，在没有道路的地方开拓道路。"工欲善其事，必先利其器"，只有通过深入学习，才能不断提高自身的创新能力。

练技能

技能点1：霍兰德职业兴趣测试

本测验量表将帮助你发现和确定自己的职业兴趣的能力特长，从而更好地作出求职择业的决策。如果你已经考虑好或选择好了自己的职业，本测验将使你的这种考虑或选择具有理论基础，或向你展示其他适合的职业；如果你尚未确定职业方向，本测验将帮助你根据自己的情况选择一个恰当的职业目标。

本测验共有六个部分，每部分测验都没有时间限制，但请尽快按照要求完成。

第一部分：你所感兴趣的活动

如表2-11所示，每个类别下的每个小项皆为是否选择题，请选出比较适合你的。如果你喜欢这项活动，请选"是"；如果你不喜欢这项活动，请选"否"。选"是"的，计1分；选"否"的，不计分。统计每一项的分值，并将相应的分值填写在第五部分的统计项目中。

第二部分：你所擅长获胜的活动

如表2-12所示，每个类别下的每个小项皆为"是""否"选择题，如果你所能做或大概能做这项事情，请选"是"；如果你不能做或大概不能做这项事情，请选"否"。选"是"的，计1分；选"否"的，不计分。统计每一项的分值，并将相应分值填写在第五部分的统计项目中。

第三部分：你所喜欢的职业

如表2-13所示，每个类别下的每个小项皆为"是""否"选择题，如果你有兴趣做该项工作，请选"是"；如果你没有兴趣做该项工作，请选"否"。选"是"，计1分；选"否"，不计分。统计每一项的分值，并将相应的分值填写在第五部分的统计项目中。

第四部分：你的能力类型简评

下面的表2-14、2-15是你在6个职业能力方面的自我评定表。你可以先与同龄人比较自己在每一个方面的能力，然后经斟酌后对自己的能力做出评估。请在表中适当的数字上画圈。数字越大，表示你的能力越强。注意：请勿全部选择同样的数字，因为人的每项能力不可能完全一样。

第五部分：统计和确定你的职业倾向

统计每一部分汇总各类的分值，并将相应分值填写在表2-16中。

表 2-11 你所感兴趣的活动

R：现实型活动	是	否	I：研究型活动	是	否
1. 装配修理电器或玩具			1. 读科技图书或杂志		
2. 修理自行车			2. 在实验室工作		
3. 用木头做东西			3. 改良水果品种，培育新的水果		
4. 开汽车或摩托车			4. 调查了解和金属等物质的成分		
5. 用机器做东西			5. 研究自己选择的特殊问题		
6. 参加木工技术学习班			6. 解算术题或玩数学游戏		
7. 参加制图描图学习班			7. 物理课		
8. 驾驶卡车或拖拉机			8. 化学课		
9. 参加机械和电气学习班			9. 几何课		
10. 装配修理机器			10. 生物课		
A：艺术型活动	是	否	S：社会型活动	是	否
1. 素描、制图或绘画			1. 参加学校或单位组织的正式活动		
2. 参加话剧或戏剧			2. 参加某个社会团体或俱乐部活动		
3. 设计家具或布置室内			3. 帮助别人解决困难		
4. 练习乐器或参加乐队			4. 照顾儿童		
5. 欣赏音乐或戏剧			5. 出席晚会、联欢会、茶话会		
6. 看小说或读剧本			6. 和大家一起出去郊游		
7. 从事摄影创作			7. 想获得关于心理方面的知识		
8. 写诗或吟诗			8. 参加讲座会或辩论会		
9. 进艺术（美术或音乐）培训班			9. 观看或参加体育比赛或运动会		
10. 练习书法			10. 结交新朋友		
E：企业型活动	是	否	C：传统型活动	是	否
1. 鼓动他人			1. 整理好桌面与房间		
2. 卖东西			2. 抄写文件和信件		
3. 谈论政治			3. 为领导写报告或公务信函		
4. 制订计划、参加会议			4. 检查个人收支情况		
5. 以自己的意志影响别人的行为			5. 参加打字培训班		
6. 在社会团体中担任职务			6. 参加算盘、文秘等实务培训		
7. 检查与评价别人的工作			7. 参加商业会计培训班		
8. 结交名流			8. 参加情报处理培训班		
9. 指导从事某种目标的团体			9. 整理信件、报告、记录等		
10. 参与政治活动			10. 写商业贸易信		

表 2-12 你所擅长获胜的活动

R：现实型能力	是	否	I：研究型能力	是	否
1. 能使用电锯、电钻等木工工具			1. 懂得真空管或晶体管的作用		
2. 知道万能电表的使用方法			2. 能够列举三种蛋白质多的食品		
3. 能够修理自行车或其他机械			3. 理解铀的裂变		
4. 能够使用电钻钉、磨床或缝纫机			4. 能用计算尺、计算器、对数表		
5. 能给家具和木制品刷漆			5. 会使用显微镜		
6. 能看建筑设计图			6. 能找到三个星座		
7. 能够修理简单的电器用品			7. 能独立进行调查研究		
8. 能修理家具			8. 能解释简单的化学		
9. 能修理收录机			9. 能理解人造卫星为什么不落地		
10. 能简单地修理水管			10. 经常参加学术的会议		
A：艺术型能力	是	否	S：社会型能力	是	否
1. 能演奏乐器			1. 有向各种人说明解释的能力		
2. 能参加二部或四部合唱			2. 常参加社会福利活动		
3. 能独唱或独奏			3. 能和大家一起友好相处地工作		
4. 能扮演剧中角色			4. 善于与年长者相处		
5. 能创作简单的乐曲			5. 会邀请人、招待人		
6. 会跳舞			6. 能简单易懂地教育儿童		
7. 能绘画、素描或书法			7. 能安排会议等活动顺序		
8. 能雕刻、剪纸或泥塑			8. 善于体察人心和帮助他人		
9. 能设计板报、服装或家具			9. 帮助护理病人和伤员		
10. 能写一手好文章			10. 安排社团的各种事务		
E：企业型能力	是	否	C：传统型能力	是	否
1. 担任过学生干部并干得不错			1. 会熟练地打印中文		
2. 工作上能指导或监督他人			2. 会用外文打字机或复印机		
3. 做事充满活力和热情			3. 能快速记笔记或抄写文章		
4. 有效利用自身的做法调动他人			4. 善于整理保管文件和资料		
5. 销售能力强			5. 善于从事事务性的工作		
6. 曾作为俱乐部或社团的负责人			6. 会用算盘		
7. 向领导提出建议或反映意见			7. 能在短时间内分类和处理大量文件		
8. 有开创事业的能力			8. 能使用计算机		
9. 知道怎样做能成为一个优秀的领导者			9. 能搜集数据		
10. 健谈善辩			10. 善于为自己或集体做财务预算		

表 2-13 你喜欢的职业

R：现实型职业	是	否	I：研究型职业	是	否
1. 飞机机械师			1. 气象学或天文学者		
2. 野生动物专家			2. 生物学者		
3. 汽车维修工			3. 医学实验室的技术人员		
4. 木匠			4. 人类学者		
5. 测量工程师			5. 动物学者		
6. 无线电报务员			6. 化学者		
7. 园艺师			7. 教学者		
8. 长途公共汽车司机			8. 科学杂志的编辑或作者		
9. 电工			9. 地质学者		
10. 火车司机			10. 物理学者		
A：艺术型职业	是	否	S：社会型职业	是	否
1. 乐队指挥			1. 街道、工会或妇联干部		
2. 演奏家			2. 小学、中学教师		
3. 作家			3. 精神病医生		
4. 摄影家			4. 婚姻介绍所工作人员		
5. 记者			5. 体育教练		
6. 画家、书法家			6. 福利机构负责人		
7. 歌唱家			7. 心理咨询员		
8. 作曲家			8. 共青团干部		
9. 电影电视演员			9. 导游		
10. 电视节目主持人			10. 国家机关工作人员		
E：企业型职业	是	否	C：传统型职业	是	否
1. 厂长			1. 会计师		
2. 电视剧编制人			2. 银行出纳员		
3. 公司经理			3. 税收管理员		
4. 销售员			4. 计算机操作员		
5. 不动产推销员			5. 簿记人员		
6. 广告部长			6. 成本核算员		
7. 体育活动主办者			7. 文书档案管理员		
8. 销售部长			8. 打字员		
9. 个体工商者			9. 法庭书记员		
10. 企业管理咨询人员			10. 人员普查登记员		

表 2-14 职业能力自我评定 A

R 型	I 型	A 型	S 型	E 型	C 型
机械操作能力	科学研究能力	艺术创作能力	解释表达能力	商业洽谈能力	事务执行能力
7	7	7	7	7	7
6	6	6	6	6	6
5	5	5	5	5	5
4	4	4	4	4	4
3	3	3	3	3	3
2	2	2	2	2	2
1	1	1	1	1	1

表 2-15 职业能力自我评定 B

R 型	I 型	A 型	S 型	E 型	C 型
体育技能	数学技能	音乐技能	交际技能	领导技能	办公技能
7	7	7	7	7	7
6	6	6	6	6	6
5	5	5	5	5	5
4	4	4	4	4	4
3	3	3	3	3	3
2	2	2	2	2	2
1	1	1	1	1	1

表 2-16 职业倾向计分表

测试内容		R 型	I 型	A 型	S 型	E 型	C 型
第一部分	兴趣						
第二部分	擅长						
第三部分	喜欢						
第四部分 A	能力						
第四部分 B	技能						
总分							

请将表中的 6 中职业倾向总分按大小顺序从左到右排列：

_____型、_____型、_____型、_____型、_____型、_____型

第六部分：你所看重因素——职业价值观

这一部分测验列出了你在选择工作时通常会考虑的 9 种因素（工作价值标准），请从以下 9 种因素中选出最重要的两项因素，以及最不重要的两项因素，并填入表 2-17 中。

工作价值标准：

(1) 工资高、福利好；

(2) 工作环境（物质环境）舒适；

(3) 人际关系良好；

(4) 工作稳定有保障；

(5) 能提供较好的受教育机会；

(6) 有较高的社会地位；

(7) 工作不太紧张、外部压力少；

(8) 能充分发挥自己的能力特长；

(9) 社会需要与社会贡献大。

表 2-17 职业价值观

最重要		最不重要	
次重要		次不重要	

根据得分最高的三项职业兴趣倾向，对比相应的类型描述，找到与你的职业价值观比较合适的工作，你可以有意识地往这些方向选择自己的职业。对于得分最低的一个分项，那是你最不喜欢和最不擅长的一些工作，你应该有意识地避免它们。

技能点 2：DISC 个性测试

性格分析不仅可以帮助我们了解和塑造自己，而且可以帮助我们了解别人，根据双方的性格特点，掌握与不同类型的人打交道的技巧，改善人际关系。表 2-18 所示是普通版本的 DISC 测试，帮助我们快速了解自己。本测试共 40 题，在每题的四个选项中选择一个最符合你自己的，请勿多选。请按第一印象最快地选择，联想生活、工作、学习中的你，如果不能确定，可回忆童年时的情况，或者从你最熟悉的人对你的评价中来选择。

表 2-18 DISC 个性测试表

问题序号	选项	你的选择
1	A. 对新事物下决心做好 B. 表情多动，多手势 C. 轻松自如地融入环境 D. 准确知道所有细节之间的逻辑关系	
2	A. 用逻辑与事实服人 B. 充满乐趣与幽默感 C. 在任何冲突中不受干扰，保持冷静 D. 完成一件事后才接手新事	
3	A. 决心用自己的方式做事 B. 认为与人相处好玩，无所谓挑战或商计 C. 接受他人的观点，不坚持己见 D. 为他人利益愿意放弃个人意见	
4	A. 把一切当成竞赛，总是有强烈的赢的欲望 B. 因个人魅力或性格使人信服 C. 控制自己的情感，极少流露 D. 关心别人的感觉与需要	
5	A. 对任何情况都能很快作出有效的反应 B. 给旁人清新振奋的刺激 C. 对人诚实尊重 D. 自我约束情绪与热忱	
6	A. 独立性强，机智，凭自己的能力判断 B. 充满动力与兴奋 C. 容易接受任何情况和环境 D. 对周围的人事十分在乎	
7	A. 相信自己有转危为安的能力 B. 运用性格魅力或鼓励推动别人参与 C. 不因延误而懊恼，冷静且容忍度大 D. 事前做详尽计划，依计划进行工作	
8	A. 自信，极少犹豫 B. 不喜欢预先计划，或受计划牵制 C. 安静，不易开启话匣子的人 D. 生活与处事均依时间表，不喜欢被干扰	
9	A. 毫不保留，坦率发言 B. 自信任何事都会好转 C. 愿意改变，很快与人协调配合 D. 有系统、有条理地安排事情	
10	A. 发号施令者，别人不敢造次反抗 B. 时时表露幽默感，任何事都能讲成惊天动地的故事 C. 保持可靠、忠心、稳定 D. 不主动交谈，经常是被动的回答者	

续表

问题序号	选项	你的选择
11	A. 敢于冒险，下决心做好 B. 带给别人欢乐，令人喜欢，容易相处 C. 待人得体，有耐心 D. 做事秩序井然，记忆清晰	
12	A. 自我肯定个人能力与成功 B. 始终精神愉快，并把快乐推广到周围 C. 情绪稳定，反应永远能让人预料到 D. 对学术、艺术特别爱好	
13	A. 自给自足，自我支持，无须他人帮忙 B. 游戏般地鼓励别人参与 C. 从不说或做引起他人不满与反对的事 D. 以自己完善的标准来设想衡量事情	
14	A. 有很快作出判断与结论的能力 B. 忘情地表达出自己的情感、喜好，与人娱乐时不由自主地接触别人 C. 直接的幽默近乎讽刺 D. 认真、深刻，不喜欢肤浅的谈话或喜好	
15	A. 闲不住，努力推动工作，别人跟随的领导 B. 喜好周旋于宴会中，结交朋友 C. 避免冲突，经常居中调和不同的意见 D. 爱好且认同音乐的艺术性，不单是表演	
16	A. 不达目的誓不罢休 B. 不断愉快地说话、谈笑，娱乐周围的人 C. 易接受别人的想法和方法，不愿与人相左 D. 善解人意，能记住特别的日子，不吝于帮助别人	
17	A. 天生的带领者，不相信别人的能力如自己 B. 充满生机，精力充沛 C. 愿意听别人想说的 D. 对理想、工作、朋友都很忠实	
18	A. 领导地位及别人跟随 B. 讨人喜欢，令人羡慕，人们注意的中心 C. 满足自己拥有的，甚少羡慕人 D. 用图表数字来组织生活，解决问题	
19	A. 不停地工作，不愿休息 B. 聚会时的灵魂人物，受欢迎的宾客 C. 易相处，易说话，易让人接近 D. 对己对人高标准，一切事情有秩序	
20	A. 大无畏，不怕冒险 B. 充满活力和生气的性格 C. 时时保持自己的举止合乎认同的道德规范 D. 稳定，走中间路线	

续表

问题序号	选项	你的选择
21	A. 好支配，有时略傲慢 B. 好表现，华而不实，声音大 C. 面上极少流露表情或情绪 D. 躲避别人的注意力	
22	A. 不易理解别人的问题与麻烦 B. 生活任性无秩序 C. 不易兴奋，经常感到好事难成 D. 不易宽恕或忘记别人对自己的伤害，易嫉妒	
23	A. 抗拒或犹豫接受别人的方法，固执己见 B. 反复讲同一件事或故事，总是不断地找话题说话 C. 不愿意参与，尤其当事物复杂时 D. 把实际或想象的别人的冒犯经常放在心中	
24	A. 直言不讳，不介意把自己的看法直说 B. 由于缺乏自我约束，不愿记无趣的事 C. 经常感到强烈的担心，焦虑 D. 坚持做琐碎的事情，要求注意细节	
25	A. 难以忍受等待别人 B. 滔滔不绝的发言者，不是好听众，不留意别人讲话 C. 很难下定决心 D. 感到担心且无信心	
26	A. 很难用语言或肢体当众表达感情 B. 时而兴奋，时而低落，承诺总难兑现 C. 无兴趣且不愿介入团体活动或别人的生活 D. 由于强烈要求完美，而拒人千里之外	
27	A. 坚持依自己的意见行事 B. 不依照方法做事 C. 犹豫不决，迟迟才有行动，不易参与 D. 标准太高，很难满意	
28	A. 自我评价高，认为自己是最好的人选 B. 容许别人（包括孩子）做他喜欢做的事，为的是讨好别人，让人喜欢自己 C. 中间性格，无高低情绪，很少表露感情 D. 尽管期待好结果，但往往先看到事物的不利之处	
29	A. 易与人争吵，永远觉得自己是正确的 B. 有小孩般的情绪，易激动，事后马上又忘了 C. 不喜欢目标，也无意定目标 D. 容易感到被人疏离，经常无安全感或担心别人不喜欢与自己相处	
30	A. 充满自信，坚忍不拔，但常不适当 B. 孩子般的单纯，不喜欢去理解生命意义 C. 不关心，得过且过，以不变应万变 D. 往往看到事物的反面，而少有积极的态度	

续表

问题序号	选项	你的选择
31	A. 为回报或成就感不断工作，耻于休息 B. 需要旁人认同、赞赏，如同演艺家，需要观众的掌声、笑声与接受 C. 时时感到不确定、焦虑、心烦 D. 感到需要大量时间独处	
32	A. 常用冒犯或未斟酌的方式表达自己 B. 难以自控，滔滔不绝，不是好听众 C. 遇到困难退缩 D. 被人误解时感到冒犯	
33	A. 冲动地控制事情或别人，指挥他人 B. 缺乏组织生活秩序的能力 C. 事事不确定，又对事缺乏信心 D. 很多时候情绪低落	
34	A. 不接受他人的态度、观点、做事方法 B. 善变，互相矛盾，情绪与行动不合逻辑 C. 对多数事情均漠不关心 D. 思想兴趣放在内心，活在自己的世界里	
35	A. 精明处事，使自己得利 B. 生活无秩序，经常找不到东西 C. 低声说话，不在乎说不清楚 D. 情绪不易高涨，不被欣赏时很容易低落	
36	A. 决心依自己的意愿行事，不易被说服 B. 要吸引人，要做注意力的集中点 C. 行动思想均比较慢，通常是懒于行动 D. 不容易相信别人，寻究语言背后的真正动机	
37	A. 毫不犹豫地表示自己的正确或控制能力 B. 说话声与笑声总是令全场震惊 C. 总是先估量每件事要耗费多少精力 D. 需要大量时间独处，喜避开人群	
38	A. 当别人不能合乎自己的要求时，容易感到不耐烦而发怒 B. 无法专心或集中注意力 C. 凡事起步慢，需要推动力 D. 凡事皆怀疑，不相信别人	
39	A. 喜新厌旧，不喜欢长期做相同的事 B. 毫无耐性，不经思考，草率行动 C. 不甘愿扎堆、不愿参与或投入 D. 情感不定，记恨并力惩冒犯自己的人	
40	A. 精明，总是有办法达到目的 B. 孩子般注意力短暂，需要各种变化，怕无聊 C. 为避免矛盾，宁愿放弃自己的立场 D. 不断衡量和判断，经常考虑提出相反的意见	

A 的数量_____ B 的数量_____ C 的数量_____ D 的数量_____

ABCD 分别对应 DISC。计算你的选项数量，超过 10 个称为显性因子，可以作为性格测评的判断依据。如果有两个或两个以上选项数量超过 10 个，说明你同时具备两项特征。

开眼界

职业锚

职业锚理论是美国专家埃德加·H·施恩教授于 20 世纪 60 年代，对麻省理工学院斯隆管理学院的 44 名 MBA 毕业生，进行长达 12 年的研究，包括面谈、跟踪调查、公司调查、人才测评、问卷等多种方式，最终分析总结出来的理论。职业锚又称职业系留点。锚，是使船只停泊定位用的铁质器具。职业锚，实际就是当一个人不得不作出选择的时候，他不论如何都不会放弃的职业中至关重要的东西或价值观。施恩教授认为职业锚的确认需要一个过程，要经过早期几年的工作实践，并不断地加深对自己的能力、动机、态度及价值观等的认识后才能够达到。

课后习题

1. 判断下列哪些属于职业的范畴：

农民、政治家、企业家、学生、小偷、公务员、志愿者、家庭主妇、空姐、运动员、企业经理人、家教、保险代理、婚庆主持。

2. 通过职业探索的方法，了解自己感兴趣的岗位的素质要求，并对照自己的实际，找出其中的差距。

3. 仔细回想从小到大让你感到自豪和有成就感的事情，写得越多越好。写完后，按照你的自豪程度对这些事情进行排序，把让你最自豪的排在前面，然后逐个分析一下这些事情，问自己以下几个问题：

（1）在这件事里，我做了什么？

（2）在这件事里，我发现了什么？

（3）做完练习后，对自身有什么发现。

第三模块

备行程——求职准备

知识目标

➢ 了解求职心理主要内容
➢ 掌握就业信息主要内容
➢ 掌握求职所需的基本资料

技能目标

➢ 能够树立正确的求职心态
➢ 能够收集和处理就业信息
➢ 能够撰写求职信、制作个人简历

要点导图

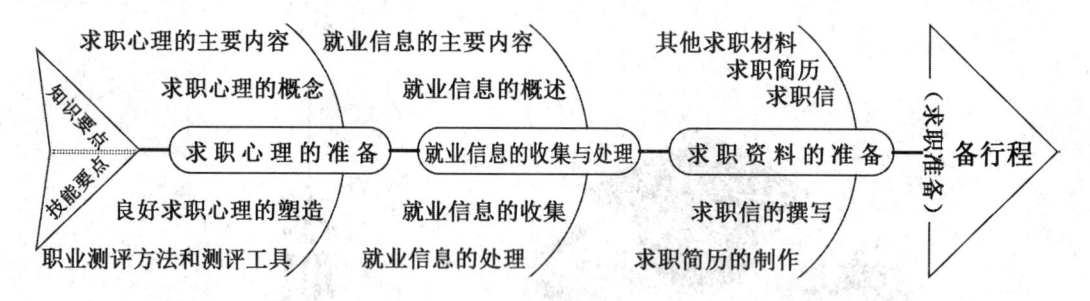

图 3-1 "备行程"知识与技能要点

前导案例

王家鹏是某大学工商管理专业的应届毕业生。与大多数同学一样,他在大学最后一年为找工作奔波忙碌。

第一学期的时候,他获得了某电商网站的实习机会,在实习的过程中王家鹏发现自己对电子商务方向很感兴趣,在为期 3 个月的实习结束后,他开始向各大互联网电商公司海投简历。王家鹏粗略统计了下,自己大概投出了三四十份简历,面试了二十多家公司,不知不觉成为了一个"面霸"。其中不乏拿到录取通知书、甚至短暂试用上班的,但他认为有些工作初入职打杂跑腿,发展前景不明朗;有些公司规模小发展空间小;有的工作千篇一律等,都毅然放弃。当然,面试当中他也受过不少的挫折,印象最深的一次是参加中关村某大型公司的面试,周围的应聘者都是毕业于全国排名前几的高校研究生甚至博士生,面试的时候自己因为自卑紧张,无领导小组讨论时不敢发言。在面试的尾声,一位面试官告诉他:"通过你的简历和之前的面试表现可以看出你的能力不错,但是这次讨论我们只看到你发挥了其中 20%,剩余 80% 还没激发出来，主见、领导力不够。你是今天众多面试者中我期待最大的，但你的面试表现达不到要求，所以我们不会录用你。但我希望日后可以看到另一个你，届时欢迎你再来应聘我们公司。"

屡屡受挫确实让王家鹏在求职过程中产生了迷茫，好在他及时调整状态和策略，结合自身专业优势和实习经验，有计划地圈定了求职范围，通过公司官网、招聘网站、人才招聘会等各类渠道重点关注几家心仪公司的招聘信息并投递简历，认真准备面试等各类考核，最终在毕业前夕成功找到理想的岗位。

案例解读：

从以上案例可以看出，大学生求职往往需要经历一无所知的迷茫过程，只有在不断的求职中做好准备、适时调整，才能更好地适应就业市场。求职时只有明确求职意向，划定求职范围，才能避免眼高手低、高不成低不就。"磨刀不误砍柴工"，大学生在求职前需要从求职心理、求职信息和求职材料等方面做足准备。

主题 1　求职心理的准备

长知识

就业，是摆在众多大学生面前的一座高山，随着大学扩招，每一年的应届毕业生人数节节攀高，不少人感慨"找工作真难！""知己知彼，百战不殆"，只有做好就业形势分析，调整好求职心态，才能以不变应万变！

知识点 1：求职心理的概念

1. 求职心理的概念

求职心理指人们在考虑就业问题时，为获得职业做准备以及在求职就业过程中产生的各种心理现象。

大学生的求职心理是指大学生在选择职业时所表现出来的各种心理状态和心理特征的总和。由于大学生求职属于初次就业，面临学生和职场人身份的转换，处于职业生涯探索期和建设期的转换阶段，在此过程中会遇到比以往求学时都更深层的困惑和更严肃的课题。

2. 大学生求职心理的特点

大学生在求职过程中表现出的心理状态主要有以下特点。

（1）自我主动性

当代大学生都比较重视自我发展，具有强烈的实现个人抱负的愿望和积极向上的精神，敢于通过个人能力的发挥争取事业的成功，实现自我价值。

（2）稳定性

大学生通过大学期间的专业系统学习，整体心理素质也渐趋稳定，基本上对自己的个性特点、兴趣爱好和能力水平有一个全面而正确的认识。

（3）波动性

大学生求职时面临的就业环境不同于熟悉的"象牙塔"，在求职过程中往往会遇到各种困惑，心理素质不够强大容易产生波动。

知识点2：求职心理的主要内容

大学生在求职时应该提前打好心理战，备好思想上的求职作业，主要包括了解就业政策、找准个人定位以及树立良好的就业心态。

1. 了解就业政策，把握就业形势

毕业生求职前必须从宏观上了解国家的有关政策，从微观上了解自己所学专业就业的基本情况。

"市场导向、政府调控、学校推荐、学生与用人单位双向选择"是目前大学毕业生就业的基本政策。在这种背景下，市场主导的地位实际上已经确立，大学生择业和单位选人的自主性都增强了。中国社会经济飞速发展，经过四年学习的大学生在毕业时，社会需求和当年入学时的情况或多或少都发生了变化。一些专业由热变冷，由"短线"变成了"长线"，社会需要量也相对减少，给就业造成了困难。还有些专业，虽在不断地调整和改造，仍跟不上社会的变化和需要。大学生只有正确分析自己所处的求职地位，把握面临的就业形势，进而积极主动地适应社会的需要，才能开创出一片属于自己的天空。

2. 充分认识自我，明确职业方向

大学生找工作其实并不是很难，但关键是要充分认识自我，知道自己的优势，明确自己的职业方向。"尺有所短，寸有所长"。每个人都有自己的优点和长处，也都有自己的缺点和短处。

3. 树立良好心态，克服"就业迷茫"

学成从业，服务社会，实现自身价值，是每个大学毕业生的美好愿望。但是，就一些大学毕业生而言，与其说是"就业困难"，不如说是"就业迷茫""心态不正"。有些大学生在择业中，不是从自身的特点、能力和社会的需要出发，而是盲目攀比，只求得一时心理平衡，殊不知这样往往不利于自身价值的实现和长远发展，甚至可能被汹涌的就业浪潮所吞噬，结果只能是失业。

在就业中，大学生应树立良好的心态。当今社会，机遇与挑战并存，只有在择业中树立信心，敢于竞争，才能在众多的求职者中脱颖而出。

练技能

技能点 1：良好求职心理的塑造

近年来，各大院校逐年扩招，毕业生人数逐年增加，给应届毕业生带来了巨大的就业压力；往届毕业生没有就业或就业不理想的，频繁跳槽。大学生们怀揣理想和抱负在就业问题上不断彷徨。社会就业大环境一样的情况下，求职成功与否更多取决于求职心理是否积极，是否真正了解和认识自己并为不断改善自身而努力。

1. 树立科学的就业观

（1）科学的就业观

科学的就业观是指以正确认识个人与社会关系为前提，在客观评价自我、理性认识就业环境的基础上，指导求职者职业发展，并最终实现自身需要与社会发展相和谐的就业观念。

大学生一定要结合自己的现状，正确定位，在应聘过程中结合所学专业、职业爱好、发展潜力等要素，选择相应的应聘单位及其提供的岗位、职务和薪酬待遇，做到人事相宜，人职相宜和人薪相宜。

（2）如何树立科学的就业观

① 确定适当的择业目标。个人的择业目标应当和自身能力相符合，这样才有利于树立信心，使自己在择业中处于优势地位。目标适当，取决于知己知彼，研究目标、扬长避短是择业成功的一把钥匙。

② 避免从众心理。毕业生处在择业的洪流中，择业目标的确立会受到其他择业者的影响。虚荣心、侥幸心理会使他们改变原有的择业目标而采取不切实际的从众行为。

③ 避免理想主义。期望值居高不下，已经影响到毕业生顺利就业。有些毕业生，尤其是一些条件较好的同学，在择业中不能及时调整自己的就业期望值，刻意追求最圆满的结果，错过了其他好机会，有的甚至造成了就业困难。

④ 克服依赖心理。有些毕业生在择业过程中缺乏自信心，把希望寄托在拉关系、走后门上，有的甚至由家长出面与用人单位洽谈。殊不知，这样做的结果恰恰让用人单位对这些毕业生产生缺乏开拓能力、独立生活能力和工作能力差的印象。

2. 树立理性的求职心态

大学生在准备求职特别是面试时，打好"心理战"至关重要。努力调整好求职心态，求职时应积极主动、吃苦耐劳甚至屡败屡战，同时也应避免盲目乐观、自卑畏怯、急功近利或者犹豫观望等不良心态，不断强大自我内心，为自己打造一片蓝天。

（1）正确认识自身

"知己知彼，百战不殆"首先要"知己"，对自身条件有一个全面的把握，包括自己的专业、能力、兴趣、性格类型等，这些都是决定大学生在求职中能够胜任什么工作岗位的基础和根本。其次，要客观理性地自我对待。求职过程中不过度和别人比较，不去判断与评价别人的能力水平比自己强或者有哪些地方不如自己；保持平和的心态，求职中不给自己额外施加压力，努力争取好的求职结果但不执着于成功等。

（2）正确评定环境

在"知己"的基础上，我们还需要做到"知彼"，也就是正确评定自己所处的外在环境。外在环境包括行业、专业的现状、自身家庭条件等，都会影响我们的求职方向。因此，在求职中应该抱着理性平和的心态，认真分析现有条件，将可控的外在条件进行梳理，做到胸有成竹，才能在就业浪潮中找准方向，奋发前进。

（3）正确对待求职得失

求职时应该保持自信、积极的心态，有时心理素质弱的人，求职时会有心理障碍，导致临场发挥不是很好。比如面试时面试官会问一些问题，经常会遇到自己不会答或是答不好的问题出现，这都是正常的。定位、能力是一个长期积累的过程，像面试，求职心态及求职方法等都需要从在校期间开始学习准备，要在实战中多锻炼，同时要学会从宝贵的实践中总结经验和教训。

保持积极进取的心态对求职者求职成功至关重要。同时要有输得起的心态，不要把成败看得太重，把重点放在求职过程中。

（4）善于向他人学习

请同学们结合本节所学，根据个人情况填写《求职意向分析表》，示例如下。

表 3-1 求职意向分析表

1. 自我分析	
基本信息	
性格特点	
兴趣爱好	
个人能力	例如个人专长方面，所学知识和技能，是否获得资格证书等
求职优势	
求职劣势	
自我总结	
2. 外部环境分析	
家庭环境	例如家庭经济状况、家人期望、家族职业倾向等
学校环境	例如学校特色、专业学习、实践经验等
社会环境	例如当前就业形势、就业政策、竞争对手等
职业环境	例如心仪职业发展现状、从业人员是否饱和，知名企业情况，目标城市发展前景等

大学生还应在日常生活中不断学习，善于向他人"取经"。人的一生是有限的，不可能经历所有的事，从别人的经验中吸取教训不失为成长的有效方式。大学生有时受挫后由于"当局者迷"或者知识经历的不足，自己对于挫折并没有特别好的处理方法，这时可以求教自己的亲友师长，借助"过来人"的经验群策群力，渡过难关。

技能点2：职业测评方法和测评工具

在职业生涯规划中大学生对自身的认识有多种评估方式，大致可以分为正式评估和非正式评估。非正式评估是指一些定性的、随意的评估，例如自己对自身的评价，家人、同学、老师等的交流沟通，向就业指导专家的咨询等。正式评估是一种标准化的评估，主要通过专门的评测机构或软件，运用相应的科学手段对自身基本心理特质的测量与评估，结合职业特点，帮助测试者在求职择业中指明方向。下面简单的介绍三种正式测评工具。

1. MBTI 迈尔斯布里格斯类型指标

MBTI 又称"迈尔斯布里格斯类型指标"。

MBTI 主要用于了解受测者的处事风格、特点、职业适应性、潜质等，从而提供合理的工作及人际决策建议。它将人类个体差异分成了四种基本心理功能的八个维度：

外倾（E）——内倾（I）

感觉（S）——直觉（N）

思维（T）——情感（F）

判断（J）——知觉（P）

这些类型交叉组合起来，就形成了我们熟知的16种个性类型。其中，"外倾E——内倾I"代表着各人不同的精力来源；"感觉S—直觉N""思维T—情感F"分别表示人们在进行感知和判断时不同的用脑偏好；"判断J—知觉P"针对人们的生活方式而言，它表明我们如何适应外部环境——在我们适应外部环境的活动中，究竟是知觉还是判断发挥了主导作用。

4个维度上特定偏好的组合就构成一种特定的性格，例如 ISTJ 代表"内向—感觉—思考—判断"型性格，ENFP 则代表"外向—直觉—情感—感知"型性格。由此可知，性格一共有16种不同的大的性格类型，如表3-2：

表3-2 性格类型表

ISTJ	ISFJ	INFJ	INTJ
ISTP	ISFP	INFP	INTP
ESTP	ESFP	ENFP	ENTP
ESTJ	ESFJ	ENFJ	ENTJ
注：根据1978-MBTI-K量表，以上每种类型中又可能派生出若干个子类型			

每一种性格类型都具有独特的行为表现和价值取向。人的性格倾向，如同分别使用自己的两只手写字，都可以写出来，但惯用的那只手写出的会比另一只更好。每个人都会沿着自己所属的类型发展出个人行为、技巧和态度，而每一种也都存在着自己的潜能和潜在的盲点。了解性格类型是寻求个人发展、探索人际关系的重要开端。企业通过 MBTI 测评，对员工基本的性格特征会有一个相对准确的认识，进而能够进行匹配合适的岗位。

2.卡特尔十六种人格因素测验

卡特尔十六种人格因素测验（Sixteen Personality Factor Questionnaire，简称16PF）是目前在国际上影响颇大，信度、效度高的一套较为成熟、完善的人格测量工具。雷蒙德·卡特尔教授研究确定了人格的 16 种"根源特质"（如下表 3-3 所示），并在这 16 种基本人格因素的基础上编制成一套较为精确的人格测验。

人格是相对稳定的、习惯化的思维方式和行为风格，它贯穿于人的整个心理，是人的独特性的整体写照。卡特尔认为只有"根源特质"才是人类的潜在的、稳定的人格特征，是人格测验应把握的实质。16 种个性因素在一个人身上的不同组合，构成了一个人独特的人格，完整地反映了一个人个性的全貌。

表 3-3 根源特质表

基本人格因素	简要描述	基本人格因素	简要描述
A. 乐群性	热情对待他人的水平	L. 怀疑性	喜欢探究他人表面言行举止之后的动机倾向
B. 聪慧性	刺激寻求与表达的自发性	M. 幻想性	关注外在环境细节或者关注内在思维过程的水平
C. 稳定性	对日常生活要求应付水平的知觉	N. 世故性	将个人信息私人化的倾向
E. 恃强性	力图影响他人的倾向性水平	O. 忧虑性	自我批判的程度
F. 兴奋性	寻找娱乐的倾向和渴望表达的自发性水平	Q1. 实验性	对新观念与经验的开放性
G. 有恒性	崇尚并遵从行为的社会化标准和外在强制性规则	Q2. 独立性	融合于周围群体及参与集体活动的倾向性
H. 敢为性	在社会情境中感觉轻松的程度	Q3. 自律性	以个人标准、外在纪律对自己的行为进行控制
I. 敏感性	个体的主观情感影响对事物判断的程度	Q4. 紧张性	在和他人的交往中的不稳定性、不耐心以及由此所表现的躯体紧张水平

3.霍兰德职业兴趣测试

约翰·霍兰德认为人的人格类型、兴趣与职业密切相关，兴趣是人们活动的巨大动力，凡是具有职业兴趣的职业都可以提高人们的积极性，促使人们积极地、愉快地从事该职业，且职业兴趣与人格之间存在很高的相关性。霍兰德认为人格可分为现实型、研究型、艺术型、社会型、企业型和常规型六种类型。

(1) 社会型 S

共同特征：喜欢与人交往、不断结交新的朋友、善言谈、愿意教导别人。关心社会问题、渴望发挥自己的社会作用。寻求广泛的人际关系，比较看重社会义务和社会道德。

典型职业：喜欢要求与人打交道的工作，能够不断结交新的朋友，从事提供信息、启迪、帮助、培训、开发或治疗等事务，并具备相应能力。如：教育工作者（教师、教育行政人员），社会工作者（咨询人员、公关人员）。

(2) 企业型 E

共同特征：追求权力、权威和物质财富，具有领导才能。喜欢竞争、敢冒风险、有野心、抱负。为人务实，习惯以利益得失、权利、地位、金钱等来衡量做事的价值，做事有较强的目的性。

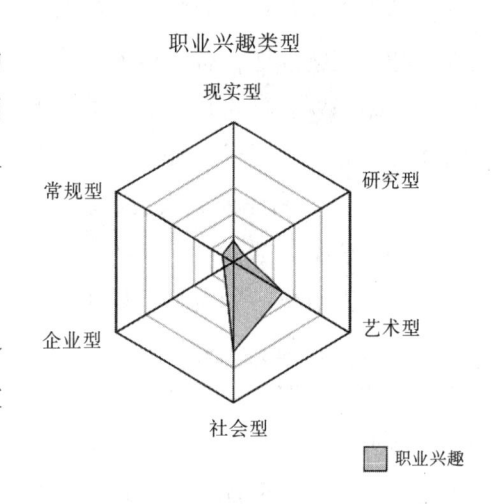

图 3-2 "职业兴趣"测试雷达图

典型职业：喜欢要求具备经营、管理、劝服、监督和领导才能，以实现机构、政治、社会及经济目标的工作，并具备相应的能力。如：项目经理、销售人员，营销管理人员、政府官员、企业领导、法官、律师。

(3) 常规型 C

共同特点：尊重权威和规章制度，喜欢按计划办事，细心、有条理，习惯接受他人的指挥和领导，自己不谋求领导职务。喜欢关注实际和细节情况，通常较为谨慎和保守，缺乏创造性，不喜欢冒险和竞争，富有自我牺牲精神。

典型职业：喜欢要求注意细节、精确度、有系统有条理，具有记录、归档、据特定要求或程序组织数据和文字信息的职业，并具备相应能力。如：秘书、办公室人员、记事员、会计、行政助理、图书馆管理员、出纳员、打字员、投资分析员。

(4) 现实型 R

共同特点：愿意使用工具从事操作性工作，动手能力强，做事手脚灵活，动作协调。偏好于具体任务，不善言辞，做事保守，较为谦虚。缺乏社交能力，通常喜欢独立做事。

典型职业：喜欢使用工具、机器，需要基本操作技能的工作。对要求具备机械方面才能、体力或从事与物件、机器、工具、运动器材、植物、动物相关的职业有兴趣，并具备相应能力。如：技术性职业（计算机硬件人员、摄影师、制图员、机械装配工），技能性职业（木匠、厨师、技工、修理工、农民、一般劳动者）。

（5）调研型 I

共同特点：思想家而非实干家，抽象思维能力强，求知欲强，肯动脑，善思考，不愿动手。喜欢独立的和富有创造性的工作。知识渊博，有学识才能，不善于领导他人。考虑问题理性，做事喜欢精确，喜欢逻辑分析和推理，不断探讨未知的领域。

典型职业：喜欢智力的、抽象的、分析的、独立的定向任务，要求具备智力或分析才能，并将其用于观察、估测、衡量、形成理论、最终解决问题的工作，并具备相应的能力。如科学研究人员、教师、工程师、电脑编程人员、医生、系统分析员。

（6）艺术型 A

共同特点：有创造力，乐于创造新颖、与众不同的成果，渴望表现自己的个性，实现自身的价值。做事理想化，追求完美，不重实际。具有一定的艺术才能和个性。善于表达、怀旧、心态较为复杂。

典型职业：喜欢的工作要求具备艺术修养、创造力、表达能力和直觉，并将其用于语言、行为、声音、颜色和形式的审美、思索和感受，具备相应的能力。不善于事务性工作。如艺术方面（演员、导演、艺术设计师、雕刻家、建筑师、摄影家、广告制作人），音乐方面（歌唱家、作曲家、乐队指挥），文学方面（小说家、诗人、剧作家）。

霍兰德的类型理论提供了一个重要的生涯辅导理念：把个人特质和适合这种特质的工作联合起来，即做自己最想做的事。职业生涯辅导强调生涯探索，对自我能力、兴趣、价值以及工作世界的探索，霍兰德巧妙地拉近了自我与工作世界的距离。

以上三种职业测评工具均有线上免费测试资源，感兴趣的同学可以自行搜索，推荐一个测评网站 http://www.apesk.com/xinliceshi/作为资源参考。

开眼界

大学生求职试试看心态成最大绊脚石

第五届高校毕业生公益性人才招聘会在哈尔滨中高级人才市场举行。记者从招聘现场了解到，面对就业压力，越来越多的大学毕业生愿意到基层或生产一线岗位就业，但却经常遭到拒绝。对此，一些企业的招聘人员表示，一些大学生求职基层岗位失败，是因为他们常常把到基层工作当成权宜之计，而缺乏长远的职业规划。

"招聘储备干部""招聘预备店长"，记者在招聘会上看到，不少前来招聘的企业都希望从高校毕业生中选拔、储备人才，将来培养成适合企业的管理人员。

记者从招聘会上了解到，从基层做起的想法已经逐渐被越来越多的高校毕业生所接受。哈尔滨米旗食品有限公司负责招聘的陈萍萍告诉记者，哈尔滨米旗食品有限公司的专卖店营业员和生产线两个基层岗位，一上午就吸引了20多名高校毕业生前来进行求职登记。陈萍萍表示:"求职的人多,说明大学生的求职心态确实在转变,但也并不代表大学生们已经做好了从基层做起的心理准备。去年11月份,我们公司招聘了10名大学生,想通过基层岗位对他们进行锻炼,然后将合适的人逐步培养成管理人员,可到了今年5月份,原来的10名大学生只剩下了2名。"

某公司招聘人员梁波告诉记者:"有一位求职者告诉我,说他想多尝试几个行业,这说明他在求职时对自己适合干什么、想要干什么没有一个合理的定位。对于这样的求职者,我们当然无法录用。"大台北鞋城的招聘人员毕女士也表示,企业招聘大学生不是看其工资要求有多低,也不是高学历求职基层岗位就一定能被录用,重要的是看毕业生是否有合理的职业规划和目标,是否真心愿意脚踏实地从基层干起。毕女士说,一些大学生在求职时,抱着先干几天试试看,不行就走人的心态,进入企业后跳槽非常随意,这其实是求职者最大的绊脚石。

(来自《新华网》)

主题2 就业信息的收集与处理

长知识

知识点1:就业信息的概述

1. 就业信息的概念

就业信息是指择业者事先不知道的,经过加工处理,能被择业者接受并具有一定价值的有关就业的资料和情报。

就业信息可分为宏观信息和微观信息。宏观信息包括毕业生就业的总体形势、社会对人才需求、就业政策、就业活动等。微观信息包括具体用人信息,如需求单位性质、单位的特色、专业要求、行业现状及发展前景、岗位描述、用人单位提供的条件。

2. 就业信息的特点

(1) 社会性:面向社会大众,有求职需求的人可相互传递共享资源。

(2) 时效性:有一定期限,过了期限,效用就会减少,甚至丧失。

(3) 变动性:受国家政治、经济形势的影响,也受所在地区、行业形势变化的影响。

(4) 识别性:就业信息鱼龙混杂,求职者应学会识别虚假信息,避免掉入就业陷阱。

知识点 2：就业信息的主要内容

1. 国家与地方就业政策信息

这类信息属于宏观职业信息，涉及到国家或地方的就业结构情况和人员需求动向，对求职者选择求职方向和目标具有重要的参考价值。

（1）国家就业政策是国家根据一定时期社会生产力的发展和社会对人才需求情况而制定的就业行为准则。例如国务院印发国发〔2011〕16号《国务院关于进一步做好普通高等学校毕业生就业工作的通知》文件，就是国家关于高等学校而颁布的一项通知。

（2）地方就业政策是各地根据本地区经济发展的需要，在国家宏观政策范围内制定的适合本地区需要的就业行为准则。

作为高校毕业生可以从国家各项政策文件中了解当前国家、地方层面对大学生就业工作的倾向性，为自己把握时机选择职业提供方向性的指导。

2. 社会就业形势信息

由于区域经济、行业经济发展不平衡，各地区、各行业对人才需求也存在不平衡性。边远地区、艰苦行业、基层单位和乡镇企业等需要大量的大学毕业生；大中型城市的企事业、机关和科研单位则对人才的需求趋于饱和，对人才质量提出了更高的要求。

3. 用人单位信息

包括具体的招聘活动中各行业、企事业单位发布的具体需求信息、岗位的薪资状况、工作内容和职业发展前景等。

完整的用人信息一般包括三个方面。

（1）关于职业的信息。如职业岗位名称、岗位数量、工作内容、性质或特点、岗位待遇、工作地点、发展前景等。

（2）应聘条件的信息。如对从业者的知识、能力、年龄、性别、身高、体力、相貌等条件的要求。

（3）程序方面的信息。如报名手续、联络方法、考核内容、面试与录用程序等。

练技能

技能点 1：就业信息的收集

1. 搜集相关就业信息

大学生在求职就业的时候，首先要掌握相关的就业信息，主要包括国家、区域等就业政策，用人单位的信息，职业情况以及相近及相关行业现状和发展趋势。

收集就业信息时应遵循以下原则。

（1）真实性。真实性是就业信息收集的前提条件，即要求收集的信息反映的情况必须真实可信。毕业生只有收集到真实的就业信息，才能据此做出准确的选择；虚假的就业信息不仅会使毕业生判断失误，还会浪费掉大量的宝贵时间和钱财，甚至带来人身的伤害。

（2）针对性。网络时代背景下信息呈爆炸式增长，面对海量的就业信息，毕业生往往难以取舍。此时毕业生一定要根据自己的职业发展目标和方向，结合自己的专业、特长、兴趣、能力、性格等方面因素综合考虑，有针对性地甄别和选择相关的就业信息。

（3）计划性。收集就业信息并不是等到毕业时需要了才去收集，提前要有计划。首先要进行职业规划，自我认识，选定职业发展目标和方向；其次是确定信息收集的方向、途径、范围和内容；再次是根据目标进行信息收集；最后对收集的信息进行筛选、整理和归纳。

（4）全面性。很多情况下我们需要的就业信息并不是完整、全面地展现在我们面前的，信息往往是以分散的形式存在。因此，我们需要利用各种渠道和方式，充分收集与我们制定的职业发展目标和方向相关的信息，在经过分析整理后才能得到较为全面的就业信息。

2. 就业信息搜集的渠道

获得就业信息的途径很多，特别是信息发达的互联网上各类信息层出不穷，但是每个人的时间和精力有限，不可能关注到所有的就业信息，合理选择信息获取渠道才能事半功倍。

获取就业信息的主要途径有以下几种。

（1）政府渠道

政府渠道主要包括政府的就业网站、政府主导的招聘会等。大学生通过政府渠道可以获悉国家地方等制定的就业政策、法律法规，各级政府公务员、事业编等类型的招考信息等。政府渠道提供的信息真实可靠，不过信息量不丰富，专业性招聘信息较少。

（2）学校渠道

高校一般都设有专门的毕业生就业主管部门，有自己的学校官网和就业网站，以及每年定期举办面向大学生的校园招聘会等。一般高校和有关政府部门、用人单位都有合作关系，能够及时了解并宣传国家的就业政策和就业需求信息，例如选调生、选聘生、特岗教师计划及大学生应征入伍等；每年校园招聘会及各类专场招聘会时，用人单位会专门到学校招聘，学校也会向用人单位推荐优秀毕业生。学校毕业生就业主管部门的就业信息精确、可靠、多样、具体、就业成功率较高，应届毕业生应多关注学校的就业网站和就业指导中心动向，及时掌握就业信息。

（3）社会渠道

社会渠道主要包括各类市场招聘会和各类职业中介机构。社会招聘会和校园招聘会类似，主要区别在于社会招聘会覆盖面广，招聘对象不仅面向应届大学生，还包括已经步入职场的各年龄阶段的求职者，竞争更加激烈。各类职业中介服务机构则是就业信息的中间商，专职在求职者和用人单位之间牵线搭桥。目前我国的职业中介服务尚有不规范之处，提供的就业信息也良莠不齐，大学生在借助中介的时候一定要擦亮眼睛，小心虚假不良招聘信息，以免上当受骗。

（4）媒体网络渠道

报纸、杂志、广播、电视、网络等现代传播工具也是就业信息的重要来源，特别是网络媒体在信息提供方面扮演着日益重要的角色，逐渐成为大学生收集求职信息的主要渠道。社会人才招聘机构一般都设有专门的人才招聘网站或招聘专栏，求职者通过网络可以查询大量就业信息，也可以直接上传或邮件形式将求职资料（求职信、个人简历等）寄给用人单位。

（5）其他渠道

大学生求职时，除了利用以上公开渠道以外，还可以充分借用社会关系网，例如亲朋好友的推荐、实习社会实践等的自荐形式。

每个人都与周围的亲朋好友、老师及校友等建立了庞大的社交关系网络，大学生可以借助他们获取求职信息，这些信息一般比较可靠，因为他们比较了解学生个人情况，提供的信息相对有针对性。大学生求职时一定要利用好关系网络，适时有"熟人"帮助也未尝不可。不过也要注意关系途径要正当，不可徇私舞弊、暗箱操作。

此外大学生在校期间一般会有各类社会实践或打工兼职活动，毕业前学校也会要求有实习实训。大学生根据个人专业特长选择心仪的岗位实习，可以提前了解各用人单位岗位的真实情况，是和用人单位加强相互了解和联系的好途径。如果在实习中给单位留下了好印象，也有可能毕业后直接入职。因此大学生应珍惜在校期间社会实践、实习等机会，抓住时机，提升自身，为自己在竞争中增加成功的砝码。

任务

请同学们根据本节所学，完成以下调查：

采访一下周边的亲朋好友，询问他们获得现在工作岗位的求职渠道和方式，并分析各种方式的优缺点。

技能点 2：就业信息的处理

1. 就业信息搜索与利用的步骤

（1）结合自身实际，搜索适合自己的信息。

（2）掌握重点，合理筛选有效信息。

（3）信息的价值分析：用人单位的要求与自身条件是否相符；招聘人数的多少；选择有利于自己发展的信息。

（4）把握胜任和难度原则。

（5）参照信息完善自己。

2. 就业信息的分析整理

就业信息的分析整理就是对搜集到的信息进行加工，通过对各种信息分析、综合、归类，去粗取精、去伪存真、由表及里地筛选出对自己有用的信息，更好地为求职做准备的过程。很多毕业生频繁奔波于各种招聘会，简历也投出去不少，但却很少得到回复，原因就在于缺少对就业信息的分析整理，全部纳为己用，白白浪费了精力。可以制作一个统计招聘信息的表格，一般包括以下六个要素：企业名称；企业基本情况（企业性质、隶属关系、企业规模、人数、产品服务、发展现状和发展趋势）；应聘岗位及招聘人数；应聘条件（如学历、专业、职业资格、技术等级）；工作环境和薪资福利；联系人及联系方式。

3. 就业信息的运用

就业信息的运用是指毕业生在对就业信息整理过后，依据信息进行择业的过程。就业信息的使用必须要做到：

（1）确定职业目标。职业目标是求职者的专长、兴趣、能力、性格、期望值、价值观与社会职业需求之间不断协调的过程。确定职业目标时还应该把收入目标、行业目标等考虑进去，尽可能地征求亲朋好友的意见。适合自己的才是最好的，不能人云亦云。

（2）学会换位思考。求职时不能总是以自我为中心，也需要站在用人单位的角度考虑问题，思考招聘信息背后的启示，思考他们想要招聘何种人才。用人单位需要员工为他们创造价值、带来利润。

（3）充分准备，及时出手。机会总是留给那些做了充分准备的人，求职者在全面客观地了解就业信息后，应该立即着手准备，主动联系用人单位询问招聘细则，比如招聘时间、地点、要求、方式，尽快准备一份求职简历，不能犹豫不决。

> **开眼界**

大学生求职过程中常见陷阱有哪些

大学生在刚刚踏入社会时候，对于社会的经验和认识不足，往往在找工作的过程中会不知不觉地陷入一些求职的陷阱，没有足够警惕的心理，很容易让自己在求职过程中被骗。

(1) 推荐工作式陷阱

主要方式：这种欺骗行为主要是一些挂着职业介绍所的介绍工作的地方，或者是假称学校的老师之类和你扯得上一点关系的人，他们一般号称在某公司有认识的熟人，能给你推荐工作，只需要缴纳一定的费用。缴纳完推荐费之后，要不就是根本就不能再找到人，要不就是拿到推荐信以后，前去应聘，你发现推荐信并不起作用，或者目前这家单位根本不招聘这个职位。

(2) 警惕收费式陷阱

主要方式：还有一些公司在招聘的时候，以招聘录用为借口，征收一部分的押金或者是保证金，或者以入职培训的名义，骗取求职者的财物。这类诈骗在轻松许诺工作机会的同时，对方就会对你提出收费要求。国家相关法律有"用人单位不得以收取押金、保证金、集资等作为录用条件"的明文规定。

(3) 警惕信任式陷阱

主要方式：还有一些诈骗分子，很好地利用了大学生现在的一些不乐意干活、只是想挣钱的心理，用一些轻松的网上工作来招聘大学生工作。许多学生在相信后，骗子会先用一两次的甜头骗取学生的信任，之后再利用信任伺机作案。

(4) 警惕试用期式陷阱

主要方式：这种方式就是试用期的时候工资很低，让一些新人根本就熬不过试用期，然后辞职之后再同样的方式招人，周而复始，降低成本。另外一种手段就是非法延长试用期。《劳动合同法》规定，劳动合同期限三个月以上不满一年的，试用期不得超过一个月；劳动合同期限一年以上不满三年的，试用期不得超过二个月；三年以上固定期限和无固定期限的劳动合同，试用期不得超过六个月。

以上这几种方式，都是大学生在找工作的过程中容易出现的一些陷阱，对于刚刚走出校园的大学生，在找工作的时候一定要擦亮眼睛，防止被骗。

转自中国人力资源俱乐部（http://www.hrsclub.com/）

主题 3　求职资料的准备

长知识

"工欲善其事，必先利其器"，应届毕业生在求职择业之前，需要准备个人求职的书面材料，方便用人单位了解求职者的个人情况。书面求职材料主要包括求职信、个人简历、毕业证、学位证、成绩表、各项获奖证书、技能证书等辅证材料。

知识点 1：求职信

1. 求职信的概念

求职信是求职者向用人单位介绍自己情况以求录用的专用性文书。求职者给用人单位寄送自我介绍信，目的是让对方了解自己、相信自己、录用自己，证明自己是最适合招聘岗位的，以此争取获得面试的机会。

2. 求职信的主要形式

求职信可以分为纸质版和电子版两类。求职者可以根据用人单位的招聘要求和个人选择求职途径的不同进行准备。

3. 求职信的内容

（1）标题

标题要醒目、简洁、典雅。要用较大的字体在自荐信上方的中间写上"自荐信"三个字。

（2）称呼

称呼要写明收信人的姓名和称谓或职务，求职信一般寄送到用人单位的人事部门，如果不确定具体收信人，可以以用人单位名称代之；如果求职方向很明确而且知道接收简历的具体人员时，就可以称呼得具体一点。

（3）正文

正文要简洁，字数要控制在 400 字以内，主要包括：

① 说明本人基本情况和求职信息来源；

② 说明应聘岗位和能胜任本岗位工作的各种能力；

③ 介绍自己的潜力；

④ 表示希望获得面试的机会。

注意：

➢ 写信理由

求职信的目的就是要引起阅信人的注意力。说明写信理由，表明你对招聘职位感兴趣，例如说明你学习或从事的是同一行业，或者你一直通过新闻了解过公司或者这个行业；如果你是经人举荐，就在信中提起他们，但是不要夸大其词，当你要说明求职某一岗位时，说得越具体越好，不要只说工作职位，还应谈谈符合这个职位的要求；可以适当介绍自己对招聘岗位的理解，从而让阅信人相信你确实对本行业、本公司和岗位有所了解。

> 自我推荐

自荐信要简短地介绍个人的基本资料，叙述自己的才能，没有必要具体陈述，应特别突出适合招聘岗位的能力，着重强调你的才能和经验将会有益于公司发展。尽可能地少用人称代词"我"，要让人感到你想表达的是"我怎样才能帮你"。

(4) 结尾

结尾部分主要表达两层意思，一是表达你求职的诚心和期盼的心情，力求获得一次面试的机会；二是必不可少的礼貌，可以写上简短的表示敬意、祝愿之类的祝词。最后不要忘记加上"此致""敬礼"，并在右下角写上自己的名字和日期。

信的最后可以提醒阅信人留意下附加的个人简历等其他资料，同时留下自己的联络方式，礼貌地表示对招聘者联络的期待，争取能够建立下一步的联系，获得面试的机会。

知识点2：求职简历

1. 求职简历的概念

求职简历是对个人基本情况、学历、工作资历、技能特长及其他有关情况所作的简明扼要的书面自我介绍，具有针对性、规范化、逻辑化等特点。

2. 求职简历的形式

求职简历不同于求职信，没有固定的格式，一般可以分为中文简历、英文简历，求职者可以根据个人特点和求职单位的不同需求自行选择。

3. 求职简历的内容

(1) 个人基本情况

主要包括姓名、性别、年龄、籍贯、政治面貌、婚姻状况、健康状况、身高、家庭住址、电话号码等。

(2) 教育背景

写明毕业院校、专业、学历学位、学习日期、职务等，一般以倒序方式写至中学即可。

(3) 工作资历

若有工作经验，最好详细列明，写明曾工作单位、日期、职位、工作性质。对于没有工作经历的应届大学生而言，可以写个人在校期间的社团活动、社会实践、实习、打工等状况。

（4）个人能力

主要包括学习能力、奖惩情况和各项技能资质。学习能力可以列出所学主要课程及学习成绩，也可在简历后单独附上详细的成绩单；在校期间获得的各种奖励和荣誉，可以按倒叙方式依次列出。此外，如果在外语水平、计算机水平、普通话水平以及其他一些专门类的职业技能考试方面考取了相应的资格证书，也应列明证书等级和获得时间。

（5）求职意向

求职意向即求职目标或个人期望的工作职位，表明你通过求职希望得到哪种职位以及你的奋斗目标，该部分可以和个人特长等合写在一起。

注意：

（1）因个人情况和面试岗位性质不同，五部分的排序及组合会根据实际情况略有出入。

（2）内容中涉及到排序的，通常按时间顺序，先写最近日期的，然后依次按照倒序方式列出，也可根据需要有选择地列出自己的学习、工作经历，充分表现自己的技能和品德。对于缺乏社会经验和工作经历的应届大学生而言，推荐采用时间顺序，内容相对条理，叙事也更加清晰。

知识点3：其他求职材料

求职者为了向用人单位证明求职信或求职简历中内容的真实性、可靠性，往往会提供相应的辅证材料，主要包括学历证明材料和荣誉技能证明材料两种。

1. 学历证明材料

求职者用来说明自己的毕业院校、学历和学习成绩的辅证材料，一般有毕业证书、学位证书和学习成绩表。

2. 荣誉技能证明材料

主要包括求职者获得的各项荣誉、证书，以及技能水平证明，一般以取得相应资格证书为准，除此之外，求职者有其他成绩成果，例如在正式出版刊物上发表的文学作品、科研论文、美术设计作品、音像摄影作品、小发明小创作的图文材料，也可一并提供。

注意：

求职者在提供材料的时候，原件和复印件都要准备。因各类证明材料的原件极为重要，遗失补办难度大，因此要注意妥善保存。可现场给招聘者展示原件，提交应聘材料时上交复印件即可。

练技能

技能点1：求职信的撰写

1. 撰写原则

求职信是交际的一种形式，撰写求职信就是自我推销的过程，目的是引起雇主的兴趣，达到成功推销自己的效果。因此，求职信应从用人单位的角度出发，通过分析用人单位的招聘要求，了解他们的需要，才能有针对性地向用人单位提供自己的个人材料，表明你明白该公司的需要，你是适合该公司的。

求职者在写求职信时，应注意遵循以下原则。

(1) 突出重要内容

根据求职的目的规划布局，把重要的内容写在首要位置，并借助相关材料佐证，使阅信人加深对求职者的印象。求职信要突出那些能引起对方兴趣，有助于获得工作的内容，主要包括专业知识、工作经验、自身特长和个性特点等。在介绍专业知识和学历时，切忌过分强调自己的学习成绩。以自己的学习而夸夸其谈，只能给人以幼稚和书生气十足的感觉，而用人单位要重视的是经验和实际能力，所以应一般性地写成绩，重点突出工作经验和个人能力。

(2) 合理组织内容

注意从阅信人的角度出发组织内容，对相同或相近的内容进行归类组合，合理安排段与段之间的逻辑顺序。书写要清晰明了，避免使用过于复杂的复合句。句子结构和长度应富于变化，使阅信人总保持兴趣。提供阅信人感兴趣的信息和内容，可以用具体事例提高阅信人注意力，激发阅信兴趣。

(3) 富有个性

求职信本质上是一种商业信函，需要注意信函的基本格式和用语规范，体现出专业水平，切不可过于随意；同时信件也不能困于格式，千篇一律，应具有个人特色、彰显个性。书写一封求职信，正如精心策划一则广告，不拘泥于通俗写法，立意新颖，以独特的语言及多元化的思考方式，给对方造成强烈的印象，引人注意，并挑起兴趣。

(4) 准确表达求职意图

意思表达要直接简洁，用简练的语言把你的求职想法以及个人特点表达出来，切忌堆砌词藻。求职信不是"秀"文学才华的地方，最好用平实、稳重的语气来写。有些大学毕业生总想卖弄文采，想办法堆砌华丽时髦的词藻，结果弄巧成拙，使人反感。

2. 求职信的格式

求职信对格式有一定的要求，同时内容要求简练、明确，切忌模糊、笼统、面面俱到。

（1）标题

求职信的标题通常只有文种名称，即在第一行中间写上"求职信"三个字。

（2）称谓

称呼写明收信人的姓名和称谓或职务，如：×××先生或×××女士或×××经理等。

（3）正文

正文要另起一行，空两格开始写求职信的内容。正文内容较多，要分段写。

① 写求职的原因。首先简要介绍求职者的个人情况以及写信的目的——获得面试机会、争取招聘岗位。

② 写对所谋求职务的看法以及对自己的能力做出的客观公允的评价，这是求职的关键。要着重介绍自己应聘的有利条件，要特别突出自己的优势和"闪光点"，以使对方信服。

③ 提出希望和要求，如"希望您能为我安排一次与您见面的机会"或"盼望您的答复"或"敬候佳音"之类的语言。这段属于求职信内容的收尾阶段，要适可而止，不要啰嗦，不要苛求对方。

（4）结尾

另起行，空两格，写表示敬祝的用词，如"此致"之类的词，然后换行顶格写"敬礼"或祝工作顺利的相应词语。这两行均不点标点符号，不必过多寒暄，以免画蛇添足。

（5）署名和日期

写信人的姓名和成文日期写在信的右下方，姓名在上，日期在下。姓名前面不必加任何谦称的限定语，以免让对方轻看你的能力；成文日期要年、月、日俱全。

（6）附件

有说服力的附件是对求职者能力鉴定的凭证。所以求职信的附件是不可忽视的组成部分。

附件可在信的结尾处注明，如附件1×××××、2×××××、3×××××然后将附件的复印件单独装订随信寄出（纸质版）或打包。附件不需太多，但必须有份量，足以证明你的才华和能力。

任务

请同学们结合以上所学，点评一下这封求职自荐信，并指出修改的地方。

尊敬的某某处长：

您好！

我是一名在校本科大学生，将于2019年7月毕业。我一直关注贵单位的信息，终于从学校招聘专栏中得知贵单位今年的招聘计划。我很愿意到贵单位工作，为其兴盛繁荣尽微薄之力。

一分耕耘，一分收获，数年寒窗不敢说硕果累累，但我自信掌握了一定的专业知识和组织管理知识，并且主动与实践相结合，积累了实际经验。我知道贵单位有着团结一致的精神，有着朝气蓬勃的生机，我愿意化作一块闪亮的煤炭，投入到这个蒸蒸日上的集体大熔炉中，贡献自己的力量！

若贵单位愿意接收，我将不求安逸的环境，继续发扬自己吃苦耐劳和勤奋踏实的优良作风，努力工作。也愿意服从您的安排和调动，以良好的团队精神在贵单位的大家庭中实现我的个人价值和社会价值完美的统一！我将深切地感谢和珍惜您和您的同志们给我的这个机会！

我期待着能有一次面谈的机会，盼望能接到贵单位的答复信。

诚祝您工作顺利！祝贵单位欣欣向荣！

愿成为您部下的×××
20××年××月××日

技能点2：求职简历的制作

1. 制作原则

（1）内容完整，要素齐全

求职简历作为书面的自我介绍，其中几大要素一定要齐全，姓名、性别、学历、专业、毕业院校、政治面貌等，这是招聘者在拿到简历后首先会看的内容。然后是联系方式、求职意向，后面的内容就可以因人而异了，与应聘职位相关的工作经历、项目经历、教育背景、外语和计算机能力、取得的成绩等都要列上。

（2）扬长避短，突出优势

简历是自我推销的一个工具，要注意做到扬长避短，突出个人优势。应届大学生的劣势在于缺乏工作经验，这时候就要注意发掘自身的优点，不能太谦虚，可以强调教育背景、社团活动、社会活动等。

在做简历的时候，切忌"杂烩汤"，不要把什么长处和优点都罗列，一些无关紧要的东西只会加长你简历的拖沓度，既浪费纸张，也浪费简历阅读者的宝贵时间。

（3）量身定做，重点突出

制作简历的时候一定要简洁，主题明确，针对性强。应聘不同职位时学会量身定做，突出不同特长，重点强调某项特别技能，有针对性地来制作简历，建议准备几个不同版本的简历，而不是一份简历"全包"。求职意向明确了，后面的社会实践部分也要相应地做合理的挑选，尽量列举事实，来证明你在该方面的能力。

（4）简洁精炼，适度包装

要想将自己顺利推销出去，就要学会"投其所好"，写简历时不要浪费大量的财力物力，而是要用自己的语言和经历写出招聘者最喜欢的简历来。一个招聘会下来，企业收到的简历数以千计，负责筛选的部门工作量很大，根本没有太多时间来逐字阅读你的简历。所以，简历一定要简洁，切忌叙述上的"婆妈"和"累赘"。

2. 常见的简历格式

求职简历的制作格式没有统一规定，基本要求格式统一、简洁明了、条理清晰。以下简单列举简历各部分常见内容。

（1）个人基本信息

个人简历首先应写明本人的基本情况。年龄、性别、籍贯、民族、学历、学位、政治面貌、学校、专业、毕业时间、联系方式等。其中学历、学位和专业一定要标明，这是招聘单位最关注的重点词之一。

（2）求职意向

这一部分的内容必须能够回答最初的问题，"你想做什么"或者"你能给公司提供什么价值"，最直接的方式就是写出职务名称。

（3）教育背景

主要是高中和大学各个阶段的一个大致情况，注意一定要前后时间连续。

学习情况主要是介绍大学所学主要课程及学习成绩，也可在简历后单独附上详细的成绩单，尤其要重点体现出与应聘岗位相关的一些东西、专业知识。要突出重点，有针对性，使你的学历、知识结构让用人单位感到与其招聘条件相吻合。

（4）工作经历/社会实践

工作经历是简历最重要的组成部分，工作经历对用人单位决定是否给予你面试机会以及最终的工作职位的影响是最显著的。这一部分内容突出你的职业生涯经历，强调经验、资质以及成就。但大学生一般都没有正式的工作经验，此时学术上的成就和课外活动的分量就要更重一些，主要包括学校实践经历、实习经历、培训经历等。

（5）个人能力

对本人能力的一个介绍，在校期间所获得的各种奖励和荣誉按倒叙方式依次列出，此外，如果在外语水平、计算机水平、普通话水平以及其他一些专门类的职业技能考试方面考取了相应的资格证书，也应列明证书等级和获得时间。此外还有个人爱好与特长，无论是否与你的所学专业有关或是单纯从个人兴趣发展出来的专长，只要是与工作性质有关的，都应在简历上一一列出，这将有助于招聘单位评估应聘者的专长与应聘工作的要求是否相符，这些专长是否能给工作的顺利开展带来推动作用。

(6) 自我评价

适当对自己性格、专业知识进行评价,要客观真实。不要用太多对自己的褒扬词,最多三个。注意评价性格时不要自相矛盾,不要夸大自己的能力。

任务

请同学们结合以上所学,分析以下求职简历的优缺点,并提出修改意见。

简历1

姓名	×××	性别	男	出生年月	1983年1月
民族	汉	籍贯	天津	政治面貌	党员
学位	学士	学制	四年	毕业时间	2005年7月
专业	材料科学与工程			外语	英语
联系方式	××××××××				
E-mail	××××××××				
求职意向	销售、市场开拓				
培训项目	辅导员专职培训 心理教育培训				
外语水平	英语四级,能够较为熟练地运用				
个人特长	能够熟练使用各种办公软件; 有较强的语言文字表达能力; 对科技以及企业管理等课程有一定了解; 有良好的团队合作精神,善于和他人沟通; 对工作有激情,善于学习,积极向上。				
教育背景	2001年9月-2005年7月 在北京**大学进行材料科学与工程方面知识的学习。对于高分子材料有比较深刻的认识。组织协调能力也有很大的提高。				
社会经历					
工作经历	2001年10月-2002年7月 任小班组织委员、文艺委员参与组织党支部的辩论赛本班最终夺得冠军。获得最佳辩手。 2002年9月-2003年7月 任班长,学生会公关部副部长。组织了班级的长城游以及春游,负责非典期间的学生组织和联系,获得校优秀学生干部。 2003年9月-2004年7月 任学生会主席,校学代会委员。组织策划了北京20余所高校的"动感地带杯"校园歌手大赛,反应良好。 2004年7月至今 任2004级辅导员。在北京天下为学文化发展有限公司任北京夏令营负责人;在北京易德同创科技有限公司市场部担任项目负责人。				

简历2

尊敬的先生/女士：

您好！

非常感谢您在百忙之中审阅我的简历，本人新闻专业背景，专业知识基础扎实，阅读广泛。以下是我的简历，请您过目，谢谢！

姓名：××× 性别：女 民族：汉 籍贯：陕西西安 出生年月：1982年9月 政治面貌：中共党员 专业：新闻学 学位：学士 外语水平：英语六级 计算机水平：北京市二级（熟练操作office等软件） 毕业院校：××××××学院 电话：××××× 手机：××××× E-mail：123@123.com	教育背景 1997年9月–2000年7月　陕西省周至中学 2000年9月–2004年7月　××××学院
	专业实践 2000–2001 校广播台记者 2001–2002 系报《××报》版面编辑在周至报社进行暑期实习
	社会活动 2000–2001年度，任院学生会外联部干事参加校所新生杯辩论赛 2001–2002年度，任系学生会外联部部长参加"红河"杯马拉松比赛 2002–2003年度，任系团总支书记参加"十六大"精神宣讲团到石景山居委会参加宣传
	科研活动 2001年度　　学年论文《抛却封建正统主义看王莽》获优 2001–2002　先后两次参与"新世纪舆论监督研讨会"部分工作（编辑报纸专刊等） 2003年度　　学年论文《从《面对面》看新闻谈话节目品质评价方法》获优
	所获奖励 2000–2001年度，荣获学院品德优秀奖学金 荣获"新生杯"辩论赛"优秀辨手"称号 被评为院优秀团员 被评为院第十二届学生会优秀学生干部 2001–2002年度，荣获学院品德优秀奖学金 被评为院优秀团员
所从老师	
自我评价	
主修课程	
暑期实习发表文章	

课后习题

1. 以小组为单位开展一个小型面试模拟，要求包含自我介绍和无领导小组讨论环节。模拟结束后小组内部点评组员面试表现并打分。（每一项目分值由低到高依次为 1~5 分）

评分点＼项目	自我情况分析	求职岗位分析	个人特色说明	语言表达能力	个人精神面貌	总分
自我介绍						

评分点＼项目	有效发言情况	是否提出自己的见解和方案	能否倾听尊重他人	语言表达、分析、概括或归纳总结的能力	反应的灵敏性、发言的主动性	总分
无领导小组讨论						

2. 结合自己的专业和兴趣，为自己制定求职计划，分析自己适合哪种求职方式，并阐述理由。

3. 根据个人情况制作一封求职信和一份求职简历。

第四模块

面对面——面试实务

知识目标

➤ 了解良好的职业形象

➤ 熟悉面试礼仪

➤ 掌握面试通关要述

技能目标

➤ 能够塑造得体的外在形象

➤ 能够正确运用肢体语言

➤ 能够应用面试基本技巧

➤ 能够掌握面试应答技巧

要点导图

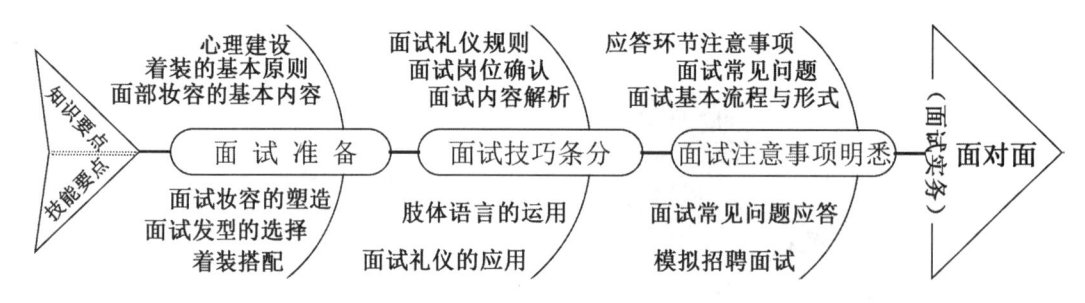

图 4-1 "面对面"知识与技能要点

前导案例

小王是某职业院校的毕业生，口才、业务能力都不错，理想的岗位是销售代表。一次招聘会，小王起晚了，急匆匆赶到面试现场，招聘面试官见他发型怪异、胡子拉碴、一身休闲服装、穿着拖鞋，随意一看他的简历就说："好了，你的大致情况我们都了解了，你回去等通知吧，录取的话我们会通知你。"小王急忙问："要是不录取，就不通知了，是吗？"面试官心中不悦，让他回家等消息。小王很窝火，心想："这不是以貌取人嘛？"

不服气的小王依然如故，又连续跑了几家公司，可是得到的结果都一样。

备受打击的小王回到学校，找到了他的就业指导教师进行了咨询。在指导老师的建议下，小王去理发店剪掉长发染回黑发，换上西装皮鞋打上领带，并充分模拟演练了面试时环节，把简历重新排版设计，并把大学以来所获奖项的材料附上，对着镜子露出自信的微笑，暗自鼓励自己。一切准备就绪，小王气宇轩昂地又去到第一家公司面试，面试官见小王仪表堂堂、有礼有节、谈吐文雅，印象很好，一番交谈后，当即抛出橄榄枝，给予高薪岗位。

案例解读：

从以上的案例中可以看出，小王应聘的着装、言谈举止都不够得体，实际在传递给面试官一个信息："我的整体素质不高。"

在求职之前，你必须从细微之处精心设计你的形象，迈出求职道路的第一步。良好的形象包括很多方面：着装整洁大方、化妆得体、举止文雅、有礼貌等。这些用心的形象设计能够反映出一个人的文化水平、修养和气质，是一种重要的体态语言。在人际交往中，仪态端庄、衣冠整洁体现了对他人、对社会的尊重，进而表现出一个人的精神状态和文明程度，在求职时当然也是衡量人品的标准之一。除了外在形象上有所修饰，我们也要讲究面试技巧与面试礼仪，给对方留下良好的第一印象，从而帮助应聘者顺利获得职位，事半功倍地开展工作。

主题1　面试准备

长知识

面试准备充分可以给面试考官留下良好的第一印象。所谓的第一印象是指与陌生人交往的过程中，所得到的有关对方的最初印象。

面试时的第一印象有两个关键点：第一，考官会根据职务的要求再次细化选择人才；第二，考官可能通过自己的主观体验来物色与个人理想相匹配的人选。而面试时考官对应聘者的第一印象主要是根据应聘者的形象来获得，这其中包括应聘者的面部妆容、发型头饰和着装等，所以面试中的形象设计要求更严格。

知识点1：面部妆容的基本内容

1. 面部妆容概念

面部妆容是指通过科学和艺术的手段，人为地加入装饰，使人体容颜在原有基础上更加干净整洁漂亮。人的面部是一个人的"门面"，任何时候面部都是最容易受到人们关注的地方。面试时，考官最先从应聘者的面部来了解应聘者，因此应聘者必须对个人面部修饰予以高度重视。

2. 面部妆容的重要性

（1）美化容貌的需要

修饰自己的面部主要目的就是为了美化自己的容貌。在面试过程当中，一个面部妆容得体的应聘者更能赢得考官的信任和好感。

(2) 增加自信的需要

完美的面部妆容带来美的同时，也可以增加应聘者的自信，并通过魅力的外表及美丽的行为来塑造自己的美丽内心。

(3) 重视面试的需要

一个注重面部修饰的人可以给面试考官留下良好的印象，面试考官会认为应聘者为了此次面试做了充分的准备；反之，则会在面试考官处留下不良的影响。

3. 应聘面试妆容的基本原则

脸部妆容的内容，包括眉、眼、鼻、颊、唇等部位的化妆。要想有个得体的面试妆容，首先必须掌握面试妆容的基本原则。

(1) 自然真实的原则

画面试妆容的一个原则就是自然大方，不留痕迹，给人以大方、悦目、清新的感觉，做到有妆似无妆，把握好这个度就能得到面试考官的青睐。

(2) 扬长避短的原则

在化妆过程中必须充分发挥原有面容的优点，修饰和掩盖其他不足，这是应聘面试妆容的重要原则之一。

(3) 认真负责的原则

化妆时不可敷衍了事，而要采取一丝不苟的态度，有层次、有步骤地进行。化妆时，动作要轻稳，注意选择合适的色彩和光线。

(4) 整体协调的原则

化妆要因人、因时、因地制宜，切忌强求一律，应表现出个性美。要根据自身脸部（包括眉、眼、鼻、颊、唇）特征，进行具有个性美的整体设计；同时还要根据不同场合、不同年龄、不同身份制订不同的设计方案。

知识点2：着装的基本原则

在求职活动中，人们常常通过一个人的着装来判断一个人的品味、修养。一个穿着得体的人，往往能够赢得交际对象的信任和好感，可见，想要求得理想的工作岗位并获得较好的交往效果，首先应掌握着装的礼仪规范。

色彩、款式、质地是构成服饰的三要素。在面试当中，一个具有得体着装的应聘者更能取得面试考官的好感。面试者都应遵循以下的搭配原则。

(1) 中规中矩的原则

应聘者觉得面试一次的机会非常难得，而且前去面试的人员非常多，面试流程多、竞争激烈，因此有应聘者为了凸显自己，会穿着时髦、前卫的服装，目的是想从众人当中脱颖而出，其实这是一个极大的误区，一般公司都比较欣赏传统保守的正装，个别岗位除外。

(2) 合身的原则

所谓合身的原则是指符合应聘者身材和身份的原则。应聘者必须充分了解自己身材的特点，通过服饰的搭配达到扬长避短的功效。

(3) 得体的原则

在面试的时候，不一定要穿得好，更不一定要追求名牌，但是一定要得体大方。服饰色彩、款式要和自己的年龄、气质以及求职者所应聘的职业岗位相协调一致，不要为了显得自己很成熟就打扮过分老成。

(4) 干净的原则

再得体的服装也必须要保持干净整洁。如果应聘者穿着一身满是油渍、汗渍、污渍的服装去面试，会给面试考官留下不好的印象。因此保证衣服清洁是最起码的要求。

(5) 平整如新的原则

面试时穿着的服装必须是熨烫过或者是没有褶皱的衣服。

知识点4：心理建设

机会永远只会青睐有准备的人，求职者为了能得到向往已久的职业，应在求职前做好相关的准备，心理准备尤为重要。

1. 认识自己

求职者在应聘之前应对自己有一个全面的分析和认识，要知道自己的兴趣和专长，以确定自己的就业方向。如果求职者没有充分认知自己的话，求职时便会像"无头的苍蝇"盲目乱投，大多数简历投出去后都会石沉大海，没有什么结果。

2. 要有自信

自信是求职面试必备的心理素质，是面试成功的关键。任何公司或单位都不希望自己的员工畏首畏尾、过分谦卑而担不了大事。因此，在求职应聘前求职者一定要树立自己的信心，尽量发挥自己的优势，相信自己一定能获得成功。

练技能

技能点1：面试妆容的塑造

面试妆容不要过于夸张，但要显得庄重，更要选择合适的彩妆产品并按照正确的步骤进行。

1. 选择合适的彩妆产品

彩妆产品主要包括粉底（包括粉底液、粉底霜、粉饼等）、蜜粉（散粉）、眉笔（眉粉）、眼影、腮红、眼线笔（眼线液）、睫毛膏、唇彩（口红）等，如图4-2所示。

此外，在选择彩妆产品的同时，还需要购置一些化妆工具，如眉钳（眉刀）、美容剪、粉刷（粉扑）、睫毛夹、腮红刷、眼线刷，如图4-3所示。

图4-2 常见彩妆产品　　　　　　　　图4-3 常见化妆工具

2. 按正确的步骤化妆

（1）打粉底

打粉底的目的是调整皮肤颜色，使皮肤平滑、细腻、有光泽。打粉底时需要注意以下事项：① 粉底应轻薄并与肤色自然融合，而不可涂抹过多、过厚，以免脸部显得无立体感或看起来像石膏像；② 粉底涂抹应过渡到位，切忌在发际边缘、脸部两侧、脖颈处留下明显的分界线。

（2）定妆

用粉刷蘸取少量蜜粉轻刷于面部与颈部，以降低粉底的油光感并定妆。对于油脂分泌旺盛的部位（如额头、眼角、鼻翼、嘴角等处）可多刷些蜜粉，这样可以增强粉底附着力，使妆容持久，还能增加肌肤光泽度。

（3）修饰眉毛

用眉笔或眉粉沿着眉毛生长的方向轻轻地描画，并注意眉头浅、眉峰深、眉梢清晰以使眉形具有立体感。描出的眉形应与本人的年龄、脸型和性格相称，同时，应避免将眉毛挑得过高，以免给人一种尖酸刻薄、缺乏亲和力的感觉。描眉之后，用眉刷将眉毛轻刷一遍，以使眉毛整齐、服帖。

描眉需要在眉形已经修整的情况下进行，否则应先进行修眉。

（4）修饰眼部

眼部修饰包括涂眼影和画眼线两项内容。

眼影的最主要功能是强化眼部的立体感，因而涂眼影时应注意体现出层次感。其具体做法通常如下：先用眼影刷蘸取少量浅色系眼影，由上眼皮中部向眼尾、再由眼窝向眼尾方向刷上轻薄均匀的一层；然后将与该浅色系眼影搭配的深色眼影涂于眼尾处，并用眼影刷自外眼角向眼窝方向呈放射状均匀晕染，使其与浅色眼影自然过渡，如图4-4 所示。

眼线可以很好地改善眼睛轮廓，使眼睛生动有神。其具体做法如下：画上眼线时，应用眼线笔或眼线液沿着睫毛根部由内眼角向外眼角方向分段描画，并用眼线刷晕染均匀，眼尾部分的线条可比眼头部分的线条略粗或往上提拉，以使眼睛显得更大；画下眼线时，应从外眼角向内眼角方向分段描画，并在眼睛中部收笔，以体现较为自然的效果。上眼线应比下眼线稍长一些，且一般不与下眼线交合。

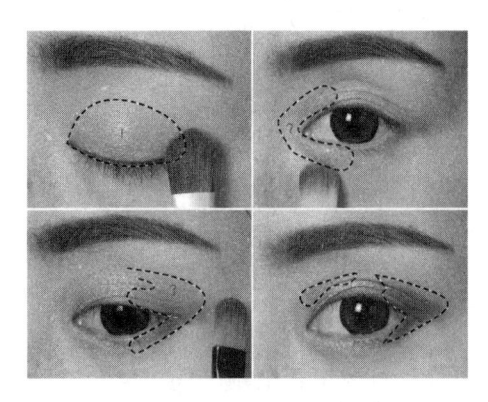

图4-4 眼影画法示意图

（5）修饰睫毛

修饰睫毛可使眼睛显得更大、更明亮。其具体做法如下：首先，用睫毛夹依次在睫毛根部、睫毛中部和睫毛尖端三个位置稍微用力夹紧几秒并轻轻提拉，使睫毛卷曲上翘；然后顺着上睫毛和下睫毛的生长方向均匀地涂刷睫毛膏，使睫毛定型并显得更加浓密、修长。

（6）打腮红

打腮红可以改善肤色并增强面部立体感。其具体做法如下：用腮红刷蘸取少量腮红轻轻刷于颧骨下方，然后由发际向脸颊逐渐晕开，使其与肤色自然过渡，如图4-5所示。

（7）修饰唇形

修饰唇形时，可先涂一层润唇膏滋润双唇，然后选用颜色略深于口红或唇彩的唇线笔，勾画出理想的唇形，再用唇刷蘸取口红或唇彩涂抹双唇。

修饰唇形时应当注意以下事项：① 若嘴唇上有翘起的死皮，则应先去除死皮；② 唇线应与嘴唇融为一体，而不可勾勒得过于明显；③ 口红或唇彩的颜色应与眼影、腮红颜色相协调。

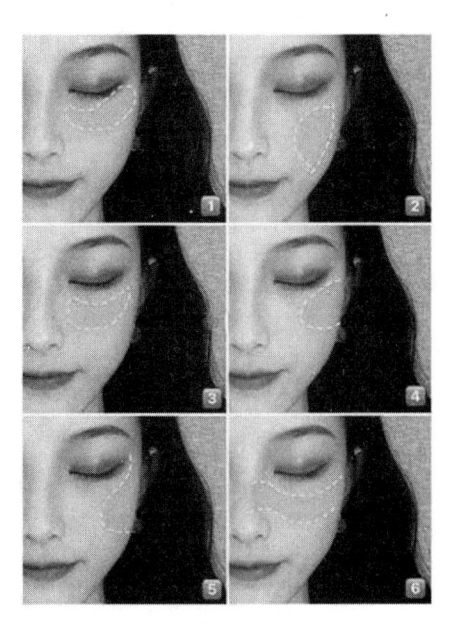

图4-5 腮红修饰示意图

（8）检查修正

化妆完成后，应当全面、仔细地检查妆容的效果。若发现问题，则应及时修正，以保持妆容的理想状态。

面部的妆容通常会因说话、进食，以及皮肤分泌的油脂、汗水等而发生脱落，因此我们应及时进行补妆。补妆应在化妆间或洗手间进行，不要在公共场所进行，即使在场的均为女性。

3. 男性的妆容

男性妆容的修饰主要是剃须修面。剃须修面的操作顺序一般为：先鬓角、脸颊，再到脖子、嘴唇周围及下巴。若留有胡须，则应将其修理成型，若鼻毛过长，则应定期修剪，切忌露出鼻腔。

随着时代的发展和观念的转变，化妆不再是女性的专利。不少男士为了使面容更为精致或更显阳刚之气，也会尝试选用一些化妆品，如隔离霜、遮瑕膏、睫毛膏、眉粉、润唇膏等。

技能点 2：面试发型的选择

应聘者在进行个人头发修饰时，不仅要恪守对于常人的一般性要求，还要依照自己的审美习惯和各自特点对自己的头发进行清洁、修剪、保养和美化，并要依照面试的要求对自己的头发进行修饰。

1. 面试发型的基本要求

应聘者在选择发型时，除了要与自身的形象相符，还要与应聘职位相符。发型要大方，不留奇异、新潮的发型，不染另类发色。

（1）女性应聘者的发型要求

女性应聘者面试时，尽量把披散超过肩膀的长发束起，给人留下干净利落的印象，女性应聘者可以留有刘海，建议将刘海修剪到眉毛以上。

（2）男性应聘者的发型要求

男性的头发比较好打理，如果使用发胶，一定要用梳子把固结成在一起的头发梳开。如果头发过长，那么最好提前几天理发，让自己有个适应的过程。男性不留长发或是另类发型，也不要留光头，并且头发不能盖过耳尖，不要留鬓发。

2. 面试发型的选择

发型与脸型的搭配十分重要，既可以用头发组成适当的线条来改变脸型的不足，把原来比较突出而不够完美的部分遮盖，也可以将部分头发梳得蓬松或是紧贴以增加或减少某部分的块面，改变脸型轮廓。

人的脸型根据几何图形来区分大致有以下几种情况。

（1）椭圆形脸

这种脸型轮廓和线条都是很柔和具有美感的，适合多样式的发型，想要体现出某方面的风格也是比较容易的。

（2）圆形脸

额前发际线低、脸蛋圆满，长宽近乎相等，显出圆形的轮廓。使头顶头发蓬松，两侧收拢，外轮廓线视觉上放高，内轮廓线可做出三角形的偏刘海，借此补充缺乏线条感的圆形轮廓。

(3) 方形脸

额部开阔呈方形，两腮突出有角，呈方形轮廓。顶部应高耸蓬松，至两侧收紧，内外轮廓线呈柔和的形状，可以用刘海遮盖去除前额方角以减少额头宽度，头发线条感也可略带波纹以冲淡方形的线条感。

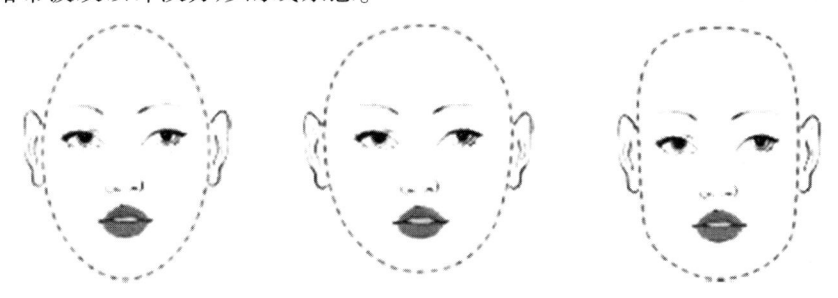

图 4-6 脸形示意图（椭圆形、圆形、方形）

(4) 长方形脸

额前发际线生长较高，使脸型显得狭长。轮廓呈长方形的脸型给人以成熟的视觉感，改变这种气质和头型，顶部不宜过高，因为头已经够长，将两侧头发做堆积或者将其蓬松，刘海向前遮盖，额头线条不宜过于硬朗，内外轮廓线也不宜用到方形。

(5) 正三角形脸

特点是宽阔的腮部和较尖的额头，既然是上小下大，那么就使顶部呈现的宽阔，做蓬松，脸型轮廓的两侧头发收拢，使轮廓线形状上方饱满。

(6) 倒三角形

这样的脸型刚好与三角形相反，头顶较平可做圆，稍加蓬松度，下颚两侧头发增加重量堆积，使轮廓线冲淡其倒三角脸型。

(7) 菱形脸

额部较狭窄，下额尖而两边突出，呈上下小中间宽的菱形轮廓，发型要放宽上下两部，中间收拢，勿出现菱形轮廓，前额部以刘海作为修饰，整个发型纹理线条柔和。

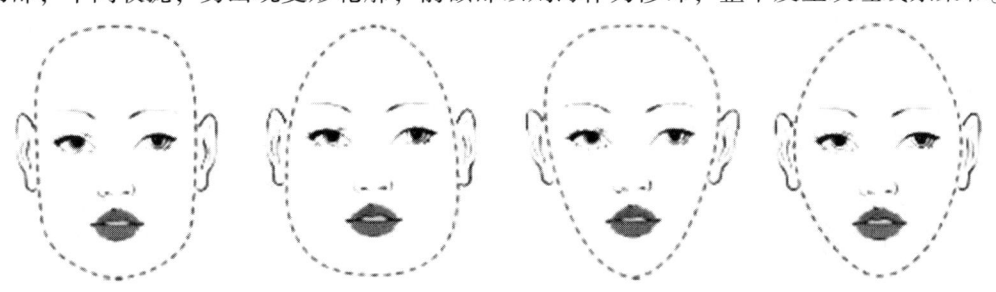

图 4-7 脸形示意图（长方形、正三角形、倒三角形、菱形）

任务

请同学们结合本节所学,完成以下内容:

判断自己的脸型类型,并结合理想岗位设计职业发型,使之体现个人气质与风度。完成后,5人为一组进行评分。

开眼界

对求职者来说,身上的饰物不要太多,男士最好不要带任何饰物。女士则可以适当地佩戴,但也要注意以下几点。

(1) 饰物要简单、朴实。佩戴的饰物一般不宜太昂贵。

女士可佩戴的饰物很多,但在面试时所带饰品越少越好,而且总数最好不要超过三件。

(2) 所佩饰物要注意与服装的搭配。

主题 2 面试技巧条分

长知识

知识点 1:面试内容解析

作为一名应聘者,要想从众多的应聘者中脱颖而出,除了必须具备招聘岗位所要求的各项专业条件外,还有必要了解和掌握求职面试中的内容及技巧。

1. 仪表风度

这是指应试者的体型、外貌、气色、衣着举止、精神状态等。研究表明,仪表端正、衣着整洁、举止文明的人,一般做事有规律,注意自我约束,责任心强。

2. 专业知识

了解应试者掌握专业知识的深度和广度,其专业知识是否符合所要录用职位的要求,作为对专业知识笔试的补充。面试对专业知识的考察更具灵活性和深度,所提问题也更接近空缺岗位对专业知识的需求。

3. 工作实践经验

一般根据查阅应试者的个人简历、求职信或履历表的结果,进行相关问题的提问,查询应试者有关背景及过去工作的情况,以补充、证实其所具有的实践经验。通过工作经历与实践经验的了解,还可以考察应试者的责任感、主动性、思维能力、口头表达能力及遇事的理智状况等。

4. 口头表达能力

面试中应试者是否能够将自己的思想、观点、意见或建议顺畅地用语言表达出来。考察的具体内容包括：表达的逻辑性、准确性、感染力、音质、音色、音量、音调等。

5. 综合分析能力

面试中，应试者是否能对主考官提出的问题通过分析抓住本质，并且说理透彻、分析全面、条理清晰。

6. 反应能力与应变能力

主要看应试者对主考官所提的问题理解是否准确贴切，回答的迅速性、准确性等。对于突发问题的反应是否机智敏捷、回答恰当。对于意外事情的处理是否得当、妥当等。

7. 人际交往能力

在面试中，通过询问应试者经常参与哪些社团活动，喜欢同哪种类型的人打交道，有哪种社交倾向和与人相处的技巧。

8. 自我控制能力与情绪稳定性

自我控制能力对于事业单位公职人员及许多其他类型的工作人员（如企业的管理人员）显得尤为重要。一方面，在遇到上级批评指责、工作有压力或是个人利益受到冲击时，能够克制、容忍、理智地对待，不致因情绪波动而影响工作；另一方面工作要有耐心和韧劲。

9. 工作态度

一是了解应试者对过去学习、工作的态度；二是了解其对现报考职位的态度。在过去学习或工作中态度不认真，做什么、做好做坏都无所谓的人，在新的工作岗位也很难说能勤勤恳恳、认真负责。

10. 上进心、进取心

上进心、进取心强烈的人，一般都确立有事业上的奋斗目标，并为之而积极努力，表现在努力把现有的工作做好，且不安于现状，工作中常有创新。上进心不强的人，一般都是安于现状、无所事事、不求有功、但求能敷衍了事，因此对什么事都不热心。

11. 求职动机

了解应试者为何希望来本单位工作，对哪类工作最感兴趣，在工作中追求什么，判断本单位所能提供的职位或工作条件等能否满足其工作要求和期望。

12. 业余兴趣与爱好

应试者休闲时间爱从事哪些运动，喜欢阅读哪些书籍以及喜欢什么样的电视节目，有什么样的嗜好等，可以了解一个人的兴趣与爱好，这对录用后的工作安排常有好处。

此外，面试时主考官还会向应试者介绍本单位及拟聘职位的情况与要求，讨论有关工薪、福利等应试者关心的问题，以及回答应试者可能要问到的其他一些问题等。

知识点 2：面试岗位确认

对面试岗位的确认，其目的就是为了帮助自己尽量减轻面试压力，删除一些模棱两可的影响自我冲刺的因素，透过心中的清晰方向，让看似无底的面试在自己这里变得有边有界，进而有信心、有准则、轻松上阵。

1. 岗位确认的必要性

岗位是指我们所应聘的岗位具体的职责、任职资格等。岗位确认是一个对自己求职的首要关注点，用人公司的面试一般都是综合性的岗位面试，即使是参加某一岗位的面试，也并不排除公司会根据具体情况录用到其他工作岗位的可能性。但无论哪个岗位，都是从基层做起。

2. 了解面试公司

有时在面试中会发现这样的情景，要求面试者谈谈对本公司基本概况的了解时，总是有些人会被问得面红耳赤，半天说不出话来，连公司的全称都忘了叫什么，给人的感觉就好似对自己的求职面试很草率，没有诚意。如果事先能关注到所面试公司的情况，掌握一些具体的信息资料，当被问到这些事情时就可以顺理成章地说出来，这可能还会让面试官因面试者的用心准备而刮目相看。搜集相关的资料信息，并对此次公布的招聘位的具体情况了如指掌，一是便于多种选择；二是有了这些充分的资料准备，即便"临场发挥"也会相当精彩和出色。

3. 确认岗位选择

用人单位面试人才并不一定是指特定的某一个或某一种工作岗位，大多是一个综合的岗位面试程序。所以这时为了保证入职率的提升，建议根据个人的自身条件综合评判自己的求职选择，为自己多备几套方案。

在面试前首先要对自己的任职岗位选择有明确的认同感，这样在面试中才会更加理性和坦然，没有那么多的思前想后的心情游离状态。如果只凭一股心血来潮的劲，三分钟热度，就是面试上了岗位恐怕也干不了太久。

知识点 3：面试礼仪规则

1. 面试中的基本礼仪

（1）一旦和用人单位约好面试时间，一定要提前 5-10 分钟到达面试地点，以表示求职者的诚意，给对方以信任感，同时也可调整自己的心态，做一些简单的仪表准备，以免仓促上阵，手忙脚乱。

（2）进入面试场合时不要紧张。见面时要向招聘者主动打招呼问好致意，称呼应当得体。落坐后保持良好体态，切忌大大咧咧、左顾右盼、满不在乎，以免引起反感。离去时应询问"还有什么要问的吗"，得到允许后应微笑起立，道谢并说"再见"。

（3）对用人单位的问题要逐一回答。对方给你介绍情况时，要认真聆听。为了表示你已听懂并感兴趣，可以在适当的时候点头或适当提问、答话。回答主试者的问题时，口齿要清晰，声音要适度，答话要简练、完整。

（4）在整个面试过程中保持举止文雅大方，谈吐谦虚谨慎，态度积极热情。谈话时，眼睛要适时地注意对方，不要东张西望，显得漫不经心，也不要眼皮低望，显得缺乏自信。

2. 应试者手势运用的技巧

在与他人交谈中，一定要对对方的谈话表示关注，要表示出你在聚精会神地听。对方在感到自己的谈话被人关注和理解后，才能愉快专心地听取你的谈话，并对你产生好感。面试时尤其如此。一般表示关注的手势是：双手交合放在嘴前，或把手指搁在耳下；或把双手交叉，身体前倾。

3. 应试者消除紧张的技巧

有些大学生可能由于过度紧张而导致面试失败。因此必须设法消除过度的紧张情绪。这里介绍几种消除过度紧张的技巧，供同学们参考。

（1）面试前可翻阅一本轻松活泼、有趣的杂志书籍。

（2）面试过程中注意控制谈话节奏。

（3）回答问题时，目光可以对准提问者的额头。

明确面试前的三要素——when（时间）、where（地点）、who（联系人）。一般情况下，招聘单位会采取电话通知的方式，要仔细听，如果没听清楚，抓紧时间再在问一遍。

练技能

技能点1：肢体语言的运用

1. 眼神坚定

交流中目光要注视对方，但万万不可死盯着别人看。如果不止一个人在场，要经常用目光扫视一下其他人，以示尊重和平等。

2. 握手有礼

与面试官见面，面试官先伸手，当面试官的手朝你伸过来之后，握住它，握手应该坚实有力，双眼要直视对方。不要太使劲，不要使劲摇晃；不要用两只手，用这种方式握手在西方公司看来不够专业。手应当是干燥、温暖的。如果你刚刚赶到面试现场，用凉水冲冲手，使自己保持冷静。如果手心发凉，就用热水捂一下。

3. 坐姿端庄

不要紧贴着椅背坐，不要坐满，坐下后身体要略向前倾。一般以坐满椅子的三分之二为宜，这既可以让你腾出精力轻松应对考官的提问，也不至让你过于放松。

4. 避免小动作

在面试时不可以做小动作，比如折纸、转笔，这样会显得很不严肃，分散对方注意力。不要乱摸头发、胡子、耳朵，这可能被理解为你在面试前没有做好个人卫生。用手捂嘴说话是一种紧张的表现，应尽量避免。

5. 谈吐文雅

语言是求职者的第二张名片，它客观反应了一个人的文化素质和内涵修养。面试时对所提出的问题要对答如流、恰到好处，又不夸夸其谈、夸大其词。谈吐上应把握几个要点。首先，要突出个人的优点和特长，并有相当的可信度，语言要概括、简洁、有力，不要拖泥带水、轻重不分。其次，要展示个性，使个人形象鲜明，可以适当引用别人的言论，如用老师、朋友的评论来支持自己的描述。第三，坚持以事实说话，少用虚词、感叹词。第四，要注意语言逻辑，介绍时层次分明、重点突出。最后，尽量不要用简称、方言和口头禅，以免对方难以听懂。

任务

请根据本章节所学内容，完成以下任务。

五人为一组，四人模拟评委，依次模拟面试流程，并观察肢体动作是否符合规范。

表4-1 模拟面试礼仪

姓名＼项目	眼神	握手	坐姿	肢体动作	谈吐	致谢

技能点2：面试礼仪的应用

1. 个人简历书写礼仪

个人简历是一种书面的自我介绍，应尽量提供自己最优秀的一面，但不能吹嘘，必须实事求是、绝对诚实。同时，书写个人简历要简练，篇幅一般不超过两页纸，最好使用打印字体，不能出现文字或语法错误，也不能有涂改痕迹。

2. 面试的仪表礼仪

求职面试要设计好自己的形象。第一次见面，主考官往往以自己的经验和阅历，凭着求职者的外在形象来判断求职者的身份、地位、学识、个性等，并形成一种特殊的心理定势，社会心理学中将其称为"首因效应"。它往往比一个人的简历、介绍信、证明、文凭等的作用更直接。应试当天的穿着打扮对录取与否有着举足轻重的影响，虽说留下完美的第一印象未必会被录取，但若给人留下不好的印象则极可能失败。良好的形象设计，既要符合个人气质特点，又要符合招聘单位的特点。但是求职招聘中宁可打扮得保守些，也不要太另类。

3. 面试的时间礼仪

面试时还需要有很强的时间观念。面试时一定要守约准时，迟到和违约都是不尊重主考官的一种表现，也是一种不礼貌的行为。如果你有客观原因须改期面试或不能如约按时到场，应事先打个电话通知主考官，以免对方久等。

（1）提前到达

提前一点到达面试地点是非常必要的。去面试时至少要给自己留出 20 分钟的时间，这样即使迷路或堵车也能按时到达；如果一切顺利，你可以利用这 20 分钟的时间待在车内或接待室里稳定情绪，最好是提前 5 分钟到达考官办公室，以示求职的诚意，给对方信任感，同时也利于调整自己的状态，避免仓促，手忙脚乱。

（2）适时告别

成功的面试有适当的时间限制，谈话时间的长短要视面试内容而定，一般宜掌握在半小时至 45 分钟左右。一般来说，在高潮话题结束之后或者是在主试人暗示之后就应该主动告辞。适时离场还包括不要在主试人结束谈话之前表现浮躁不安、急欲离去或另赴约会的样子，过早地想离场会使主试人认为你应聘没有诚意或做事没有耐心。

4. 面试后的必备礼仪

（1）表示感谢。为了加深招聘人员对你的印象，增加求职成功的可能性，面试后两天内你最好给招聘人员打个电话或写封信表示谢意。

（2）不要过早打听面试结果。在一般情况下，考官每天面试结束后都要进行讨论或投票，然后送人事部门汇总，最后确定录用人选，可能要等 3~5 天。求职者在这段时间内一定要耐心等候消息，不要过早打听面试结果。

（3）收拾心情。面试回来后，你已经完成一次面试，但这只是完成一个阶段。如果你向几家公司求职，则必须收拾心情，全身心投入面对第二家的面试。

（4）查询结果。一般来说，你如果在面试两周后或在主考官许诺的通知时间到了，还没有收到对方的答复时，就应该写信或打电话给招聘单位或主考官，询问是否已做出了决定。

（5）做好再次冲刺的思想准备。应聘中不可能个个都是成功者，万一你在竞争中失败了也不要气馁。这一次失败了，还有下一次，就业机会不止一个，关键是必须总结经验教训，找出失败的原因，并针对这些不足重新做准备，"吃一堑，长一智"，谋求"东山再起"。

任务

请根据本章节所学内容，完成以下任务。

请五人为一组，根据制作简历—投简历—预约面试—面试—面试后流程，进行完整面试模拟，并进行小组评价与评分。

表4-2 模拟面试评分表

项目\姓名	简历	仪容	仪表	仪态	肢体动作	时间礼仪	整体评分

开眼界

英国临床心理学家琳达·布莱尔表示，初次见面，对方在7秒内就能对你做出基本判断，他们称之为"7秒测试"。虽然这种说法不能绝对化，但第一印象对人际关系的进一步发展的确很重要。要想顺利通过"7秒测试"，不妨看看专家的建议。

1. 深呼吸，它能帮你缓解因害羞或者焦虑导致的紧张感。

2. 挺直腰板，这样才会让自己看上去自信满满；保持微笑，这是顺畅交谈的首要条件，但注意不要笑得太假，笑容要慢慢消退，否则会显得不够真诚。

3. 左手拿包，用左手拿着公文包或将包背在左边，以腾出右手方便握手。

4. 手机静音，这是最起码的社交礼貌。

5. 保持距离，对别人表现出兴趣，但不要侵犯个人空间，两个人相隔一臂长，会显得既友好又礼貌。

6. 赞美对方，找机会赞美对方几句，能增加亲和力，但要注意点到为止，不要让人觉得你在拍马屁。此外，与人见面之前，确保穿着整齐，别喷味道浓烈的香水，也能加分。

主题3　面试注意事项明悉

长知识

知识点1：面试基本流程与形式

1. 面试基本流程

面试一般分为招聘会投递简历面试和网站简历邀约的面试。不同的面试需要做的准备也不尽相同。面试的基本流程为：

（1）面试的准备阶段：准备面试问题，制定计划。

（2）面试的实施阶段：具体问题分为导入性、开放性和行为性。

（3）面试的总结阶段：综合面试结果，进行面试的评价。

2. 面试形式

面试形式又分为结构式面试，情景式面试，压力式面试。

（1）结构式面试：也称标准化面试，是根据所制定的评价指标，运用特定的问题、评价方法和评价标准，严格遵循特定程序，通过测评人员与应聘者面对面的言语交流，对应聘者进行评价的标准化过程。

（2）情景式面试：面试题目主要是一些情景性的问题，即给定一个情景，看应聘者在特定的情景中是如何反应的。

（3）压力式面试是指有意制造紧张，以了解求职者将如何面对工作压力。面试人通过提出生硬的、不礼貌的问题故意使候选人感到不舒服，针对某一事项或问题做一连串的发问，打破砂锅问到底，直至无法回答。其目的是确定求职者对压力的承受能力、在压力前的应变能力和人际关系能力。

知识点2：面试常见问题

1. 紧张与不自信

由于面试成功与否关系到求职者的前途，所以大学生面试时往往容易产生紧张情绪。面试中因为紧张情绪而没有发挥好的人不在少数。消除紧张的技巧请查阅前文。

2. 把握不好时间

自我介绍时长一般2~3分钟。这三分钟介绍应该分为三部分：第一分钟介绍简单个人情况，例如教育背景等；第二分钟介绍自己在校获奖经历及社会实践能力，如果是已经进入社会的，可以讲一下社会活动经验；第三分钟可以简单谈一下对于面试公司的了解和看法。把握时间松弛有度，成功把握这三分钟意味着成功了一半。

3. 反问面试官问题

有技巧地反问会让面试官觉得你新颖、大胆、创新、独特，从而加深面试官对你的印象，增加面试成功机率。但毫无技巧生硬的反问面试官无疑雪上加霜。建议在没有掌握足够熟练的技巧时，切忌生硬反问。在反问的时候注意范围，反问内容不能包括私人或是商业机密。

4. 回答问题逻辑不清

很多面试者在回答问题时没有条理，缺乏逻辑能力和语言组织能力，导致面试官听完回答后还是一头雾水。在面试之前尽可能地尝试去想面试官会问的问题，并自己尝试解答、总结、梳理逻辑顺序、组织语言。这样在面试时被问到问题时逻辑能力会提高，有条理。

5. 语速快慢及方言问题

讲话速度过快往往容易出错，甚至张口结舌，进而强化自己的紧张情绪，导致思维混乱，给面试官留下一种浮躁、不稳重、担当不了重任的印象；讲话速度过慢，缺乏激情、气氛沉闷，也会使面试官觉得枯燥无聊从而对你失去继续了解下去的兴趣。

在面试时一定要讲普通话，避免因为方言问题造成面试官听力上的模糊与误会。如果是在外资单位，要做好英语或者是其他基本语言的问题交流的准备。

知识点3：应答环节注意事项

1. 把握重点。应答时简洁明了，条理清楚，有理有据。一般情况下回答问题要结论在先，议论在后，先将自己的中心意思表达清晰，然后再做叙述和论证。应针对所提问题的不同，所出不同方式的回答，一般过于抽象的回答往往不会给主试者留下具体的印象。

2. 确认提问内容，提炼中心思想。面试中，如果对用人单位提出的问题一时摸不到边际，以致不知从何答起或难以理解对方问题的含义时，可将问题复述一遍，并先谈自己对这一问题的理解，请教对方以确认内容。对不太明确的问题，一定要搞清楚，这样才会有的放矢，不致答非所问。

3. 拥有个人见解。用人单位有时接待应试者若干名，相同的问题，如出一辙的回答。你应该发挥具有独到的个人见解和个人特色的回答，才会引起面试官的兴趣和注意。

4. 知之为知之，不知为不知。面试遇到自己不知、不懂、不会的问题时，回避闪烁、默不作声、牵强附会、不懂装懂的做法均不可取，诚恳坦率地承认自己的不足之处，反倒会赢得主试者的信任和好感。

5. 实事求是，不惧失败。各个单位最反感的就是大学生弄虚作假，弄虚作假意味着你的品行问题，在求职生涯中一定要诚信。

练技能

技能点1：面试常见问题应答

1. 请你自我介绍一下

回答提示：一般人回答这个问题都过于平常，只说姓名、年龄、爱好、工作经验，这些在简历上都有，其实，企业最希望知道的是求职者能否胜任工作，包括：最强的技能、最深入研究的知识领域、个性中最积极的部分、做过的最成功的事、主要的成就等，要突出积极的个性和做事的能力。企业很重视一个人的礼貌，求职者要尊重考官，在回答每个问题之后都说一句谢谢。

2. 你觉得你个性上最大的优点是什么？

回答提示：沉着冷静、条理清楚、立场坚定、顽强向上、乐于助人和关心他人、适应能力和幽默感、乐观和友爱。

3. 说说你最大的缺点？

回答提示：企业喜欢求职者从自己的优点说起，中间加一些小缺点，最后再把问题转回到优点上，突出优点的部分。

4. 你对加班的看法？

回答提示：实际上好多公司问这个问题，并不证明一定要加班。只是想测试你是否愿意为公司奉献。

5. 你对薪资的要求？

回答提示：如果你对薪酬的要求太低，那显然贬低自己的能力；如果你对薪酬的要求太高，那又会显得你分量过重，公司受用不起。他们只不过想证实一下这笔钱是否足以引起你对该工作的兴趣。

6. 在五年的时间内，你的职业规划？

回答提示：这是每一个应聘者都不希望被问到的问题，但是几乎每个人都会被问到。比较多的答案是管理者。要知道，考官总是喜欢有进取心的应聘者，此时如果说不知道，或许就会使你丧失一个好机会。最普通的回答应该是我准备在技术领域有所作为或我希望能按照公司的管理思路发展。

7. 你朋友对你的评价？

回答提示：想从侧面了解一下你的性格及与人相处的问题。

8. 你还有什么问题要问吗？

回答提示：企业不喜欢求职者问个人福利之类的问题，如果有人这样问：贵公司对新入公司的员工有没有什么培训项目，我可以参加吗？或者说贵公司的晋升机制是什么样的？企业将很欢迎，因为体现出你对学习的热情和对公司的忠诚度以及你的上进心。

9. 如果通过这次面试我们单位录用了你，但工作一段时间却发现你根本不适合这个职位，你怎么办？

回答提示：一段时间后发现工作不适合我，有两种情况：

① 如果你确实热爱这个职业，那你就要不断学习，虚心向领导和同事学习业务知识和处事经验，了解这个职业的精神内涵和职业要求，力争减少差距；

② 你觉得这个职业可有可无，那还是趁早换个职业，去发现适合你的、你热爱的职业，那样你的发展前途也会大点，对单位和个人都有好处。

10. 在完成某项工作时，你认为领导要求的方式不是最好的，自己还有更好的方法，你应该怎么做？

回答提示：

① 原则上我会尊重和服从领导的工作安排；同时私底下找机会以请教的口吻，婉转地表达自己的想法，看看领导是否能改变想法；

② 如果领导没有采纳我的建议，我也同样会按领导的要求认真地去完成这项工作；

③ 还有一种情况，假如领导要求的方式违背原则，我会坚决提出反对意见；如领导仍固执己见，我会毫不犹豫地再向上级领导反映。

11. 如果你的工作出现失误，给本公司造成经济损失，你认为该怎么办？

回答提示：

① 我本意是为公司努力工作，如果造成经济损失，我认为首要的问题是想方设法去弥补或挽回经济损失，如果我无能力负责，希望单位帮助解决；

② 分清责任，各负其责，如果是我的责任，我甘愿受罚；如果是一个我负责的团队中别人的失误，也不能幸灾乐祸，作为一个团队，需要互相提携共同完成工作，安慰同事并且帮助同事查找原因总结经验。

③ 总结经验教训，一个人的一生不可能不犯错误，重要的是能从自己的或者是别人的错误中吸取经验教训，并在今后的工作中避免发生同类的错误，检讨自己的工作方法、分析问题的深度和力度是否不够，以致出现了本可以避免的错误。

12. 如果你在这次考试中没有被录用，你怎么打算？

回答提示：现在的社会是一个竞争的社会，从这次面试中也可看出这一点，有竞争就必然有优劣，有成功必定就会有失败。往往成功的背后有许多的困难和挫折，如果这次失败了也仅仅是一次而已，只有经过经验经历的积累才能塑造出一个完全的成功者。

13. 如果你做的一项工作受到上级领导的表扬，但你主管领导却说是他做的，你该怎样？

回答提示：我首先不会找那位上级领导说明这件事，我会主动找我的主管领导来沟通，因为沟通是解决人际关系的最好办法，但结果会有两种：① 我的主管领导认识到自己的错误，我想我会视具体情况决定是否原谅他；② 他更加变本加厉地来威胁我，那我会毫不犹豫地找我的上级领导反映此事，因为他这样做会造成负面影响，对今后的工作不利。

14. 谈谈你对跳槽的看法？

回答提示：

① 正常的跳槽能促进人才合理流动，应该支持；

② 频繁的跳槽对单位和个人双方都不利，应该反对。

15. 工作中你难以和同事、上司相处，你该怎么办？

回答提示：

① 我会服从领导的指挥，配合同事的工作；

② 我会从自身找原因，仔细分析是不是自己工作做得不好让领导不满意，同事看不惯，还要看看是不是为人处世方面做得不好，如果是这样的话我会努力改正；

③ 如果我找不到原因，我会找机会跟他们沟通，请他们指出我的不足，有问题就及时改正。

16. 假设你在某单位工作，成绩比较突出，得到领导的肯定。但同时你发现同事们越来越孤立你，你怎么看这个问题？你准备怎么办？

回答提示：

① 成绩比较突出，得到领导的肯定是件好事情，以后更加努力；

② 检讨一下自己是不是对工作的热心度超过同事间交往的热心了，加强同事间的交往及共同的兴趣爱好；

③ 工作中，切勿伤害别人的自尊心；

④ 不在领导前拨弄是非；

⑤ 乐于助人。

17. 你最近是否参加了培训课程？谈谈培训课程的内容。是公司资助还是自费参加？

回答提示：可以多谈谈自己学的技术。

18. 你对于我们公司了解多少？

回答提示：在去公司面试前上查一下该公司主营业务。如回答：贵公司有意改变策略，加强与国外大厂的 OEM 合作，自有品牌的部分则透过海外经销商。

19. 请说出你选择这份工作的动机？

回答提示：这是想知道面试者对这份工作的热忱及理解度，并筛选因一时兴起而来应试的人，如果是无经验者，可以强调就算职种不同，也希望有机会发挥之前的经验。

20. 你最擅长的技术方向是什么？

回答提示：说和你要应聘的职位相关的课程，表现一下自己的热诚没有什么坏处。

21. 最能概括你自己的三个词是什么？

回答提示：

我经常用的三个词是：适应能力强，有责任心和做事有始终，结合具体例子向主考官解释。

22. 你的业余爱好是什么？

回答提示：找一些富于团体合作精神的，这里有一个真实的故事：有人被否决掉，因为他的爱好是深海潜水。主考官说：因为这是一项单人活动，我不敢肯定他能否适应团体工作。

23. 作为被面试者给我打一下分。

回答提示：试着列出四个优点和一个非常非常非常小的缺点（可以抱怨一下设施，没有明确责任人的缺点是不会有人介意的）。

24. 你怎么理解你应聘的职位？

回答提示：把岗位职责和任务及工作态度阐述一下。

25. 喜欢这份工作的哪一点？

回答提示：每个人的价值观不同，自然评断的标准也会不同，如果这时自己能仔细思考出这份工作的与众不同之处，相信在面试上会大大加分。

26. 为什么要离职？

回答提示：回答这个问题时一定要小心，就算在前一个工作受到再大的委屈，对公司有多少的怨言，都千万不要表现出来，尤其要避免对公司本身主管的批评，避免面试官的负面情绪及印象；建议此时最好的回答方式是将问题归咎在自己身上。

27. 说说你对行业、技术发展趋势的看法？

回答提示：企业对这个问题很感兴趣，只有有备而来的求职者能够过关。求职者可以直接在网上查找对你所申请的行业部门的信息，只有深入了解才能产生独特的见解。

28. 说说你的家庭。

回答提示：企业面试时询问家庭问题不是非要知道求职者家庭的情况，探究隐私，企业不喜欢探究个人隐私，而是要了解家庭背景对求职者的塑造和影响。企业希望听到的重点也在于家庭对求职者的积极影响。

任务

请根据本节所学内容，完成以下任务。

三人为一组，讨论在面试中遇到"对工作的期望与目标"问题，应如何应答？

技能点 2：面试语言的应用

面试场上你的语言表达艺术标志着你的成熟程度和综合素养。对求职应试者来说，掌握语言表达的技巧无疑是重要的。

1. 口齿清晰，语言流利，文雅大方。交谈时要注意发音准确、吐字清晰，注意控制说话的速度，忌用口头禅，更不能有不文明的语言。

2. 语气平和，语调恰当，音量适中。面试时要注意语言、语调、语气的正确运用。打招呼时宜用上语调，加重语气并带拖音，以引起对方的注意。自我介绍时，最好多用平缓的陈述语气，不宜使用感叹语气或祈使句。声音过大令人厌烦，声音过小则难以听清。

3. 语言要含蓄、机智、幽默。说话时除了表达清晰以外，适当的时候可以插进幽默的语言，使谈话增加轻松愉快的气氛，也会展示自己的优越气质和从容风度。尤其是当遇到难以回答的问题时，机智幽默地语言会显示自己的聪明智慧，有助于化险为夷，并给人以良好的印象。

4. 注意听者的反应。交谈中，应随时注意听者的反应。比如，听者心不在焉，可能表示他对自己这段话没有兴趣，你得设法转移话题；侧耳倾听，可能说明由于自己音量过小使对方难于听清；皱眉、摆头可能表示自己言语有不当之处。根据对方的这些反应，适时地调整自己。

任务

2 人为 1 组，进行面试语言练习，可录音、可录像，进行课堂分析。

技能点 3：模拟招聘面试

通过模拟演练，使学生掌握招聘环节的流程及技巧，感受应聘压力，并将下列内容补充完整。

1. 分组

将全班分成 2 个大组别：面试官组（10 人）、应聘者组（30 人左右）；再将面试官组分成 2 个小组，每组由 5 人组成，确定主考官 1 人、副主考官 3 人、招聘助理 1 人。应聘者组同样分为 2 个小组，每个小组由 15 人左右组成。

进行模拟招聘时，全班同学进行观摩。结束后，2 个小组相互点评。

2. 程序

① 抽签决定2个面试官小组的出场顺序，得到各自扮演的公司背景和相应的题目要求。

② 准备阶段及笔试。（30分钟）

③ 面试官小组拟定并发布校园招聘信息（可参照附件1），并拟定笔试题目。

④ 应聘者根据自身的情况，按照两个公司发布的岗位招聘信息，自主选择一个岗位，前去应聘。

⑤ 2个小组简历收集并汇总，并进行初步的简历筛选。面试官小组可根据实际情况，淘汰若干名应聘者。

⑥ 通过简历筛选的应聘者参加笔试。应聘者笔试期间，面试官小组制定面试提纲、面试评分表（可参照附件2、3），做好面试准备。

⑦ 公布进入面试阶段人员名单（方式自定）。根据笔试成绩，面试官小组可自行决定淘汰人员。

⑧ 面试阶段

a. 一试（20分钟）

自我介绍：每位面试者将有1~2分钟的时间进行自我介绍。

面试：面试官考察面试者的沟通、分析、应对挑战和组织责任感等方面的问题，实行面试官与其进行多对一的交流。

公布进入二试阶段人员名单。

b. 二试——无领导小组讨论（约1小时）

面试官宣读试题及规则，应聘者了解试题、独立思考、列出发言提纲（5分钟）。

应聘者轮流发言阐述自己的观点，发言顺序由抽签决定（每人3分钟）。

应聘者自由发言，不但阐述自己的观点，而且对别人的观点提出意见，最后小组必须达成一致协议（30分钟）。

小组成员推选一名代表进行总结发言（3分钟）。

面试官根据无领导小组讨论情况，进行评分并公布，面试官接受应聘者的相关咨询（如：薪酬、晋升条件咨询；落选者也可提出的相应质疑）。

3. 总结阶段。（10分钟）

① 2个小组间相互点评。（5分钟/每组）

② 老师总结发言。（20分钟）

③ 颁奖。最佳主试官（1名）、最佳副主考官（2名）、最佳应聘者（每个应聘组2名）。

■ 评分标准：面试官小组评分项目

准备阶段（40分）：各项环节是否完善、相应的材料制定情况是否完备、组织安排事宜是否妥当、设计的面试提纲与评分标准是否与组织情况相契合。

面试阶段（40分）：面试官的团队合作能力、组织能力、现场的掌控能力。

结束阶段（20分）：（如，针对应聘者的现场表现进行的问与答）

应聘者小组评分项目（仅需对进入二试环节的人员进行评分）

简历制作（20分）：基本情况介绍、突出自身的优点。

自我介绍（20分）：着装恰当、语言流畅、总体风貌。

面试（60分）：综合素质（分析能力、表达能力、沟通能力、领导能力、学习能力等方面）、与职位的匹配度。

■ 附件

附件1：

招聘信息（参考范文）

一、公司简介

××网络科技有限公司是国内优秀的 INTERNET 软件开发商，主要从事网络安全软件产品开发及跨平台分布式异构网络环境下的软件开发。经××市高新区人才交流服务中心批准，特诚招精英人士加盟。

二、招聘岗位：测试工程师（人数：4名；工作地点：潍坊）

任职资格：

1. 计算机及相关专业专科以上学历

2. 全面的软件技术知识

3. 有较丰富的数据库及网络知识与经验

4. 参加过大型软件系统的开发

工作职责：

1. 编写测试计划及测试用例

2. 进行集成测试和全面测试

3. 为公司提供项目测试报告

三、人事政策

1. 由公司提供住房信贷担保

2. 提供优厚的福利保障

3. 员工持股计划

有意者请将个人简介、学历证明复印件及其他能证明工作能力的资料送至：

地址：

电话：

传真：

邮编：

网址：

附件2：

面试提纲

测评要素	面试问题	备注
影响力（例子）	1. 请说一下你是否想出过某种能够解决你部门问题的主意？你是怎样把你的想法推销给你的老板的？ 2. 讲讲这样一个经历，你向员工推出了一个很不受欢迎的想法，你采用什么办法来减少员工对这一想法的反感。	

附件3：

面试评分表（分别制定半结构化面试、无领导小组讨论的评分表）

评分维度 \ 应聘者得分						
思维分析力（例子）	5分	9分	9分	8分	10分	2分

附件4：

笔试题目（共5道主观试题，由面试官小组自行拟定）

一、

二、

三、

四、

五、

附件5：

无领导小组题目（一）

情境： 你们正乘一艘船航行在太平洋的某个海域，突然间，浓雾弥漫，视界不佳，当雷达发现对方船只时已经避之不及，两只船撞上了。对方船只开始下沉，你方船只开始渗水。据估计，离你们出事地点最近的陆地在正东南方向100海里处，现在你方船只必须采取应急措施。

问题： 下列有15个项目中，把你认为在求生过程中最急切需要处理的写在第一位，次重要急切的写在第二位，依次下去，列至第十五项。

音乐
救生艇
发电机
地形图
钓具
医药品
绳索
确认状况
紧急事故通知
手放信号
神佛
拉下水闸
援救对手
无线电机
求救信号

要求：

1. 准备阶段：应聘者了解试题，个体独立思考，得出答案，列出个人发言提纲（5分钟）。面试官控制发言时间。

2. 个人发言阶段：个人轮流发言，每人初步阐述自己的观点（3分钟/每人）。发言次序抽签决定，面试官控制发言时间。

3. 自由讨论阶段：6个成员一起讨论，期间每个人不但阐述自己的观点，而且对别人的观点提出意见，最后小组必须达成一致协议（30分钟）。面试官控制发言时间。

4. 代表总结发言阶段：小组成员推选一名代表进行总结发言。（3分钟）

课后习题

李静在失败了十几次后总结经验再次进行面试。面试前一天，李静事先观察了第二天面试的公司，事先规划好哪条路交通状况不会堵车。面试当天，李静提前一小时出门，虽然避免车流量高峰期但还是浪费了半个小时。距离面试还有半个小时，面试的紧张开始在李静心中蔓延，李静找了一本笑话看了几页之后感觉心里的紧张缓解了好多。碰巧李静是坐在窗户的旁边，俯瞰城市一览无余，李静在心里默念"我可以的，我能行，我一定行"。李静面试回答时把握自己说话节奏，普通话回答流利、谈吐清晰、语调清晰；面试官问及问题时李静双眼注视面试官；回答问题时李静有技巧地带入笑话；遇到李静回答不了的问题时，李静笑着说声抱歉之后保持微笑。整个面试过程流畅自然。面试结束时李静起身道谢并把板凳推回原位。过了一周后李静成功收到了公司的 offer。

请分析李静这次成功的因素有哪些？

第五模块

保平安——入职保障

知识目标

➢ 认知三方就业协议
➢ 掌握劳动合同
➢ 了解就业中的法律风险

技能目标

➢ 能够正确订立协议与合同
➢ 能够顺利解决争议与纠纷
➢ 能够依法保护自身权益

要点导图

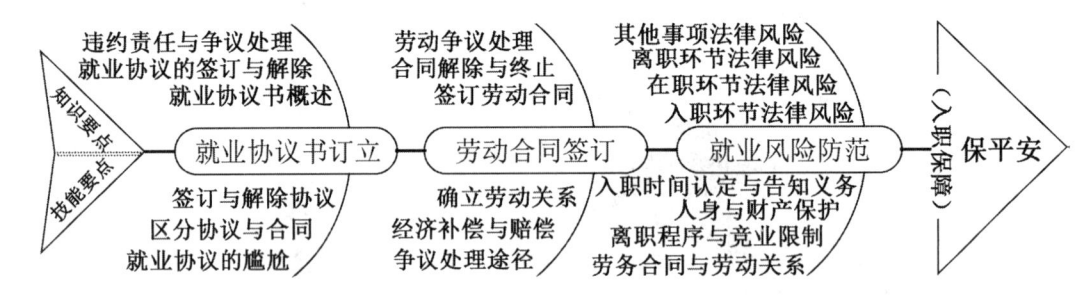

图 5-1 "保平安"知识与技能要点

前导案例

小王是某高校毕业生，2019 年 12 月的时候与一家自己比较满意的公司签订了《高校毕业生就业协议》。协议签订以后小张就没有再找别的工作，开始撰写毕业论文和做一些其他的毕业和就业准备工作。今年 4 月，小张得到签约单位的通知，打算与小王解除就业协议，并提出愿意按照三方协议的约定承担违约责任。小张认为自己因为和该单位签订了三方协议，失去了很多其他的就业机会，而现在该公司给一笔违约金就可以和自己解除协议，但自己再找工作的时间很仓促，影响了自己就业。他找到就业指导老师咨询可不可以通过诉讼或其他方式强制该单位履行三方协议。

案例解读：

违约责任，也称违反合同的民事责任，是指合同当事人因违反合同义务所承担的责任。违约责任的产生以合同的有效存在为前提。合同一旦生效以后，将在当事人之间产生法律约束力，当事人应该按照合同的约定全面、严格地履行合同义务，任何一方当事人因违反有效合同所规定的义务均应承担违约责任，所以违约责任是违反有效合同所规定的义务的后果。我国《合同法》规定："当事人一方不履行合同义务或者履行合同义务不符合约定的，应当承担继续履行、采取补救措施或者赔偿损失等违约责任。"因此，用人单位可以选择继续履行，也可以选择不履行约定而承担违约责任，小张有权要求对方支付违约金但不能强制要求对方履行协议，因为这还涉及到用人单位的用工自主权问题。

主题1 就业协议书订立

长知识

知识点1：就业协议书概述

就业协议书全称全国普通高等学校毕业生就业协议书，是为明确毕业生、用人单位、毕业生所在学校三方在毕业生就业工作中的权利和义务，经协商签定的协议，故也称作"三方协议"。协议是用人单位确认毕业生相关信息真实可靠以及接收毕业生的重要依据，也是高校进行毕业生就业管理的重要依据。就业协议书一般由教育部或各省、市、自治区就业主管部门统一编制。

1. 就业协议书的作用

（1）协议书是毕业生与用人单位建立就业关系的正式凭证，也是毕业后到人事、教育等部门办理就业报到手续的必备材料之一，因此，须妥善保管。

（2）就业协议书是高校毕业生与用人单位订立的确立劳动关系的协议，本质上是劳动合同的一种特殊表现形式。

（3）就业协议书是一种文字契约，明确毕业生和用人单位双方的聘用关系，具有一定的法律效力，可以保障毕业生在用人单位的切身利益。三方协议一旦签署，就意味着大学生第一份工作就基本确定。

2. 就业协议书的内容

（1）毕业生应按国家法规就业，向用人单位如实介绍自己的情况，在规定时间内到用人单位报到，若遇特殊情况不能按时报到，需征得用人单位同意。

（2）用人单位要如实介绍本单位的情况，明确对毕业生的要求及用工意图，做好各项接收工作。

（3）学校要如实向用人单位介绍毕业生的情况，做好推荐等工作。

（4）各方签字后，都必须严格履行协议，违约方应承担相应责任。

（5）可增加补充协议，签字后视为本协议的一部分，作为协议的特定条款。

备注：

山东省普通高等学校毕业生就业协议书

毕业生：________

用人单位：________

学校名称：________

年　月

相关说明

按照国家和省毕业生就业政策，为明确毕业生、用人单位在毕业生就业中的权利和义务，经协商，达成如下协议：

一、甲方如实向乙方介绍自己情况，通过对乙方了解愿意到乙方就业，服从安排。

二、乙方已如实向甲方介绍本单位情况以及工作岗位和待遇，通过对甲方了解、考核，同意接收甲方，并负责按有关规定为甲方办理落户等接收手续。

三、甲方毕业前由学校负责安排体检，不合格者不派遣。若乙方对甲方身体条件有特殊要求，乙方应在签订本协议前对甲方进行单独体检，否则以学校体检为准。

四、甲乙双方应严格履行本协议，若一方提出变更或终止协议，须征得另一方和学校的同意，并按有关规定履行解约手续，由违约方承担相应责任。未经协商，单方面不得变更或终止协议。

五、甲方因国家有特殊抽调，经与乙方协商，由学校报省毕业生就业主管部门同意，本协议自动终止。

六、本协议书一式三份，签字、盖章后由甲乙双方各执一份，学校留存一份备案。

山东省普通高等学校毕业生就业协议书

毕业生情况及意见（甲方）	姓名		性别		年龄		民族	
	政治面貌		培养方式		健康状况			
	专　业		学制		学历			
	家庭地址							
	应聘意见： 毕业生签名： 年　月　日							
用人单位情况及意见（乙方）	单位名称		单位性质					
	联 系 人		联系电话		邮政编码			
	通讯地址							
	用人单位意见： 签章 年　月　日							
学校意见	学校联系人		联系电话		邮政编码			
	学校通讯地址							
	院（系、所）意见 签章 年　月　日				学校毕业生就业部门意见： 签章 年　月　日			
备注：								

图 5-2　就业协议书

知识点 2：就业协议的签订与解除

1. 就业协议的订立原则

(1) 主体适格原则

签订就业协议的当事人必须具备合法的主题资格。对毕业生而言，必须取得毕业资格，用人单位必须具有从事各项经营或管理活动的能力，应有录用应届毕业生计划和录用自主权，否则毕业生无须承担违约责任就能解除协议。

(2) 平等协商原则

就业协议的三方在签订就业协议时的法律地位是平等的，一方不得将自己的意志强加给另一方，学校也不得采取强制手段要求或限制学生（特殊情况学生除外），三方的权利义务应是一致的。

2. 就业协议的签订

(1) 签订程序

毕业生领取《就业协议》并填写个人情况，明确表达自己同意到选定单位工作的意愿并签署本人姓名。

用人单位人事部门负责人代表单位签署同意接收该毕业生的文字意见，并签字盖章。

用人单位须在与毕业生签订协议书起的 10 个（有的地区 15 个）工作日内将协议书送到学校负责毕业生就业的工作部门。

学生所在院系审核双方情况及书面信息并签署就业推荐意见。

学校毕业生就业主管部门审核并签字盖章，纳入就业方案并及时将就业协议书反馈到各方手中。

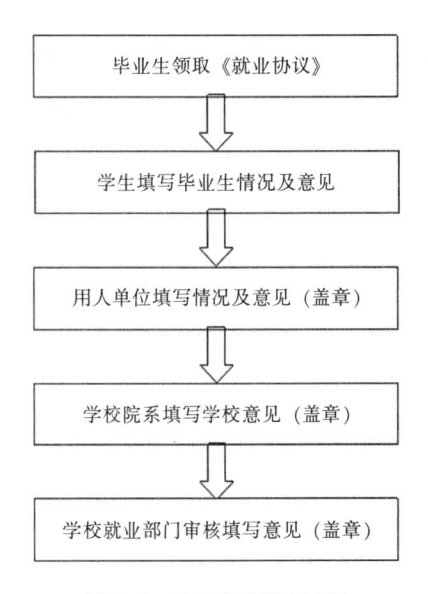

图 5-3 就业协议签订流程

(2) 签订注意事项

协议书签订按程序最后应到学校就业管理部门盖章，是因为由学校最后把关更有利于维护毕业生的合法权益。有些学校会先盖章，由学生填写后交由用人单位，这样用人单位容易设立有损毕业生权益的条款。学校把关，不仅会在内容上维护学生权益，也会保证签约程序上的完备。

毕业生、用人单位、学校三方如有其他约定，应在后页的备注栏注明，并视为就业协议的一部分。

3. 就业协议的解除

就业协议的解除分为单方解除和三方解除。

(1) 单方解除

包括单方擅自解除和单方依法或依协议解除。单方擅自解除协议属违约行为，解约方应对另两方承担违约责任。单方依法或依协议解除，是指一方解除就业协议有法律上或协议上的依据。例如，学生未取得毕业资格，用人单位有权单方解除就业协议，或依据协议规定，毕业生未通过用人单位组织的专业培训考试，用人单位有权解除就业协议。此类单方解除，解除方无须对另两方承担法律责任。

（2）三方解除

三方解除是指毕业生、用人单位、学校三方经协商一致，解除原订立的协议，使协议不发生法律效力。此类解除因是三方当事人真实意思表示一致的体现，所以三方均不承担法律责任，三方解除应在就业情况上报主管部门之前进行，如就业派遣计划下达后实行三方解除，须经主管部门批准办理调整改派。

毕业生持就业报到证到用人单位报到后，用人单位为其办理完接收录用手续或签订正式劳动合同后就业协议自行终止。

知识点 3：违约责任与争议处理

1. 违约责任

就业协议书一经毕业生、用人单位、学校签署即具有法律效力，任何一方不得擅自解除就业协议，否则违约方应向权利受损方支付协议条款所规定的违约金。

毕业生违约，除本人应承担违约责任，支付违约金外，往往还会造成其他不良的后果，主要表现在以下几个方面。

（1）就用人单位而言，用人单位往往为录用毕业生做了大量的工作，有的甚至对毕业生将要从事的具体工作也有所安排，一旦毕业生因某种原因违约，势必使用人单位在录用工作上付出的努力付之东流。用人单位若另起炉灶，选择其他毕业生，在时间上也不允许，这就使用人单位很被动。

（2）就学校而言，用人单位往往将毕业生违约行为视为学校的行为，从而影响学校和用人单位的长期合作关系。用人单位由于其毕业生存在违约现象，对学校的推荐工作表示怀疑，甚至会在几年之内不愿到学校来挑选毕业生。如此下去，必定影响学校今后的毕业生就业工作。

（3）就其他毕业生而言，用人单位到学校挑选毕业生，且与某毕业生签订就业协议，就不可能再录用其他毕业生，若日后该毕业生违约，那些当初希望到该用人单位工作的其他毕业生由于录用时间等原因就无法补缺，造成就业信息的浪费，影响其他毕业生就业。

2. 争议处理

毕业生和用人单位如果因就业协议书的订立、效力、履行和解除等发生争议，可按程序的先后通过以下途径解决：

（1）毕业生和用人单位通过学校进行协商；

（2）由上一级就业主管部门进行调解；

（3）向当地或县级以上劳动争议仲裁委员会申请仲裁；

（4）向具有管辖权的人民法院提起诉讼。

在实际运用过程中，前两种方法效率较高，易于操作；后两种程序复杂，但更具权威性。毕业生在签订就业协议书之前，一定要考虑周详，认真审核条款，尽量避免日后产生纠纷；而一旦发生纠纷导致自己的权益受损，要学会运用法律武器保护自己，通过合法的途径和正常的程序，维护自己的正当权益。

练技能

技能点 1：签订与解除协议

1. 签订协议书涉及的权益要点

（1）毕业生就业协议属"格式合同"，其格式往往由省级主管部门统一编制，格式往往统一，但结构与内容简单，重信息，轻约定，所以对于就业协议书中未涉及或不够具体的内容可以签订补充条款。

（2）由于就业协议书存在较大的备注区域，准许空白条款的存在，只要其经过协议双方的认可和默许，可视为双方另有约定或无特殊约定，不影响整个就业协议书的效力。但空白条款隐患颇多，因常见的空白条款多涉及使用期限、月薪金额、违约金等，都是与毕业生自身利益息息相关的内容，应当谨慎避免空白条款。如果已签订的就业协议中存在空白条款，毕业生要及时对空白条款的内容签订补充协议或采取补救措施。

（3）就业协议书允许附加补充协议，毕业生和用人单位可以就协议书中未曾涉及或不够具体的内容进行协商并签订补充协议。

补充协议中常见的内容主要有免责条款，如约定毕业生升本或考研成功、考取公务员则就业协议自动失效，不用承担违约责任。补充协议中还常见与劳动合同衔接的内容，如注明具体的工作岗位，试用期满后的工资、福利等；用人单位对毕业生的其他要求。

毕业生在附签补充协议的时候，要注意保护自己的合法权益不受损害，审视协议的内容是否公平、合法有效。如果就业协议整体主旨违反了国家法律、行政法规的强制性规定，则整个就业协议全部无效；如果只是某些条款违反了国家法律、行政法规的强制性规定，一般只认定该条款无效，即就业协议的部分无效，不影响其他条款的继续执行。

（4）无效协议，是指欠缺就业协议的有效要件或违反就业协议订立的原则从而不发生法律效力的协议。无效协议自订立之日起无效。

就业协议未经学校同意视为无效。采用欺骗等违法手段签订的就业协议无效。无效协议产生的法律责任应由责任方承担。

2. 就业协议的解除

毕业生如因故要终止与原签约单位的协议，须办理违约手续；如果违反约定的，还需要承担赔偿责任，主要表现是支付违约金。

违约金是保障就业协议书得以顺利履行而对双方的一种约束，也是承担违约责任的一种重要形式。违约金的数额与约束力成正比，一般不高于每月实际收入，如果遇到高额违约金，学生要积极与单位协商将违约金降到最低。

就业协议约定用人单位为劳动者提供专项培训费用，对其进行专业技术培训的，可以与该劳动者订立协议，约定服务期。劳动者违反服务期约定的，应当按照约定向用人单位支付违约金。违约金的数额不得超过用人单位提供的培训费用。用人单位要求劳动者支付的违约金不得超过服务期尚未履行部分所应分摊的培训费用。

如果合同（协议）当事人在合同中没有约定违约金的，违约金等于违约所造成的实际经济损失。

举案说法

就业协议的解除与违约金计算

小王是一名2017届的应届毕业生，2017年1月与某国企签订了《就业协议书》，约定2017年7月5日报到，违约金2万元。小王于2017年5月考上了某事业单位，因此他需要与原企业办理解约手续。于是，小王来到学校的就业指导中心，向老师咨询了以下几个问题：

（1）就业协议书上用人单位和毕业生双方已签字盖章完毕，但尚未交给学校盖鉴证章，请问该协议是否生效？

（2）是否有法律或政策规定免除违约责任的条件？

（3）违约金是否必须约定？

（4）违约金是否有数额的限制或规定？

对于这些问题就业指导老师一一给出回答。

（1）就业协议书是毕业生和用人单位在正式确立劳动人事关系前达成的书面协议，并非用来确立劳动人事关系，故就业协议书属于民事协议。

就业协议书是在规定期限内确立就业关系、明确毕业生和用人单位双方权利和义务的协议，故只要双方达成合意并签字盖章，即对双方生效。

学校一般不参与前述双方协议内容的制定和商议，仅作为鉴证方在协议书上盖"鉴证章"，并按照协议书约定内容为毕业生和用人单位提供相关就业服务。

所以，就业协议书是毕业生和用人单位双方所达成的民事协议，不论学校是否盖鉴证章，只要双方签字盖章完毕即生效，双方应诚实守信履行协议。

(2) 有同学表示听说"考上公务员、研究生可无条件解约，无需承担违约责任，不用支付违约金"。目前，我国尚未有明文的法律或政策规定如此。当然，若有的单位在签约时已与毕业生明文约定某些可免除毕业生违约责任的条件（如考上公务员和升学深造等），可按约定进行。如没有特殊约定，若毕业生无法按约定履行义务，则需要承担相应的违约责任。

(3) 在就业协议书上，违约责任主要是体现在违约金方面。违约金属于可约定协商项目，即双方可以约定违约金，也可以约定不设违约金，但不论约定结果如何，都应在就业协议书上注明。

(4) 因就业协议书属于民事协议，目前尚无具体的法律或政策规定违约金的限额，故属于自由协商约定范围。当然，若违约方觉得数额太高，需要调整时，可以先与对方协商，协商不成可请求人民法院进行调整。

文中的毕业生小王若是最终决定与新录取的事业单位签就业协议书，则应该通过以下程序进行：

(1) 将其解约的意愿告知原国企，并协商是否可以解约，若原国企同意解约，则小王应按照协议上的约定支付违约金，原国企应出具解约函；若经协商原国企不同意解约，小王可请求基层调解组织进行调解。

(2) 获得原单位解约函后，将原就业协议书交送回学校，并按流程向学校申请新的就业协议书。

(3) 将新的就业协议书交给新单位签约。

虽然流程看起来比较简单，但实际操作中因涉及到与原单位协商解约和发放新就业协议书的过程需要较长的时间，对毕业生签约新单位也会产生一定的影响，所以签约和解约都应慎重考虑。

技能点2：就业协议的尴尬

就业协议是关于毕业生就业的意向性约定，也是毕业生由"校园人"转变为"社会人"的第一份"合同"。但就业协议不是正式的合同，虽然可以用《合同法》《劳动合同法》及《民法通则》等法律解释，但三方协议的形式比较简单，内容也不如正式合同的条款完备，自身的法律法规解释也不健全，不具有强烈的约束力。近些年，违反三方协议的现象一直处于上升趋势，尤其是学生违约比重更高。

(1) 就业协议容易被跳过。现实中部分企业通过就业协议（企业版）、就业意向书、专项培训协议、劳务合同、试用期合同来取代三方就业协议，致使学校方没有参与学生的就业与管理，签署的企业版协议往往存在对学生不利的内容或条款，如企业使用的培训协议（替代三方协议）中制定超过实际培训价值或金额的条款，以约束限制学生。

（2）就业协议条款容易被修改。三方就业协议因为形式简单，往往需要补充，所以企业容易添加苛刻条款，而学校方有时会审理不及时、不全面、不深刻，甚至没有在三方协议上签署意见或盖章，一旦出现纠纷，学校在介入协调时也比较麻烦。

（3）就业协议时效性短。有些用人单位，为了结束就业协议中对自己的约束，会在短时间内与毕业生签订劳动合同，若劳动合同与三方协议内容（含备注与附件）矛盾，以劳动合同的约定为准，所以就业协议对学生的权益保障时效性较短。

（4）三方就业协议多适用于本省就业单位，如果学生外省就业则无约束力。另外在各省高校毕业生就业信息网普遍使用的情况下，部分学生会在就业信息网上进行网签，网签后也无需签订书面就业协议。

劳动法没有明确规定大学生属于劳动者，签订就业协议时仍然是学生身份，不属于劳动合同的法定签署主体，所以大学生在正式毕业前或离校工作时有时被认定属于社会兼职的性质，即便签署了劳动合同或约定，也可能会被认定为签署主体不适格，在产生劳动争议时，适用的法律规定与解释也就不一样了。

举案说法

北京首判，未毕业大学生享有劳动权

小刘是北京某学院的应届大学毕业生，2009年7月份从该大学正式毕业。2008年12月，北京某投资顾问公司到学院招聘，小刘于2009年1月8日被招聘进入该公司工作，职务为投资顾问，负责开发行业市场，吸纳客户入金。双方约定试用期为一个月，试用期底薪800元，提成另计，第二个月转正，底薪提高到1500元。

2月10日，公司以工资条形式发放小刘工资539元。3月11日因为公司拖欠工资，小刘离开公司。由于公司一直拖欠小刘的工资未付，小刘遂向北京市劳动争议仲裁委员会提出了仲裁申请，仲裁委员会认为，小刘属于未取得毕业证书的在校大学生，未完成学业并取得相关学历证明，在校期间到企业从事工作，仅作为参与社会实践的活动，不属于《劳动合同法》中规定的劳动者，不是与用人单位订立劳动合同并建立劳动关系的适格主体，最终裁决驳回了他的仲裁申请。

小刘接到仲裁委的败诉裁决后，又将公司诉至宣武区法院，要求其支付工资并赔礼道歉。

宣武区法院经过审理认为，劳动者与用人单位建立劳动关系，付出劳动，应当从单位取得相应的劳动报酬。本案中，被告承认小刘于2009年1月8日至3月11日在该公司工作，法院予以确认。

日前，北京市宣武区人民法院首次以判决形式确认大学生的劳动主体地位，明确肯定大学生亦可就业，属于《劳动合同法》管辖的范围，并据此判决用人单位——北京某

投资顾问有限责任公司给付该学生小刘自 2009 年 2 月 1 日至 3 月 11 日的工资 1847 元。

该判例明确了未毕业大学生依法享有劳动权。

技能操作

请分析在校大学生课外兼职、学校集中实习、个人自主实习时的劳动者主体身份的区别，以及适用的法律。

主题 2　劳动合同签订

长知识

知识点 1：签订劳动合同

1. 劳动合同的含义

是指劳动者与用人单位之间确立劳动关系，明确双方权利和义务的协议。订立和变更劳动合同，应当遵循平等自愿、协商一致的原则，不得违反法律、行政法规的规定。劳动合同依法订立即具有法律约束力，当事人必须履行劳动合同规定的义务。

2. 劳动合同的特征

（1）劳动合同的主体间具有双务法律关系

劳动主体一方是自然人，即劳动者；另一方是法人或非法人经济组织，即用人单位。劳动合同的两方主体既是权利主体，又是义务主体，虽然在组织管理上具有隶属关系，但劳动合同当事人的法律地位平等，任何一方在自己未履行义务的情况下，无权要求对方履行义务，因此劳动合同属于双务合同。

（2）劳动合同属于法定要式合同

所谓要式合同，是指必须具备特定形式或履行一定手续方具有法律效力的合同。由法律直接规定的要式合同则是法定要式合同，根据《劳动合同法》的规定，劳动合同应当以书面形式订立，如承诺书、意向书、契约、合同、协议等，劳动合同的本质是当事人合意的一种协议形式。

3. 劳动合同的分类

劳动合同分为固定期限劳动合同、无固定期限劳动合同和以完成一定工作任务为期限的劳动合同。

（1）固定期限劳动合同

是指用人单位与劳动者约定合同终止时间的劳动合同。用人单位与劳动者协商一致，可以订立固定期限劳动合同。

(2) 无固定期限劳动合同

无固定期限劳动合同，是指用人单位与劳动者约定无确定终止时间的劳动合同。用人单位与劳动者协商一致，可以订立无固定期限劳动合同。用人单位自用工之日起满一年不与劳动者订立书面劳动合同的，视为用人单位与劳动者已订立无固定期限劳动合同。

(3) 以完成一定工作任务为期限的劳动合同

以完成一定工作任务为期限的劳动合同，是指用人单位与劳动者约定以某项工作的完成为合同期限的劳动合同。用人单位与劳动者协商一致，可以订立以完成一定工作任务为期限的劳动合同。

4. 签订劳动合同

(1) 劳动合同签订的基本内容

劳动合同的内容分为法定条款和协定条款两部分，前者是指由法律、法规直接规定的劳动合同必须具备的内容；后者是指不需要法律、法规直接规定，而是由双方当事人自愿协商确定的合同内容，但内容不能违法或违反相应法律精神。

根据《劳动合同法》规定，劳动合同应当包括以下条款：

① 用人单位的名称、住所和法定代表人或者主要负责人；
② 劳动者的姓名、住址和居民身份证或者其他有效身份证件号码；
③ 劳动合同期限；
④ 工作内容和工作地点；
⑤ 工作时间和休息休假；
⑥ 劳动报酬；
⑦ 社会保险；
⑧ 劳动保护、劳动条件和职业危害防护；
⑨ 法律、法规规定应当纳入劳动合同的其他事项。

劳动合同除前款规定的必备条款外，用人单位与劳动者可以约定试用期、培训、保守秘密、补充保险和福利待遇等其他事项。

(2) 劳动合同的签订原则

《劳动合同法》规定，签订劳动合同，应当遵循合法、公平、平等自愿、协商一致、诚实信用的原则。

知识点 2：合同解除与终止

1. 劳动合同解除

劳动合同解除是指劳动合同签订后，尚未全部履行之前，由于一定事由的出现，提前终止劳动合同的法律行为。劳动合同的解除，只对未履行的部分发生效力，不涉及已履行的部分。

劳动合同的解除可分为法定解除和协商解除。

法定解除是指出现国家法律、法规或合同规定的可以解除劳动合同的情况时，不需要双方当事人一致同意，合同效力可以自然或单方提前终止。

协商解除是指劳动合同订立后，双方当时人因某种原因，在完全自愿的基础上解除劳动合同，提前终止劳动合同的效力。协商解除劳动合同也可以分为两种情况：用人单位提出解除和劳动者提出解除。协商解除劳动合同应当自愿、平等、协商一致。

（1）协商解除劳动合同

协商解除劳动合同是指合同双方当事人因某种原因，在完全自愿的情况下，互相协商，在彼此达成一致的基础上提前终止劳动合同的效力，可以解除劳动合同关系。

（2）劳动者单方解除劳动合同

《劳动合同法》规定，劳动者解除劳动合同，应当提前三十日以书面形式通知用人单位，可以解除劳动合同。劳动者在试用期内提前三日通知用人单位，可以解除劳动合同。有下列情形之一的，劳动者可以单方解除劳动合同：

① 未按照劳动合同约定提供劳动保护或者劳动条件的；

② 未及时足额支付劳动报酬的；

③ 未依法为劳动者缴纳社会保险费的；

④ 用人单位的规章制度违反法律、法规的规定，损害劳动者权益的；

⑤ 以欺诈、胁迫的手段或者乘人之危，使员工在违背真实意思的情况下订立或者变更劳动合同的情形致使劳动合同无效的；

⑥ 法律、行政法规规定劳动者可以解除劳动合同的其他情形。如用人单位以暴力、威胁或者非法限制人身自由的手段强迫劳动者劳动的，或者用人单位违章指挥、强令冒险作业危及劳动者人身安全的，劳动者可以立即解除劳动合同，不需事先告知用人单位。

（3）用人单位单方解除劳动合同

用人单位在劳动者存在一定过失的情况下，无须事先通知即可以单方解除劳动合同、辞退职工的情形，又称作过失性解除劳动合同（过失性辞退），劳动者有下列情形之一的，用人单位可以解除劳动合同：

① 在试用期间被证明不符合录用条件的；

② 严重违反用人单位的规章制度的；

③ 严重失职，营私舞弊，给用人单位造成重大损害的；

④ 劳动者同时与其他用人单位建立劳动关系，对完成本单位的工作任务造成严重影响，或者经用人单位提出，拒不改正的；

⑤ 以欺诈、胁迫的手段或者乘人之危，使用人单位在违背真实意思的情况下订立或者变更劳动合同的情形致使劳动合同无效的；

⑥ 被依法追究刑事责任的。

(4) 无过失性辞退

无过失性辞退是指劳动者非过失性原因和客观情况的需要而导致劳动合同无法履行时，用人单位可以向对方提前通知后或额外支付劳动者一个月工资后，可单方解除劳动合同的情形。

有下列情形之一的，用人单位提前三十日以书面形式通知劳动者本人或者额外支付劳动者一个月工资后，可以解除劳动合同：

① 劳动者患病或者非因工负伤，在规定的医疗期满后不能从事原工作，也不能从事由用人单位另行安排的工作的；

② 劳动者不能胜任工作，经过培训或者调整工作岗位，仍不能胜任工作的；

③ 劳动合同订立时所依据的客观情况发生重大变化，致使劳动合同无法履行，经用人单位与劳动者协商，未能就变更劳动合同内容达成协议的。

(5) 用人单位不得解除劳动合同的情形

劳动者有下列情形之一的，用人单位不得依照无过失性辞退和经济性裁员的规定解除劳动合同：

① 从事接触职业病危害作业的劳动者未进行离岗前职业健康检查，或者疑似职业病病人在诊断或者医学观察期间的；

② 在本单位患职业病或者因工负伤并被确认丧失或者部分丧失劳动能力的；

③ 患病或者非因工负伤，在规定的医疗期内的；

④ 女职工在孕期、产期、哺乳期的；

⑤ 在本单位连续工作满十五年，且距法定退休年龄不足五年的；

⑥ 法律、行政法规规定的其他情形。

根据《劳动合同法》的规定，解除劳动合同必须符合法定条件，严格履行法定程序。用人单位单方解除劳动合同，应当事先将理由通知工会。用人单位违反法律、行政法规规定或者劳动合同约定的，工会有权要求用人单位纠正，用人单位应当研究工会的意见，并将处理结果书面通知工会。

2. 劳动合同终止

(1) 劳动合同的终止

劳动合同的终止是指劳动合同关系的消灭，即劳动关系双方权利义务的失效。有下列情形之一的，劳动合同终止：

① 劳动合同期满的；

② 劳动者开始依法享受基本养老保险待遇的；

③ 劳动者死亡，或者被人民法院宣告死亡或者宣告失踪的；

④ 用人单位被依法宣告破产的；

⑤ 用人单位被吊销营业执照、责令关闭、撤销或者用人单位决定提前解散的；
⑥ 法律、行政法规规定的其他情形。

3. 劳动合同的变更

劳动合同的变更是指劳动合同依法订立后，在合同尚未履行或者尚未履行完毕之前，经用人单位和劳动者双方当事人协商同意，对劳动合同内容作部分修改、补充或者删减的法律行为。

劳动合同变更的条件如下。

（1）订立劳动合同所依据的法律、行政法规、规章制度发生变化，应变更相关的内容。

（2）订立劳动合同所依据的客观情况发生重大变化，致使劳动合同无法履行，应变更相关的内容。客观情况包括：发生自然灾害或企业事故、企业调整生产任务、迁移厂址，以及劳动者个人情况发生变化要求调整工作岗位或职务等。

劳动合同的变更原则与订立劳动合同的原则相同，当一些新的情况出现时，应及时变更合同的内容，同时要保证变更后的劳动合同内容的合法性。

提出劳动合同变更的一方应提前书面通知对方，并要求平等协商一致方能变更合同。变更劳动合同，应当采用书面形式。

知识点 3：劳动争议处理

1. 劳动争议

劳动争议，是指劳动关系的当事人之间因执行劳动法律、法规和履行劳动合同而发生的纠纷，即劳动者与所在单位之间因劳动关系中的权利义务而发生的纠纷。其中有的属于既定权利的争议，即因适用相关劳动法律、劳动合同和集体合同的既定内容而发生的争议；有的属于要求新的权利而出现的争议，是因制定或变更劳动条件而发生的争议。

2. 劳动争议的分类

根据争议涉及的权利义务的具体内容以及不同原因，可将其分为以下几种。

（1）因用人单位开除、除名、辞退职工和职工辞职、自动离职而产生的劳动纠纷

（2）因执行国家的有关工资、保险、福利、培训、劳动保护等规定而产生的劳动争议

（3）因劳动合同而产生的劳动争议

（4）法律、法规规定的其他劳动争议

3. 劳动争议处理

（1）劳动争议的处理机制

协商、一调、一裁、两审制是我国现行法律规定的劳动争议处理机制，简称

"商—调—裁—诉"。协商是指发生劳动争议时，劳资双方首先进行协商；一调是指，发生劳动争议，应当由依法设立的调解组织或劳动人事争议仲裁委员会调解；一裁是指，在调解不成的情况下，由劳动人事争议仲裁委员会对劳动争议作出仲裁裁决；两审是指，当事人不服劳动人事争议仲裁委员会作出的仲裁裁决，可以向人民法院提起诉讼，人民法院作出一审判决后，当事人还不服的，可以二次上诉至上一级人民法院。

（2）劳动争议的处理原则

① 及时处理原则：发生争议后，应马上与劳动者协商合计，协商不成的，及时由第三方介入。

② 公平公正原则：当事人在法律上一律平等。

③ 合法合规原则：在查清事实的基础上，依法处理。

④ 预防为主原则：处理劳动争议应以预防为主，并具有预判性。

（3）劳动争议的内容与处理

用人单位常见违法违规内容及处理办法如下。

① 不订立书面劳动合同的争议处理。

用人单位自用工之日起超过一个月但不满一年未与劳动者订立书面劳动合同的，应当向劳动者每月支付二倍的工资。

② 违法约定试用期的争议处理。

用人单位违反规定与劳动者约定试用期的，由劳动行政部门责令改正；违法约定的试用期已经履行的，由用人单位以劳动者试用期满月工资为标准，按已经履行的超过法定试用期的期间向劳动者支付赔偿金。

③ 扣押劳动者身份等证件的争议处理。

用人单位违法扣押劳动者居民身份证等证件的，以担保或者其他名义向劳动者收取财物的，由劳动行政部门责令限期退还劳动者本人，并处以每人五百元以上二千元以下罚款；给劳动者造成损害的，应当承担赔偿责任。

④ 未依法支付劳动报酬、经济补偿等的争议处理。

用人单位未支付劳动报酬的，由劳动行政部门责令限期支付劳动报酬、加班费或者经济补偿；劳动报酬低于当地最低工资标准的，应当支付其差额部分；逾期不支付的，责令用人单位按应付金额百分之五十以上百分之一百以下的标准向劳动者加付赔偿金。

⑤ 订立无效劳动合同的争议处理。

劳动合同依照规定被确认无效的，给对方造成损害的，有过错的一方应当承担赔偿责任。

⑥ 违反解除或者终止劳动合同的争议处理。

用人单位违反本法规定解除或者终止劳动合同的，应当按规定的经济补偿标准的二倍向劳动者支付赔偿金。

⑦ 侵害劳动者人身权益的争议处理。

用人单位侵害劳动者人身权益的，依法给予行政处罚；构成犯罪的，依法追究刑事责任；给劳动者造成损害的，应当承担赔偿责任。

⑧ 不出具解除、终止书面证明的争议处理。

用人单位违反本法规定未向劳动者出具解除或者终止劳动合同的书面证明，由劳动行政部门责令改正；给劳动者造成损害的，应当承担赔偿责任。

劳动者违反劳动法规解除劳动合同，或者违反劳动合同中约定的保密义务或者竞业限制，给用人单位造成损失的，也应当承担赔偿责任，如果构成犯罪，还应当承担刑事责任。

练技能

技能点1：确立劳动关系

1. 劳动关系及相关概念

劳动关系是指劳动者与用人单位依法签订劳动合同而在劳动者与用人单位之间产生的法律关系。劳动者接受用人单位的管理，从事用人单位安排的工作，成为用人单位的成员，从用人单位领取劳动报酬和受劳动保护。

劳务关系是劳动者与用工者根据口头或书面约定，由劳动者向用工者提供一次性的或者是特定的劳动服务，用工者依约向劳动者支付劳务报酬的一种有偿服务的法律关系。劳务关系是由两个或两个以上的平等主体，通过劳务合同建立的一种民事权利义务关系。该合同可以是书面、口头和其他形式。

事实劳动关系是指无书面合同或无有效书面合同形成的劳动雇佣关系以及口头协议达成的劳动雇佣关系。事实劳动关系的确认需存在雇佣劳动的事实存在。

劳动关系与劳务关系的区别

（一）主体不同。劳动关系的主体是确定的，即一方是用人单位，另一方必然是劳动者。而劳务关系的主体是不确定的。

（二）关系不同。劳动关系两个主体之间不仅存在财产关系即经济关系，还存在着人身关系，即行政隶属关系。劳务关系两个主体之间只存在财产关系，或者说是经济关系，而不存在隶属关系。

（三）劳动主体的待遇不同。劳动关系中的劳动者除获得工资报酬外，还有保险、福利待遇等；而劳务关系中的自然人，一般只获得劳动报酬。

2. 劳动关系的确立

案例一：涉及双方合意的认定

赵某为 A 公司的物业保安，双方前后两次分别签订为期 3 个月的《临时劳务合同》。合同到期后，赵某继续在该公司任物业保安，但未再签订书面协议。赵某离职后提起劳动仲裁，主张《临时劳务合同》到期之后未签订劳动合同的双倍工资。A 公司辩称根据合同约定双方属于劳务雇佣关系，不存在劳动关系。

案例二：涉及劳动关系与其他民事法律关系的区分

王某在 B 公司担任网络主播，双方未签劳动合同。王某主要工作是在 B 公司指定的互联网平台上进行直播活动，B 公司为其提供策划、包装、宣传等。王某在直播活动中获得的打赏与 B 公司按比例分成。后王某以公司未按规定为其缴纳社保为由申请仲裁，要求确认其担任主播期间与 B 公司存在劳动关系。B 公司则主张双方系合作关系。

案例三：涉及劳动关系从属性的判断

李某于 C 公司从事快递员工作，内容包括快递件的分拣、收货、送货等，双方未签劳动合同。工作场所张贴有 C 公司的名称及外派员工工作规范并设置考勤机。李某的劳动报酬为收件和派件，按件计酬，但需扣除李某每月租赁公司交通工具的费用及盒饭费用，如李某工作中发生丢件则 C 公司对其处以罚款。李某在工作期间受伤后申请劳动仲裁，要求确认与 C 公司存在劳动关系并要求 C 公司支付未签劳动合同的双倍工资差额。

通过以上案例，劳动关系的确立形成需要注意以下两个方面。

(1) 当事人双方真实意思是否合意

确认劳动关系纠纷往往由用工不规范所导致。此类案件的个人方文化程度可能不高，建立和维护劳动关系的意识淡薄，保留和固化证据的意识也相对较弱。一些单位出于降低用工成本等因素考量选择规避劳动合同，或以彼合同之名掩盖此法律关系之实，如权利义务约定与合同名称所展现的特征不符、实际履行突破或有悖于合同约定、未签订任何书面合同等。非劳动合同制用工的大量存在使得认定当事人双方真实意思是否合意存在相当困难。

实践中，当事人一般会提供双方签订的合同、电话录音、短信截屏、邮件往来等予以证明。当存在书面约定时，法院在确定双方合意的过程中不会拘泥于合同名称，会着重审查合同中关于权利及义务的约定；不会囿于合同的书面约定而割裂的将其作为判定依据，要将书面约定与其他证据相结合，将约定内容与实际履行的事实相结合。

如案例一中，赵某与 A 公司签订了《临时劳务合同》，但结合双方实际履行情况，A 公司的考勤制度、作息制度、着装规范等规章制度均适用于赵某，赵某受单位劳动管理，每月依考勤领取相对固定工资，此与双方书面约定相悖。法院根据劳动力交换客观情况认为双方存在建立劳动关系的合意，《临时劳务合同》不足以阻碍劳动关系的建立。

在无书面约定的情况下，法院会通过当事人提交的证据材料审查双方当事人的实际履行情况，从而根据经验法则和逻辑推理去推断双方是否存在建立劳动关系的合意。

(2) 劳动关系与其他民事法律关系的区分

在多数确认劳动关系纠纷案件中，单位方的观点可归纳为下列三类：一是单纯的否认双方之间存在劳动关系；二是主张其并非劳动关系的主体，个人系与第三方建立的法律关系；三是抗辩双方之间存在雇佣、委托、承揽或合作等关系而非劳动关系。

法院确认劳动关系一般参考原劳动和社会保障部2005年《关于确立劳动关系有关事项的通知》所列三项要件，一是用人单位和劳动者符合法律、法规规定的主体资格；二是用人单位依法制定的各项劳动规章制度适用于劳动者、劳动者受用人单位的劳动管理、从事用人单位安排的有报酬的劳动；三是劳动者提供的劳动是用人单位业务的组成部分。后两项要件体现了劳动关系的从属性特征，但对于如何认定劳动关系从属性尚有较大的不确定性。

技能操作

如果你是公司新招聘的人力专员，公司要求你设计一份专门针对技术人才的劳动合同，请根据劳动合同的内容要点及劳动争议的风险点修改并完善下面的合同。

劳 动 合 同

合同编号：＿＿＿＿＿＿＿＿

甲方：××××股份有限公司　　　地址＿＿＿＿＿＿＿＿＿＿＿＿

乙方：＿＿＿＿＿　电话＿＿＿＿＿＿　身份证号＿＿＿＿＿＿＿＿＿＿

通信地址＿＿＿＿＿＿＿＿＿＿

甲乙双方就劳动关系的建立及其权利义务等事宜，根据《中华人民共和国劳动合同法》及有关的劳动法律、法规、行政规章和企业依法制定的规章制度、集体合同，遵循自愿、平等、协商一致的原则，一致同意订立本劳动合同（以下简称合同），共同信守合同所列各条款，并确认合同为解决争议时的依据。

第一章　合同的类型与期限

第一条　甲、乙双方选择合同类型为固定期限，自＿＿＿＿年＿＿＿月＿＿＿日起至＿＿＿＿年＿＿＿月＿＿＿日止。

第二章　试用期

第二条　甲乙双方约定试用期自_____年___月___日起至_____年___月___日止，共_____个月。

第三条　录用条件为：

1. 学历文化：_____；
2. 身体状况：_____；
3. 工作技能：_____；
4. 其他：_____。

第三章　工作内容与工作地点

第四条　甲方聘任乙方作为本公司的_____，主要负责_____，乙方同意按甲方工作需要，在_____岗位工作，并保证按时、按质、按量完成该岗位（工种）所承担的各项内容。

第四章　工作时间及报酬

第五条　甲方实行标准工时制，每天工作_____小时。甲方确需乙方加班时，按国家规定支付给乙方加班费。

第六条　甲方实行_____工资与绩效制度。乙方的基本工资为每月_____元，甲方不得以任何理由拖欠。

第七条　乙方同意，甲方根据企业的经营状况、规章制度、对乙方的考核情况和乙方的工作年限、奖罚情况、岗位变化、职务调整等内容调整乙方的工资水平。

第八条　乙方薪酬的发放，须由甲方按国家规定扣除社保个人承担部分和个人所得税。

第五章　岗位知识、劳动保护和劳动条件

第九条　甲方按照国家和郑州市有关劳动保护规定提供符合国家劳动卫生标准的劳动作业场所，切实保护乙方在生产工作中的安全和健康。如乙方工作过程中可能产生职业病危害，甲方应如实告知乙方，并按《职业病防治法》的规定保护乙方的健康及其相关权益。

第十条　乙方的工作职责：_____。乙方必须按照甲方对本岗位任务和职责的要求，完成规定的数质量指标或工作任务。

第十一条　甲方根据国家有关法律、法规，建立安全生产制度；乙方应当严格遵守甲方的劳动安全制度，严禁违章作业，防止劳动过度过程中的事故、减少职业危

害。乙方有权拒绝甲方的违章指挥、强令冒险作业。

第十二条　甲方对乙方进行职业道德、业务技术、安全卫生、规章制度等必要的教育与培训，乙方应认真参加甲方组织的各项必要的教育培训。

第六章　规章制度与劳动纪律

第十三条　乙方自觉遵守国家的法律、法规、规章和社会公德、职业道德，维护甲方的声誉和利益。

第十四条　甲方依法建立和完善各项规章制度，乙方应严格遵守。

第十五条　乙方不得从事其他任何与甲方利益冲突的第二职业或活动，并保守甲方的商业秘密和知识产权。

第十六条　乙方违反劳动纪律和规章制度的，甲方有权按国家和本单位的规定对乙方给予纪律处分或经济处罚，直至通知解除本合同。

第七章　劳动合同的变更、解除和终止

第十七条　甲乙双方协商一致，可以变更本合同约定的内容。变更本合同需采用书面形式，变更后的文本由甲乙双方各执一份。

第十八条　经甲乙双方协商一致，可以解除本合同。

第十九条　乙方有下列情形之一的，甲方可以解除劳动合同：

1. _____；
2. _____；
3. _____；
4. _____；
5. _____；
6. _____；
7. 乙方绩效考核累积两次未合格的（60分为合格）；
8. 连续两个月未达到任务指标的；
9. 无论何种原因累积一个月未到公司工作的；
10. _____；

第二十条　有下列情形之一的，甲方提前三十日以书面形式通知乙方或者额外支付劳动者一个月工资后，可以解除劳动合同：

1. _____；
2. _____；
3. _____；

第二十一条　乙方解除本合同，应当提前三十日以书面形式通知甲方。

第二十二条　有下列情形之一的，劳动合同终止：

1. 劳动合同期满的；

2. 乙方开始依法享受基本养老保险待遇的；

3. 乙方死亡，或者被人民法院宣告死亡或者宣告失踪的；

4. 甲方被依法宣告破产的；

5. 甲方被吊销营业执照、责令关闭、撤销或者用人单位决定提前解散的；

6. 法律、行政法规规定的其他情形。

第二十三条　变更、解除、续订本合同均采用＿＿＿＿形式。

第二十四条　乙方在合同期间接受甲方提供的出资专项技术培训，双方可另行签订《培训协议》，约定具体服务期、赔偿标准并执行。

第二十五条　商业秘密是指不为公众所知悉的，能为用人单位带来经济利益，具有实用性并经用人单位采取保密措施的技术信息和经营信息。乙方必须严格遵守甲方的保密制度。无论在职或离职后均不得为自己或他人以任何方式适用、披露或泄露其在甲方工作期间了解到的甲方的商业秘密。

第八章　其他规定

第二十六条　甲方的规章制度（包括但不限于员工手册、岗位职责、培训协议、竞业保密协议、安全准则等）均属合同的主要附件，其效力与合同条款等同。

第二十七条　乙方确认，本合同上填写的乙方信息，以及向甲方提供或填写的入职登记表、履历上的信息完全真实有效。乙方确认，甲方有关文书（包括有关聘用关系变更和解除的通知）在无法直接送达给乙方的情形下（包括但不限于乙方拒收、下落不明等情形），乙方在本合同中填写的通信地址为甲方邮寄送达地址，甲方以 EMS 或挂号信邮寄至地址的，视为送达。

甲方：（签字盖章）　　　　　　　　乙方：（签字或盖章）

签订日期：　　　　　　　　　　　　签订日期：

技能点 2：经济补偿与赔偿

漫画故事：被裁员了如何计算赔偿或补偿

漫画中的 N、N+1 和 2N 是什么意思？

图 5-4　N、N+1 与 2N

1. 经济补偿金与经济赔偿金

经济补偿金是指用人单位依据国家有关规定或劳动合同约定，在同劳动者解除劳动合同时支付给职工的经济补偿。它的性质是补助费用，不需要行为人存在过错或违法行为，适用于用人单位与劳动者解除劳动合同（协商解除、劳动者提出、非过失性解除、经济性裁员）、合同终止。

简单来说，用人单位无故解雇员工属于违法解除劳动合同，要付给员工赔偿金 2N；用人单位有合法理由解雇员工属于合法解除劳动合同，除了员工重大过失外，要付给员工补偿金 N；合法解雇中，用人单位没有提前 30 天书面通知裁员的，要额外支付一个月工资，也就是 N+1。

注意：提前 30 天通知和支付一个月工资是二选一。如果当天通知解雇赔偿金是 N+1，提前 30 天通知补偿金就是 N。我们最常见的裁员补偿就是"N+1"，是合理合法的。

2. N 等于几

N 是根据员工工作年限计算，而不是根据劳动合同期限计算。工作不满半年的，N=0.5，工作满半年不满一年的，N=1，1 代表一个月的工资，其工资基数一般是员工离职前 12 个月的平均工资。但如果员工的月工资超过了当地上年度职工月平均工资三倍的，补偿金就要打折扣了，按照当地月平均工资的三倍支付，而且 N 也被限制，N≤12。

很多人认为拿了无固定期限劳动合同就等于端上了铁饭碗，其实不是的，单位辞退这样的员工，补偿金和赔偿金的标准并无不同，仍然是合法解约 N 或 N+1，非法解约 2N。

需要注意的是，如果单位应该签订"无固定期限劳动合同"却不与员工续签，就属于违法解除劳动合同，需要付非法解约的赔偿金 2N。在司法实践中，极个别地区认为单位有权选择不续签，不需支付赔偿金。

N 的选择与判断：

合同：与公司两次合同期满签了第三次无固定期限 补偿金：N+1	合同：与公司两次合同期满想签第三次无固定期限 走人：公司不续约	合同：与公司签了三次合同走人，公司提前30天通知裁员 补偿金：N

跟公司要离职补偿的时候，一定要算好，除非补偿已确定，否则不要主动写离职申请，那样可能一分钱都拿不到，特别要注意，在《劳动合同终止意见书》之类的文件上签字时看好补偿金额，低于预期金额的，不要签字。

3. 合法辞退

单位可以合法辞退员工的情况分为两种：一种是无需补偿的，一种是要补偿N或N+1的。

(1) 无需补偿的

根据《劳动合同法》规定，用人单位可以解除劳动合同，涉及六种情形，即劳动合同解除中的"用人单位单方解除劳动合同"的六种情况，也就是过失性解除劳动合同（过失性辞退），用人单位不需要支付补偿、赔偿金。

如果员工没有以上六种情况之一，单位都要给钱。

(2) 需要补偿的

除用人单位与员工协商一致以外，根据《劳动合同法》规定无过失性辞退的三种情形下，具体情形见劳动合同的解除部分，用人单位可以解除劳动合同，但需要支付N或者N+1的补偿，因为这属于无过失性辞退。

(3) 经济性裁员怎么算

对于经济性裁员，用人单位可以解除劳动合同，但需要支付N或者N+1的补偿。企业有下列情形之一，裁员人数多于20人的，或者职工总数的10%少于裁员人数少于20人的，企业应提前30天向工会或者全体职工说明情况，听取意见后，裁员方案经向劳动行政部门报告，可以裁员。

裁减人员时，应当优先留用下列人员：（一）与本单位订立较长期限的固定期限劳动合同的；（二）与本单位订立无固定期限劳动合同的；（三）家庭无其他就业人员，有需要抚养的老人或者未成年人的。用人单位裁减人员后，在六个月内重新招用人员的，应当通知被裁减的人员，并在同等条件下优先招用被裁减的人员。

试用期被辞退有补偿吗？如果是因为员工确实不胜任工作或有重大过失，单位解除合同不用给补偿，但如果是因为单位单方面原因辞退试用期员工，则仍需要支付补偿金。

4. 非法辞退

合法解除合同以外的解约都属于非法解约，还有几种情形的员工是裁员高压，可以总结为"老、病、孕"，对于这类员工，单位不可以进行裁员。

在本单位连续工作满 15 年，且距离法定退休年龄不足五年的员工，单位不可辞退；本单位患职业病或者因工负伤并被确认丧失或者部分丧失劳动能力的；不得在女员工三期（孕期、产期、哺乳期）内解除劳动合同，连降低基本工资也不可以，除非她有"严重违纪"行为。

表 5–1 员工离职形式与经济补偿/赔偿计算对照表

离职形式			经济补偿	计算规则	补偿成本核算
大类	中类	小类			
协商一致	劳动者提出	协商一致	从约定（有或无）		可参照：月工资 * 工龄
	企业提出	协商一致	有	从约定	可参照：月工资×工龄
企业单方解除劳动合同	过错性解雇	试用期不符合录用条件	无		0
		严重违纪			
		造成重大损害			
		双重劳动关系			
		合同无效			
		被依法追究刑事责任			
	无过错性解雇	医疗期满不能恢复工作	有/代通金/前30天通知	不分段	月平均工资×司龄+上月工资
		二次不胜任			
		客观情况重大变化			
	经济性裁员	依破产法重整	有	无	月平均工资×司龄
		经营严重困难			
		技术革新转产等			
		客观经济情况发生重大变化			
	违法解除	企业违法解除劳动合同	双倍	无	月平均工资×司龄×2倍
员工单方解除劳动合同	员工辞职	试用期辞职	无		0元
		提前30天辞职			
	因企业违法行为	劳动保护劳动条件不足	有	标*分段其余不分段	月平均工资×司龄
		未足额及时支付报酬			
		*规章违法损害权益			
		*合同无效			
		强迫劳动			
		*未依法缴纳社保			
		*单位违反强制性规定			

续表

离职形式			经济补偿	计算规则	补偿成本核算
大类	中类	小类			
劳动合同终止	劳动者原因	享受养老保险	无		0元
^	^	死亡失踪	^		^
^	非劳动者原因	合同期满	有/无	分段	2008年1月1日后司龄×月工资
^	^	破产	有	不分段	司龄×月工资
^	^	关闭、撤销、解散	有	不分段	司龄×月工资
事实劳动关系终止	企业单方终止	一个月内员工拒签	无		0元
^	^	一个月后员工拒签	有		月平均工资×司龄
^	^	无理由终止	有	不分段	月平均工资×司龄
^	^	^	计算无合同期间补偿		无合同期间司龄×月工资
^	员工单方终止	员工单方终止	无		0元
分段计算适用于 条件1：2008年前后算法不一致 条件2：合法的解除形式	注1：以上所列34种关于分段计算规则仅适用于补偿基数无封顶，补偿年限无封顶的情形。 注2：关于应发与实发是否适用分段计算，大部分法院仍以实发合并计算为准。 注3：关于不足一年是否分段计算问题，由不同地区司法实践确认。 注4：关于员工不胜任经培训或调岗仍不胜任的情形，劳动合同条例规定无经济补偿，劳动部《经济补偿办法》规定有经济补偿，此种情形是否适用分段，有待司法实践确认。 注5：补偿基数封顶（上年度月平均工资三倍）的，分段计算。 注6：08年以前符合12个月的年限封顶的，分段计算。 注7：08年以前无经济补偿，08年以后有补偿的，分段计算。 注8：违法解除，补偿年限不封顶，三倍封顶有追溯力。 注9：代通金，即代替通知金，是指用人单位在提出解除劳动合同或终止劳动合同时应提前一个月通知的情况下，如果用人单位没有依法提前一个月通知的，以给付一个月工资作为代替。 注10：司龄就是从员工入职某公司时，计算的工作时间长度的一个统称，在不同企业围绕司龄有着不同的薪酬计算方法，通常司龄以月为计算单位，这与工龄略有不同。				

举案说法

劳动争议中的补偿金和赔偿金怎么计算

林某于2011年2月14日入职某科技公司，工作岗位为质检员。双方于2013年2月13日续签了书面的《劳动合同书》，合同期限为2013年2月13日至2018年2

月28日，约定为每日工作八小时，每周工作五天的标准工时制。

某科技公司安排林某2016年7月1日至9月30日进行了脱岗培训三个月。林某因培训期间工资及之前加班费事宜不满，与公司进行多次协商，但未达成一致意见。林某自2016年10月12日多次通过短信等方式向公司请假，但公司以"请假需用书面方式，请假必须有正当理由""请按公司规章制度办理请假手续方可请假，人力资源部无权越过用人单位批假"为由不予批准。

2016年10月25日，某科技公司以EMS方式通知林某，通知其必须在2016年10月28日前向公司提交书面说明未到岗上班的理由，也曾向林某发出《复岗通知》《警告通知》《限期返岗通知》及《关于提交未到岗上班说明的通知》。林某也向市劳动保障监察支队投诉了某科技公司的违法行为。

2016年10月31日，某科技公司作出《关于与林某解除劳动关系的处理决定》，因林某自2016年10月13日起于工作日连续未到岗上班且未办理书面请假手续，经公司研究决定，对林某做旷工处理。根据公司规定，决定于2016年10月31日与林某解除劳动合同。林某对公司的处理决定不服，于2016年12月19日向市劳动争议仲裁委员会申请仲裁，请求支付工资差额50213.26元、加班费83562.5元、违法解除劳动合同赔偿金47079.96元。

仲裁结果：

市劳动人事争议仲裁委员会于2017年2月9日作出仲裁裁决，裁令某科技公司向林某支付加班费差额51497.3元，驳回其他仲裁请求。林某不服仲裁裁决结果向法院提起了诉讼。

一审法院裁判：

（一）关于工资差额。根据《中华人民共和国劳动法》规定，企业有权自主分配工资和资金。本案某科技公司根据林某的工作表现和业绩，决定是否发放奖金数额，没有不妥之处，但公司发放林某该期间的基本工资是1320元，低于某市最低工资标准，应予补足。

（二）关于加班工资。未有证据显示某科技公司对林某的加班进行调休，且根据公司短信平台发出的工资条，公司未向林某支付加班费，因此，某科技公司应向林某支付解除劳动合同前2年的加班费。

（三）关于解除劳动合同赔偿金。林某自2016年10月12日起就没有上班，在林某通过短信等方式请假不予批准后，仍未按照规定到岗上班，其行为构成旷工，某科技公司依据公司规章制度解除与林某的劳动合同，依法有据，林某请求的解除劳动合同赔偿金不予支持。

一审法院判决，某科技公司于判决发生法律效力之日起十日内向林某支付工资差额2990元、加班工资18491.25元，驳回其他诉讼请求。林某对一审法院的判决不服，向上级人民法院提起了上诉。

二审法院判定：

（一）关于工资差额问题。某科技公司安排林某脱岗培训三个月，实际培训内容为抄写公司规章制度，培训理由时而为因工作需要，时而为林某连续三月绩效考核排在末位，也无相关证人出庭作证予以证明，某科技公司对此未作出充分合理解释，剥夺了林某工作机会，影响林某的正常工资收入，应参照培训前12个月的平均工资补足。

（二）关于违法解除劳动合同赔偿金问题。某科技公司安排林某脱岗培训三个月，不仅影响林某的正常工资收入，也给林某带来较大的精神压力，并为此不断向公司领导及市劳动保障监察大队投诉反映，在请假未获批准的情况下最终构成旷工而被解聘，某科技公司对此存在过错。同时，林某在已向劳动保障监察大队投诉反映的情况下，应耐心等待劳动行政管理部门的处理，而不应在请假未获批准的情况下离开工作岗位长达十多天之久，林某对劳动合同的解除也存在过错。鉴于双方对劳动合同的解除都存在过错，简单界定解除的性质为合法或是违法都有失公允，法院本着诚实信用方面的考量，对劳动合同的解除按双方协商解除处理，某科技公司应向林某支付经济补偿金。

（三）关于加班工资问题。经审查，未有证据显示某科技公司对林某的加班进行调休，且根据某科技公司短信平台发出的工资条，也未向林某支付加班费，维持一审法院对林某作出的加班费补偿。故二审法院判决，某科技公司支付林某工资差额9297.63元、经济补偿金33539.98元、加班工资18491.25元。

在劳动争议案件中，经济补偿金和赔偿金出现的频率是比较高的，劳动者往往会在劳动合同解除或者终止后向用人单位主张经济补偿金或者赔偿金，以维护自身的合法权益。

注意：劳动者主张加班工资、用人单位否认有加班的，用人单位应对劳动者未加班的事实负举证责任。用人单位以劳动者确认的电子考勤记录证明劳动者未加班的，对用人单位的电子考勤记录应予采信。

劳动者追索两年前的加班工资，原则上由劳动者负举证责任，如超过两年部分的加班工资数额确实无法查证的，对超过两年部分的加班工资一般不予保护。

拓展阅读

经济补偿金与赔偿金是两个性质不同的概念。经济补偿金，是在劳动合同解除或终止后，用人单位依法一次性支付给劳动者经济上的补助，是对劳动者由于劳动关系终止带来的利益损失的补偿，以便使劳动者在重新就业的合理时间内有一个良好的经济过渡。

赔偿金则是指用人单位违反法律规定或者违反合同约定侵害劳动者合法权益后

需依法对劳动者作出的赔偿，是对用人单位的一种惩罚性赔偿，具有惩罚性。也就是说，经济补偿以用人单位或劳动者依法解除或终止合同为支付前提，赔偿金是以用人单位违法解除或终止劳动合同为条件，这也是二者的本质区别。

另外，二者在提出解除或终止劳动合同主体、提出解除或终止的合意、计算金额的标准、计算支付起算点等方面也有着明显的不同，因此，在劳动争议案件中，赔偿金和经济补偿金不能同时适用，只能选择其中之一。

技能点3：争议处理途径

中国当前处理劳动争议的机构为：劳动争议调解委员会、地方劳动争议仲裁委员会和地方人民法院。

《中华人民共和国企业劳动争议处理条例》规定"劳动争议发生后，当事人应当协商解决；不愿协商或者协商不成的，可以向本企业劳动争议调解委员会申请调解，调解不成的，可以向劳动争议仲裁委员会申请仲裁。当事人也可以直接向劳动争议仲裁委员会申请仲裁。对仲裁裁决不服的，可以向人民法院起诉。"根据上述规定，劳动争议当事人可以有四条途径解决其争议。

1. 协商与调解

劳动争议双方当事人在发生劳动争议后，应当首先协商，就存在的劳动争议的问题直接进行协商，并寻找彼此共同认可的解决方案。

调解程序是指企业自身的调解委员会对本单位发生的劳动争议的调解。调解程序并非是法律规定的必经程序，然而对于解决劳动争议却起着很大的作用，尤其是对于希望仍在原单位工作的职工，通过调解解决劳动争议当属首选步骤。

受理机构：本企业劳动争议调解委员会。在用人单位内，可以设立劳动争议调解委员会，委员会由职工代表、用人单位代表、工会代表或其他专家组成。劳动争议调解委员会主任由工会代表担任。劳动争议经调解达成协议的，当事人应当履行。

受理范围：除因签订、履行集体合同发生的争议外，劳动者与用人单位发生的其他劳动争议。

受理期限：自当事人申请调解之日起三十日结案，逾期未结案的视为调解失败，当事人可以进行其他程序。

本程序非必经程序，当事人可自由选择适用，或直接向当地劳动争议仲裁委员会申请仲裁。即便双方就劳动争议达成了和解协议，也不代表该协议具有强制执行力，若一方反悔，同样可以向仲裁机构申请劳动仲裁。

注意：调解程序在任何一个环节都可存在，在仲裁或诉讼时往往首先进行调解。

举案说法

劳动协调是前提

应届毕业生李某，2018年4月8日到A企业实习，A企业与李某签订了实习协议，说明实习期结束后，将与员工签订劳动合同。2018年6月底，李某正式从学校毕业，并口头要求与单位签订劳动合同，但A企业一直未回应。2018年10月13日，李某在未办理请假手续的情况下离开A企业，之后一直没有回用人单位上班。11月5日，A企业做出了关于解除李某的劳动关系的决定。与此同时，李某一直未领取到9月、10月的工资。12月13日，李某遂向企业提出要求：

(1) A企业向李某支付2018年7月到2018年11月的双倍工资；

(2) 因A企业未及时支付劳动报酬，所以提出解除劳动关系，要求A企业支付本人半个月的经济补偿金；

(3) A企业支付本人9月、10月的工资。

案情要点分析：本案的争议焦点在于双方的劳动关系已经确立，但用人单位由于各种原因没有与李某签订劳动合同，而员工无故旷工，用人单位作出了关于解除员工劳动关系的决定，意味着用人单位承认与其建立了事实劳动关系，因此用人单位必须要支付用工之日起三十天外的双倍工资，以及9月、10月的工资。

仲裁委组织下的调解经过：

(1) 用人单位人力资源部立即着手成立协商调解小组，小组成员由3~5人组成为宜。用人单位聘请第三方专业人力资源公司的劳动法律顾问为调解员，人力资源部主管配合，组成调解小组，负责本次纠纷的协商调解。

(2) 调解小组与用人单位沟通，了解争议产生的原因，真实的情况以及事情的进展。

依据调查结果进行分析。首先，经过调查，如果用人单位当初并没有与员工李某签订劳动合同，也没有任何书面的证据证明向李某提交过劳动合同，要求李某签订，这就是说没有在李某具备签订劳动合同条件时在一个月内签订劳动合同，双倍工资是须依法自第二个月支付给李某的。其次，员工当初没有办理任何手续就离开了用人单位，用人单位视员工行为为旷工自动离职，这里的经济补偿金就可以避免。但是，这里存在一定风险，因为当发生员工旷工超过一定天数的时候，用人单位必须要履行发出催促上班通知书的义务，写明旷工的后果，如果在指定的日期内员工仍未到岗，用人单位可以发送一份解除劳动合同的通知书，并列明员工的情况为自动离职，员工应主动到公司办理离职手续。这一切的依据必须建立在合法的企业规章制度上。第三，考虑到用人单位的规章制度是否经过公示或民主程序，如果没有，那么员工有可能在庭上否认知悉相关内容或该规章制度的法律效力，到了劳动仲裁阶段就会使得用人单位的规章制度证据力不足，因此建议通过给予员工一部分补偿的方式调解解决上述纠纷。经调解方的合法性分析，用人单位亦同意采取调解的策略。

（3）与李某进行面谈。先以聊天的形式进行，问候李某的近况，不上班的原因，目的是了解李某进行诉讼的动机，稳定李某的情绪，以从另一个角度了解事实情况，并表明作为第三方中立的立场，起到沟通桥梁的作用，为其与用人单位进行正当利益的沟通。同时告知其应冷静、求财或求"气"的利弊得失、客观地分析事实情况。

（4）在调解方的主持下，李某与用人单位达成调解，并签署调解协议：由用人单位依法支付李某因未按规定签订劳动合同的双倍工资，及9月、10月的工资。

2. 仲裁

受理机构：劳动争议发生的县、市、市辖区的仲裁委员会提出申请。发生争议的企业与职工不在同一个仲裁委员会辖区的，由职工当事人工资关系所在地仲裁委员会受理。

受理范围：一切劳动争议均可。

申请期限：当事人从知道或应当知道其权利被侵害之日起六十日内，以书面形式向仲裁委员会申请仲裁。

处理步骤：（1）申请；（2）受理；（3）调查；（4）调解；（5）制作调解协议书。

受理期限：仲裁委员会应当自收到申请书之日起七日内作出受理或者不予受理的决定。

仲裁庭处理劳动争议应当自组成仲裁庭之日起六十日内结束。案情复杂需要延期的，经报仲裁委员会批准，可以适当延期，但是延长的期限不得超过三十日。对仲裁裁决无异议的，当事人必须履行，该程序具备强制执行的法律效力。

本程序为必经程序，非经该程序直接向法院起诉的，人民法院不受理。即申请劳动仲裁程序是提起诉讼的前置程序，且必须是在接到仲裁决定书之日起十五日内向人民法院提起诉讼的，超过十五日，法院不予受理。

3. 诉讼

受理机构：人民法院。

受理范围：一切劳动争议。

申请期限：当事人如对仲裁决定不服，可以自收到仲裁决定书十五日之内向人民法院起诉。

审判期限：根据《中华人民共和国民事诉讼法》的规定，受理和审理劳动争议案件，审限为六个月，特别复杂的案件经审判委员会批准可以延长。当事人对人民法院一审判决不服，可以再提起上诉，二审判决是生效的判决，是终审判决、裁定，当事人必须执行，不得再上诉。

关于处理因签订或履行集体合同发生的争议，《劳动合同法》作了特殊的程序规定，即因签订集体合同发生争议，当事人协商解决不成的，当地人民政府劳动行政部门可以组织有关各方协调处理；因履行集体合同发生争议，当事人协商解决不成的，可以向劳动争议仲裁委员会申请仲裁。对仲裁裁决不服的，可以向人民法院提起诉讼。

除上述争议解决途径外，劳动者还可以利用我国的劳动保障监察制度进行争议处理，借助劳动保障行政机关依法对用人单位是否遵守劳动保障法律法规的情况进行监督检查，纠正违法或争议行为，并对违法行为依法进行行政处理或行政处罚的行政执法活动来实现自身权益保障。

依照现行法律规定，劳动者可以通过劳动争议诉讼渠道和劳动保障监察渠道两个程序来维护权益，但两个程序都存在各自的不足：

（1）按照劳动争议诉讼渠道解决的，劳动者需出庭举证、办理比较繁琐的诉讼手续，劳动者常常由于应诉能力不强导致权益得不到应有的保障；

（2）按照劳动监察程序举报投诉，可以免去出庭应诉之累，成本低，但是由于劳动监察处理该类案件时缺乏司法体系的有力支持，劳动保障监察处理难、执行难现象也十分突出。

主题 3　就业风险防范

长知识

知识点 1：入职环节法律风险

在劳动争议案件中，入职环节事宜引发争议所占比例极低，约有 2%，这是因为入职时期往往是企业与员工的"蜜月期"。

企业通过层层面试招来的员工，绝大多数都能够符合公司在招用时的心理预期。在这一环节，员工也往往秉持着好好表现的原则，最大程度的配合企业的安排。

但在关系最为缓和的入职环节中一些事宜也会存在一些争议，例如告知义务、用工担保等，其中最为典型的纷争事宜为入职时间的确定，当然这种入职所埋下的"地雷"往往在离职时才"爆炸"。

举案说法

迟到的入职

小明是 2019 届毕业生，他在 2019 年 3 月拿到了一家企业的录用函，签订的三方协议约定小明将于 2019 年 8 月入职。2019 年 7 月，小明毕业了，可他等到 10 月份都没有得到那家企业的回音，咨询后企业只含糊说让他再等等。2019 年 11 月的一天，小明终于收到了那家企业的入职邮件通知，要他到 12 月才能入职。小明想放弃这份工作，但是气不过那家公司虚耗了他好几个月时间，于是他来到律师事务所求助，想知道入职时间被原公司拖延是否可以要求赔偿。

案例中所述的情形，表面上看是要求单位赔偿的问题，实际上涉及的是就业协议的法律性质以及法律效力的问题。

就业协议一经双方签字盖章，即具有法律效力，任何一方不遵守将承担违约责任。一般认为，就业协议是一种预约合同，也即当事人之间约定将来订立一定合同（本约）的合同。这类合同比较特殊，合同得到履行的标志为按照预约合同约定的内容订立本约。本约按要求订立，则预约履行完毕，否则可能违约。

案例中双方约定的入职时间是 8 月份，但现在真正的入职时间要到 12 月份，虽然公司还是能够录用小明，但已经属于上述情况中的延迟履行，公司应当承担一定的赔偿责任，但本书认为赔偿范围仅限违约金。

公司拖延入职，是对就业协议的延迟履行，属违反就业协议的违约行为，公司应该以就业协议约定的违约金作为标准赔偿。

但是这段时间毕业生没有付出劳动，没有与单位建立劳动关系，不能以约定的工资作为标准进行赔偿。因此案例中，小明可以以就业协议约定的违约金为标准或适用标准向用人单位要求赔偿。

知识点 2：在职环节的主要法律风险点

在劳动争议中，在职环节争议所占比例位居第一，约占一半比重，主要是因为，在职环节体现了劳动关系的核心内容，是劳动合同权利义务履行的主要周期，其时间跨度大，涉及事项多，潜在风险也最大，且此时劳资双方已度过入职时的"蜜月期"，日渐了解，双方在工作中的"摩擦"日渐增多，如试用期、合同变更、权利与义务等方面都容易产生矛盾或分歧。其中最为典型的纠纷是薪资报酬，随后依次是劳动合同的签订、休息休假、考勤与加班、社保和福利待遇以及奖惩等。

劳动合同是企业与员工之间有关劳动关系的权利义务最重要的表现载体，然而，自从 2008 年劳动合同法新规出台实施后，对于企业和个人而言，劳动合同管理中最主要的风险点就是劳动合同的签署，这是因为依据法律规定，用人单位自用工之日起超过一个月不满一年未与劳动者订立书面劳动合同的，应当向劳动者每月支付两倍的工资。

举案说法

海尔午休门事件

2019年8月27日，海尔集团一则"关于中午脱岗睡觉的通报"燃爆了互联网，引发了大家广泛的关注与讨论。

关于四名违规员工处理情况的说明

近日有媒体报道，海尔员工因午休被解除劳动合同。感谢大家对海尔的关注，现将实际情况说明如下：

1. 所述四名员工并非在休息时间午睡，而是于工作时间在公共接待场所睡觉。
2. 海尔有明确的公司制度和员工行为规范，对工作时做与工作无关的事情有详细的规定。
3. 海尔的制度及员工行为规范既符合我国法律法规，又经过海尔集团及各法人公司职代会讨论通过。
4. 公司制度中规定，11:30-13:00之间，员工可自主安排就餐时间，从董事长到每个员工，同一标准，一视同仁。
5. 所述四位员工的行为，违反海尔员工行为规范，属一级违规，按规定应解除劳动合同。

我们欢迎社会各界朋友的监督，海尔将继续依法规治理企业，并给每个员工展现自我价值的平台，让每个人都成为自己的CEO。同时也希望媒体朋友能够尊重事实，不以讹传讹。

海尔集团人力资源平台
2019年9月6日

图 5-4

海尔员工午休被开除事件，在网上引起众多关注和讨论，概括一下，有两个问题需要厘清：一、海尔解除合同是否合法？二、公司员工有没有午休权？

根据《劳动合同法》第三十九条规定，劳动者严重违反用人单位的规章制度的，用人单位可以解除劳动合同。综合目前信息来看，如果海尔公司规章制度在制定程序上合法，4名员工事先知晓公司相关规定，其行为违反规定，可能造成不良影响，符合《劳动合同法》第三十九条规定，海尔公司解除合同是合法的。当然，如果四名员工认为自己是被违法开除，认为合法权益被侵害，可以申请劳动仲裁。

这次事件还引发网友讨论：企业员工有没有午休权？《宪法》规定，中华人民共和国劳动者有休息的权利。《劳动法》规定，国家实行劳动者每日工作时间不超过八小时、平均每周工作时间不超过四十四小时的工时制度。用人单位应当保证劳动者每周至少休息一日。

不过，对于是否有午休权、午休时间多长，我国法律法规并没有具体明确的规定，一般由用人单位自行决定，这体现的是企业的用工自主权，公司花钱购买员工的智力、体力与时间，公司付出了成本，当然有一些自主权。因此，实践中企业的做法是五花八门的，虽然合法但不一定合理。

关于员工违规被开除。的确，员工如果在公共场所午睡，是违规，但如果只违规一次，就应该开除吗？根据《劳动合同法》第三十九条规定，劳动者严重违反用人单位的规章制度的，用人单位可以解除劳动合同。这个"严重违反"的标准在哪？显然，须考虑午睡的时间长短、次数，以及有没有造成损失等相关问题。目前海尔认为是"严重违反"，员工如有争议，可以申请劳动仲裁以及提起诉讼，由第三方来综合认定解除是否合法。

知识点3：离职环节的主要法律风险点

离职环节作为劳动合同关系的最后一步，其往往在事实上已积累了先前就已存在的大量薪资、假期等争议，只是一直没爆发而已。在入职环节与在职环节，劳动合同关系中双方关系趋于稳定期，而离职环节就不同，当面临关系结束时，企业与员工往往就进入各自考虑各自的利益角度而陷入不安期，甚至紧张状态，容易产生新的争议。

另外，值得关注的是，有些企业对离职程序抱有消极、不重视的态度，作业不规范，导致劳动争议加剧甚至败诉。离职环节中争议焦点可以分为三大模块，即离职程序、劳动合同解除以及劳动关系终止。

练技能

技能点1：入职时间认定与告知义务

1. 入职时间的认定

入职时间是指员工进入单位的时间，即到单位报到的时间。

如果公司规定不严的话，入职时间，一般指的是以进入单位的时间为基准，现实中有单位认定入职时间是员工到达工作岗位的时间，或员工转正后开始计算入职时间，这是不符合规定的。

（1）入职时间认定的意义

入职时间直接关乎员工工龄计算，并直接决定了经济补偿金、赔偿金等数额；入职时间也会影响着公司责任的承担，例如工伤认定，还会影响着福利待遇、劳动仲裁时效的计算等。

(2) 入职时间认定的判定

入职时间认定占入职环节引发争议的绝大多数，但该争议中企业胜诉率很低。企业胜诉率偏低是因为在劳动争议案件中的举证责任问题而导致的，根据法律规定及司法实践，该事项的举证责任在于企业，一旦企业未能提供充分证据证明己方的主张入职时间，则审判机构一般会支持员工的主张

2. 入职担保

漫画故事：啥是担保人

人力资源经理："张三，你不是本地户口，这个岗位需要有本地户口的人来担保。"

张三："要担保么？李四是我朋友，我请李四帮我担保。"

人力资源经理："有人担保就行。"

一个月后……

人力资源经理："李四，你是张三的担保人，现在张三赌博输了很多钱，把车偷了，人也跑去香港了，这个损失，由你这个担保人承担。"

李四："……"

图 5-5 源自《劳动有权益》动画视频

图 5-6 源自《劳动有权益》动画视频

李四不必承担这个责任。故事中公司要求张三提供担保人，已经属于违法行为，所以这个担保是没有作用的。如果进行仲裁或诉讼，企业要求员工提供担保的裁判胜败结局是显而易见的，都是员工胜诉。

即便用人单位与员工签署书面的担保协议，也是无效的。《劳动合同法》第九条规定，用人单位招用劳动者，不得扣押劳动者的居民身份证和其他证件，不得要求劳动者提供担保或者以其他名义向劳动者收取财物。

司法实践中，企业以服装费、报名费等方式变相收取员工费用，司法裁判一般皆会要求企业返还收取员工的财物；企业若与员工签订了相应的担保协议，也会被司法裁判认为因违反法律的强制性规定而无效。

3. 告知义务的风险

告知义务是指用人单位与劳动者建立劳动关系、订立劳动合同时，双方应当如实告知对方与订立和履行劳动合同直接相关的情况。告知义务分为两种，一种企业的告知义务，另一种是员工的告知义务。

（1）企业的告知义务，包括工作内容、工作条件、工作地点、职业危害、安全生产状况、劳动报酬及其他劳动者要求了解的情况。在实务中，这些内容一般在入职前劳资双方已经协商确定或者已经体现在劳动合同、入职告知书或岗位职责说明书及其他入职文件中，因此很少发生争议。

（2）员工的告知义务，即员工须向企业告知与劳动合同直接相关的基本情况。现实中，因工作经历、学历和不能从事该岗位的疾病等三类员工告知义务引发的争议占绝对比例，这三个因素往往直接关系到员工在应聘时能不能得到工作机会。

实践中，为了符合企业的要求或者为了让自己看起来更加"值钱"一些，"小聪明"的员工会伪造或夸大经历和证件来增加自己的能力经验，而企业在员工入职时往往只是对员工提供的资料进行形式审查，并不能有效地确定该资料的真伪，也未能做相关背景调查，一般是在后期实际工作中才会发现问题。

一旦企业发现员工存在不如实提供信息时，就会要求解雇员工，而解雇依据，往往就是《劳动合同法》第二十六条第一款：以欺诈、胁迫的手段或者乘人之危，使对方在违背真实意思的情况下订立或者变更劳动合同的，劳动合同无效或者部分无效。

关于员工欺诈导致劳动合同无效予以解雇的规定，司法实践中法院在裁判适用时一般会考虑员工欺诈的内容是否是企业与员工建立劳动关系的关键依据，并不当然认为只要员工存在提供一些不实信息即认定劳动合同无效。

具体而言，例如，员工伪造学历，司法裁判一般皆会考量企业在招聘时是否明确岗位要求、员工从事的岗位是否需要达到该学历等因素。此时，如果没有相关证据证明员工不如实提供的信息内容是员工订立劳动合同的依据，则可能面临被认定为违法解雇的风险。

但即便员工不如实提供的信息与订立劳动合同的依据无直接关联，当发生上述情形时，企业还有可能按另一个依据以解雇员工，那就是严重违规，有关违规问题在性质上而言属于企业的用工自主权范畴，相对于前述法定欺诈方式来说，司法裁判时所依据的准则就会发生改变，用人单位更容易免除自己的法定责任，员工利用法律保护自己的能力会下降。

入职环节其他风险还包括就业歧视、择业期内待遇、就业期内签约、录用通知撤销等情况，就业同学需做好风险防范措施。

举案说法

员工没有履行如实告知义务的后果

王某到某公司应聘填写录用人员情况登记表时，隐瞒了自己曾先后2次受行政、刑事处分的事实，与公司签订了3年期限的劳动合同。事隔3日，该公司收到当地检察院对王某不起诉决定书。经公司进一步调查得知，王某曾因在原单位盗窃电缆受到严重警告处分，又盗窃原单位物资被查获，因王某认罪态度较好，故不起诉。请问该公司调查之后，以王某隐瞒受过处分，不符合本单位录用条件为由，在试用期内解除了与王某的劳动关系是否合理？

案情分析：根据《劳动合同法》的规定，订立劳动合同，应当遵循合法、公平、平等自愿、协商一致、诚实信用的原则。同时，用人单位有权了解劳动者与劳动合同直接相关的基本情况，劳动者应当如实说明。劳动者和用人单位在法律上处于平等的地位，且劳动合同订立的过程是完全出于当事人自己的意愿，而且是出于内心的真实意思表示。劳动合同订立的过程中，劳动者和用人单位必须诚实、善意地行使权利，不诈不欺，诚实守信。同时，根据《劳动合同法》第三十九条规定，在试用期期间，劳动者不符合录用条件的，用人单位可以与劳动者解除劳动合同，而且用人单位并不需要支付经济补偿金。

本案中，王某在填写录用人员情况登记表时，隐瞒了自己曾先后2次受行政、刑事处分的事实，是一种不诚实、不善意的行为，违背了诚实信用原则。虽然签订合同是双方自愿的，但这种自愿是建立在虚假材料的基础上的，本质上是违背了平等自愿的原则，用人单位可以解除劳动关系。

技能点2：人身与财产保护

1. 薪资报酬的风险

薪资报酬即平时说的工资薪金（简称工资）与劳动报酬等概念的综合称谓。

劳动报酬是按劳分配主体原则的重要体现，也是保证社会再生产得以进行的必要条件，但却是在职环节中争议与风险表现最多的，约占一半，位居榜首。

工资是指雇佣双方存在劳动关系的情况下，员工从事企业所需要的劳动而得到的以货币形式的回报，是企业在一定时期内支付给职工的劳动报酬总额，由计时工资、计件工资、奖金、津贴和补贴、加班加点工资、特殊情况下支付的工资等部分组成。但社会保险、经济补偿、福利待遇不在工资总额构成范围之内。

根据《劳动合同法》等法律规定，使用的是"劳动报酬"一词进行概括，故而在《劳动合同法》等法律语境下，劳动报酬不仅指雇佣双方存在劳动关系情况下所支付的工资，更包括非劳动关系情况下雇主支付雇工的劳动力对价，其使用范围或者内涵外延要大于工资。

(1) 拖欠与克扣工资的认定风险

"拖欠与克扣工资"争议在整个"薪资报酬"争议中重最大，但用人单位胜诉率很低。企业本应当按月及时足额支付员工工资，不得无故拖欠或克扣工资，只有存在法定情形并满足法定条件时，企业方可延迟支付或扣减工资。

(2) 工资标准的风险

工资标准又称"工资率"，是国家、部门（或者行业）、企业单位对职工规定的在一定时期内的具体工资数额。反映一定时期的生产技术发展状况和社会生产力的发展水平，具有相对的稳定性。可以按月、按日或者按小时规定工资数额，分别叫做月工资标准、日工资标准和小时工资标准。

"工资标准"争议往往在"薪资报酬"纠纷中排在第二位，且用人单位胜诉率也很低。引发"工资标准"风险的原因主要是用人单位内容不规范，约定不清晰，还会出现关键性表单文件互相矛盾冲突或关键性表单文件规定不明确等情形，这些因素必然会导致纷争。如劳动合同中仅仅约定工资，没有完整表述工资总收入构成，或只规定起薪标准；规章制度中只划分员工等级，但无对应的工资标准，或者只规定了工资区间，甚或是薪资（工资）条中没有呈现划分薪资结构的标准等。

(3) 津贴的风险

津贴作为一种辅助薪资形式，是对劳动者额外劳动付出的一种补偿，一般是指补偿劳动者在特殊条件下的劳动消耗及生活费额外支出的工资，如野外津贴、施工津贴、高温津贴等。

津贴和补贴是指基本工资外，为了补偿职工特殊或额外的劳动消耗和因其他特殊原因支付给职工的津贴、补贴。简单地说，津贴与补贴都包含在工资当中。津贴和补贴本质上没有区别，但是补贴是对日常生活费用开支的补助，侧重于生活性；津贴是对额外和特殊劳动消耗的补偿，侧重于生产性。

(4) 绩效奖金与年终奖金的发放依据风险

奖金是指对劳动者提供的超额劳动报酬和增收节支的劳动报酬，奖金属于工资的组成部分，是实现按劳分配的一种补充形式。

奖金大体上可分为两类：一类是由于劳动者提供超额劳动，直接增加了社会财富（例如增产、节约等）而给予的奖励；另一类是由于劳动者提供超额劳动，为增加社会财富创造了条件（例如技术革新等）而给予的奖励。

企业对奖金发放享有一定的自主权，即企业在不违反国家法律、法规强制性规定的情况下，可以自主决定是否发放、如何发放，而发放依据是纠纷的集中点，即意味着，事实依据的认定是纠纷的关键。

现实中，一般采取的原则是，员工需对企业的相关奖金之存在承担举证责任。若企业已制定奖金依据（例如绩效奖金的相关制度），企业则需提供相关依据（例如绩效考核制度）以证明扣减或不予发放绩效奖金的合理性、必要性，否则需承担举证不能的不利后果。

另外，需要注意的是，若员工与企业签订的劳动合同中对年终奖金的发放并无约定，员工亦未提供企业涉及年终奖发放的规章制度的，员工若主张参照往年发放标准进行发放的，司法裁判一般不予支持。

2. 劳动合同签订的风险

有关劳动合同签订问题，"一年内未签署劳动合同"以绝对多数排在第一位，比重远高于其他未签劳动合同的情形，且用人单位的胜诉率很低。

根据未签订劳动合同时间的长短，"未签订劳动合同"可分为以下三种情形：

第一，企业自用工之日起一个月内未与员工签署书面的劳动合同。该种情形下，若员工拒签，企业应及时终止劳动合同，无需支付经济补偿金，也无需支付两倍工资。

第二，企业自用工之日起超过一个月不满一年仍未能与员工签订书面劳动合同；此种情形下企业是否需向员工支付双倍工资，应分情况讨论：

（1）因企业原因导致未签，企业需向员工支付双倍工资，并与员工补签劳动合同；

（2）因员工原因导致未签的，一般则从员工的职权范围及过错角度考量确定；司法实践中倾向于认为，若该员工的职责范围中涉及负责人事管理或签订劳动合同的工作内容，除非有证据证明系企业恶意拒签，否则企业无须支付两倍工资。

第三，企业自用工之日起超过一年仍未与员工签订书面劳动合同。该情况下视为双方已订立无固定期限劳动合同，用人单位无需再支付用工之日起满一年后而未订立书面劳动合同的两倍工资，但应当立即与劳动者补订书面劳动合同。

除前述常见风险之外，关于劳动合同签订的另外两种情形风险，也是值得特别注意：

第一，未及时续约劳动合同。实践中，对于劳动合同期满后，企业与员工均未提出终止，且企业继续用工，但超过一个月仍未签订书面劳动合同的情形，同样适用两倍工资赔偿的法律规定。

第二，再约终止权。对于2008年后连续签订两次固定期限的劳动合同，在第二次劳动合同到期时，若员工提出续订劳动合同并要求订立无固定期限劳动合同的，企业应与其签订无固定期限劳动合同，无终止续约的主动权，也即第二次固定期限劳动合同到期时，企业并不能主动提出不续约而终止劳动合同关系。

3. 休息休假的风险

休息休假是指劳动者在国家规定的法定工作时间外自行支配的时间，包括劳动者每天休息的时数、每周休息的天数、节假日、年休假、探亲假等。其中节假日和公休日多数单位可以保证员工正常休息，即便不能休息的，也可以做加班处理或调休，但年休假在多数单位都无法保障。

《职工带薪年休假条例》（以下简称《条例》）为广大劳动者朋友每年享受五天到十五天不等的带薪年假提供了法律基础，但是实践中囿于用人单位的强势地位以及劳动者自身认识问题，劳动者实际享受到这一权利的情形并不常见。

带薪年假权利的享受资格

《条例》第二条规定，职工连续工作 1 年以上的，享受带薪年休假。上述规定中的"职工"具体包括哪些劳动者，条例并没有进一步规定。一般认为，带薪年休假只用于全日制的标准劳动关系职工，而对于非全日制和特殊劳动关系劳动者则不能够适用。需要注意的是，"职工连续工作满 12 个月以上"，既包括职工在同一用人单位连续工作满 12 个月以上的情形，也包括职工在不同用人单位连续工作满 12 个月以上的情形。实践中，部分劳动者频繁跳槽，干几个月就换一家单位，即使这样，只要劳动者能够满足"连续工作满一年"这一前提条件就可以享受年休假，只不过享受天数应该按照在用人单位工作期限与全年工作日的比例来折算。

带薪年假享受天数的确定

《条例》第三条规定，职工累计工作已满 1 年不满 10 年，年休假 5 天；已满 10 年不满 20 年，年休假 10 天；已满 20 年，年休假 15 天。而根据《企业职工带薪年休假实施办法》的规定：年休假天数根据职工累计工作时间确定。职工在同一或者不同用人单位工作期间，以及依照法律、行政法规或者国务院规定视同工作期间，应当记为累计工作时间。

实践中，部分用人单位在确定劳动者带薪年假享受天数的时候，往往会按照劳动者在自己单位工作时间（也即"司龄"）的长短来确定，这种计算结果肯定会对劳动者不利。

未休年假工资报酬的核算

根据《工资支付暂行规定》的规定，劳动者依法享受年休假、探亲假、婚假、丧假期间，用人单位应按照劳动合同规定的标准支付劳动者工资。按照上述规定，劳动者在年休假期间享受与正常工作相同的工资收入。这也是为什么年休假称为带薪年休假的道理。

带薪年休假的300%工资报酬和法定假日的300%工资含义不同。带薪年休假的300%工资报酬中已经包含了用人单位支付职工正常工作期间的工资收入部分。具体核算的时候，再多给200%的工资就可以了。

未休年假工资报酬时效的确定

劳动关系终止的，应当自劳动关系终止之日起一年内提出。由于目前仍然将"未休年假工资报酬"归属为劳动报酬的范畴，也就是在职期间的所有未休年假工资报酬都可以在离职后一年内主张。涉及"休息休假"的争议在劳动纠纷中也占据重要比重，其中"带薪年休假"争议是最有代表性的，其次是涉及法定节假日和休息日的争议也较多。

（1）带薪年休假的风险

在"带薪年休假"争议的内容中，几乎都是员工要求年休假工资待遇的，且一般是在离职后与其他仲裁请求一并提出。

员工在职时与企业处于管理与被管理的关系，双方地位不对等，此时，员工往往为了"保住工作"，多数不会在在职期间为了数额相对较小的未休年休假工资待遇而直接跟企业诉取。另外，劳动关系一旦解除或终止后，员工已丧失要求休假的实际履行之基础，只能请求年休假工资待遇。

（2）法定节假日的风险

法定节假日是指根据各国、各民族的风俗习惯或纪念要求，由国家法律统一规定的用以进行庆祝及度假的休息时间。法定节假日制度是国家政治、经济、文化制度的重要反映，涉及经济社会的多个方面，涉及广大人民群众的切身利益。

国家法定节假日共11天，属于国家法定节日安排加班需支付三薪，其余放假日期加班支付双薪。

（3）产假、陪产假的风险

产假，是指在职妇女产期前后的休假待遇，一般从分娩前半个月至产后两个半月，晚婚晚育者可前后长至四个月，女职工生育享受不少于九十八天的产假。职业女性在休产假期间，用人单位不得降低其工资、辞退或者以其他形式解除劳动合同。

陪产假，又名陪护假，即依法登记结婚的夫妻，女方在享受产假期间，男方享受的有一定时间看护、照料对方的权利。

劳动法等相关法律法规并未对陪产假做出明确的规定，具体要看各省、自治区、直辖市的实际规定。

我国生育津贴的支付方式和支付标准分两种情况：

一是，在实行生育保险社会统筹的地区，支付标准按本企业上年度职工月平均工资的标准支付，期限不少于98天；

二是，在没有开展生育保险社会统筹的地区，生育津贴由本企业或单位支付，标准为女职工生育之前的基本工资和物价补贴，期限一般为 98 天。部分地区对晚婚、晚育的职业妇女实行适当延长生育津贴支付期限的鼓励政策。还有的地区对参加生育保险的企业中男职工的配偶，给予一次性津贴补助。

现实中产假争议的主要表现是产假工资问题。

法律上已经明确了工资标准为享受产假或计划生育手术假前十二个月的月平均工资，该月平均工资指应得的全部劳动报酬，包括奖金、津贴、补贴、加班工资等。但由于我们企业在缴纳社保时，该员工的缴费工资与其工资标准往往不一致，而引发工资差额的争议。另外，产假当中的奖励，假期间员工不享受生育津贴，系由企业照发工资，但在落地时，有些企业就忽视该规定，而引发争议。

另一个现实难题是"关于违反计划生育政策的劳动者的生育待遇问题"。目前，司法裁判中倾向于，不符合计划生育政策的职工不能享受生育保险待遇；基于生产休养的生理需求，司法实践中一般按照病假处理。

4. 考勤与加班的风险

考勤，就通过某种方式来获得员工在某个特定的场所及特定的时间段内的出勤情况，包括上下班、迟到、早退、病假、婚假、丧假、公休、工作时间、加班情况等。

加班，系指除法定或者国家规定的工作时间以外，正常工作日延长工作时间或者双休日以及国家法定假期期间延长工作时间，称为"加班"。

关于加班与加点的区别

加班和加点，都属于劳动法所界定的"延长工作时间"。

法律规定："用人单位由于生产经营需要，经与工会和劳动者协商后可以延长工作时间，一般每日不得超过一小时；因特殊原因需要延长工作时间的，在保障劳动者身体健康的条件下延长工作时间每日不得超过三小时，但是每月不得超过三十六小时。"这就属于加点。

可见，加班是指根据用人单位要求，在法定节假日、公休假日进行工作，一般以天数作为计算单位。加点则是指在法定的日标准工作时间以外进行工作，以小时为计算单位。

双休日出差可否算加班

加班是指劳动者延长工作时间从事本职工作的状态，所以界定"出差是否属于加班"就在于"劳动者是否提供了本职工作范围内的劳动"。譬如销售人员，如果出差期间适逢双休日，又正与客户联系工作洽谈业务的，则属于"提供本职范围内的劳动"，就应当视为加班。

当然，如果某员工双休日出差已被用人单位认定为加班，就应当支付相应的加班费，而不能用出差津贴、出差补贴等形式替代支付。

"考勤与加班"争议的主要表现是加班工资问题，以及加班的举证责任、考勤确认、加班的界定、工时制度等方面问题。

实务中，大部分企业均或多或少会存在需要加班的情况，但加班工资的计算标准不明确、无考勤记录导致无法举证等皆易引起纷争。

(1) 加班工资的风险

加班工资风险当中主要的问题是拒付加班工资和加班工资的计算基数问题。

拒付加班工资争议的主要原因有两个，其一是企业以支付的工资已包含加班工资为由拒付加班工资；其二是企业规定加班仅能安排补休为由拒绝支付加班工资。

这当中企业规定加班仅能安排补休为由拒绝支付加班工资的争议主要出现在平日加班和法定节假日加班，根据法律规定，只有休息日加班可以安排补休；因此，即使企业规章制度规定加班仅能安排补休，也会因为规章制度违反法律强制性规定无效而应向员工支付加班工资。

加班工资的计算基数争议也是常见问题，引起此类争议的原因主要在于双方对加班工资计算基数无明确约定，此时，举证责任在于企业，如企业无法举证证明，则司法裁判一般就会支持员工的主张。

(2) 考勤确认的风险

考勤确认风险的主要矛盾点集中于无法证明员工的出勤情况，或企业仅能提供无劳动者签名的考勤记录或电子记录，而无其他证据予以佐证，同时员工又对该未签名的记录或电子考勤记录不予认可。

随着"无纸化办公"的推行，越来越多企业采用电子或指纹打卡的方式进行考勤。然而，由于电子考勤的载体在本质上是电子数据，存在易修改、难固定的特点，所以一旦发生争议，其真实性往往受到质疑，一旦无其他证据予以佐证，这很难得以采信。

5. 社保和福利待遇的风险

社保和福利待遇风险占整个在职环节风险的比重较低，其中"工伤"问题及纠纷高居榜首，而在工伤事件中，往往是用人单位未及时为员工缴纳社保、未足额缴纳社保、停工留薪期的确定等问题而引发的。

员工缴纳社会保险费跟用人单位一样皆是法定义务，无论什么原因未缴纳均不得免除该义务。即便是因劳动者要求用人单位不为其缴纳社会保险，劳动者按照《劳动合同法》的规定主张经济补偿的，仍应予支持。但员工以此为由解除劳动合同并请求企业支付经济补偿，要获得支持，是有条件的：员工有明确要求补办补缴，且企业在一定时间内是拒绝的。

除了社保、失业、医疗、免除社保义务约定、公积金、养老金等社保风险外，工伤事件纠纷也是较常见的风险。

(1) 一次性伤残补助金

一次性伤残补助金是工伤保险待遇的一种，是对因工伤致残的劳动者给予的一次性职业伤害补偿，给付标准依据劳动鉴定机构评定的伤残等级，最多为伤残职工本人27个月的工资。

职工因工致残评定伤残等级后，享受一次性伤残补助金待遇，各个等级的标准不同。

职工因工致残被鉴定为一级至四级伤残的，保留劳动关系，退出工作岗位，享受一次性伤残补助金待遇，标准为：

表 5-2 一~四级伤残补助

伤残等级	补助金标准	补助金单位
一级伤残	27 个月	本人工资
二级伤残	25 个月	本人工资
三级伤残	23 个月	本人工资
四级伤残	21 个月	本人工资

被鉴定为五至六级的，保留与用人单位的劳动关系，由用人单位安排适当的工作，享受一次性伤残补助金，标准为：

表 5-3 五~六级伤残补助

伤残等级	补助金标准	补助金单位
五级伤残	18 个月	本人工资
六级伤残	16 个月	本人工资

职工因工致残被鉴定为七至十级伤残的，享受的一次性伤残补助金标准为：

表 5-4 七~十级伤残补助

伤残等级	补助金标准	补助金单位
七级伤残	13 个月	本人工资
八级伤残	11 个月	本人工资
九级伤残	9 个月	本人工资
十级伤残	7 个月	本人工资

伤残等级鉴定为七至十级工伤的职工，劳动合同期满终止，或者职工本人提出解除劳动合同的，由工伤保险基金支付一次性工伤医疗补助金，由用人单位支付一次

性伤残就业补助金。一次性工伤医疗补助金和一次性伤残就业补助金的具体标准由省、自治区、直辖市人民政府规定。

本人工资是指工伤职工因工作遭受事故伤害或者患职业病前12个月的工资。本人工资高于统筹地区职工平均工资300%的，按照统筹地区职工平均工资的300%计算；本人工资低于统筹地区职工平均工资60%的，按照统筹地区职工平均工资的60%计算。

"一次性伤残补助金"系由工伤保险基金承担，本应无争议，但实际却引发如此多的争议，主要原因在于很多企业未依法足额为员工缴纳工伤保险，员工发生工伤后未能享受足额的工伤保险待遇，因此只能请求企业支付其工伤保险待遇差额。

(2) 停工留薪期待遇

停工留薪期是指职工因工作遭受事故伤害或者患职业病需要暂停工作接受工伤医疗，原工资、薪水、福利、保险等待遇不变的期限。停工留薪期待遇是指工伤职工在停工留薪期内可以享受到的工伤保险待遇，"停工留薪期待遇"引发该争议的主要原因在于停工留薪期时间及工资计算等问题。

停工留薪期一般不会超过12个月，伤情严重或者情况特殊，经设区的市级劳动能力鉴定委员会确认，可以适当延长，但延长不得超过12个月。工伤职工在停工留薪期满后仍需治疗的，继续享受工伤医疗待遇。生活不能自理的工伤职工在停工留薪期需要护理的，由所在单位负责。

对于停工留薪期工资计算问题，根据相关法律法规，"在停工留薪期内，原工资福利待遇不变"，但实务操作中对于原工资福利待遇是否包括加班工资是存在争议的，虽然如此，但目前司法裁判实践一般认为停工留薪期原工资福利待遇是按劳动者工伤前12个月的包含加班工资在内的平均工资福利待遇标准确定。

(3) 工伤待遇与人身侵权竞合

工伤待遇是指工伤职工、工亡职工亲属依法应当享受的赔偿项目和标准。未参加工伤保险期间用人单位职工发生工伤的，由该用人单位按照《工伤保险条例》规定的工伤待遇项目和标准支付费用。

工伤案件中，常存在员工因职业病导致人身损害或因生产安全事故导致工伤，同时主张人身损害赔偿和工伤待遇赔偿的情形，这就会形成工伤待遇与人身侵权的竞合。

法律中的竞合是指一个行为同时触犯两个以上的法律而引发的责任竞合。

法律责任竞合的概念：法律责任竞合是指由于某种法律事实的出现，导致两种或两种以上的法律责任产生，而这些责任之间相互冲突的现象。

法律责任竞合的特点：数个法律责任的主体为同一法律主体；责任主体实施了一个行为，该行为符合两个或两个以上的法律责任构成要件，数个法律责任之间相互冲突。

在责任竞合的基础上，对于员工所主张的人身损害赔偿与工伤待遇赔偿在竞合中存在哪些项目的竞合能够兼得？

表 5-5　人身损害赔偿项目

工伤保险待遇项目	人身损害赔偿项目
停工留薪期工资	误工费
住院治疗的伙食补助费	住院伙食补助费
一次性伤残补助金与伤残津贴	残疾赔偿金
丧葬补助金	丧葬费
供养亲属抚恤金	被扶养人生活费
一次性工亡补助金	死亡赔偿金
安装假肢等辅助器具费	残疾辅助器具费

实务中，裁判观点认为不可兼得，但以居高者为准，但现实中也有裁判观点认为可以兼得。

6. 用工自主权中奖惩的风险

用工自主权是指企业具有的在不违反国家强制法律法规的前提下，录用一些应聘人员，而政府等其他团体和个人不能干预的权利，因此一些企业就认为只要不违法就可以对员工随意奖惩，甚至认为法不禁止即不违法，剥夺或剥削员工，如禁止员工午休，因为国家法律没有明确界定员工午休权的问题。

根据相关法律规定，规章制度同时满足以下条件方作为企业用工管理的依据。

第一，内容合法。用人单位制定的规章制度内容不得违反法律法规，否则违反法律法规的内容不产生法律效力，对劳动者无约束力。

第二，程序合法。用人单位规章制度的制定程序须经职工代表大会或者全体职工讨论，提出方案和意见，与工会或者职工代表平等协商确定，并向劳动者公示或告知，或者经员工确认，并无异议。

一旦员工对企业的规章制度提出异议的，企业应举证证明规章制度的内容合法及程序合法，而企业往往在程序合法方面多有缺失，法院在审理该类案件的过程中尤其注重审查企业是否将规章制度告知劳动者，一旦企业没有履行告知义务，该规章制度不得作为用工管理的依据。

一些企业为图方便仅采取将规章制度的内容张贴于公告栏拍照留存或置放于公共区域让员工随手阅读的方式进行公告，其实隐藏了程序合法性的巨大风险。张贴照片本身难以判断张贴及放置的具体时间、地点以及告知的有效性，若企业未能举证证明其已按照劳动合同的约定或其他方式向员工公告或送达的，该规章制度就不应被认定为企业奖惩依据的风险。

举案说法

陈某在某公司任销售经理,工作地点为广州,双方签有 2008 年 4 月 1 日起的无固定期限劳动合同。2014 年 7 月 6 日,陈某安排了 7 月 10 日上午在广州召开多地经销商会议。7 月 7 日至 9 日,陈某至厦门出差,7 月 9 日下午返回广州。7 月 9 日中午起,公司员工数次向陈某发送电子邮件,要求其参加 7 月 10 日下午三时在上海的另一会议。陈某向公司员工回复电子邮件,询问公司为何要求其次日即达上海,并称已经在 7 月 10 日安排了会议,且会议内容紧急、重要,无法次日前往上海参加另一会议,公司回复称不同意。7 月 9 日深夜十一点,公司总经理向陈某发送邮件,坚持要求陈某能准时出席 7 月 10 日下午三时在上海的会议。7 月 10 日,陈某未至上海开会,仍旧在广州办公地点工作,原经销商会议正常召开。7 月 11 日,公司向陈某发出解除劳动合同通知。陈某提出劳动仲裁,仲裁裁决公司支付陈某违法解除劳动合同赔偿金等。公司不服仲裁结果,向法院提起诉讼。

法院认为,企业行使用工自主权应当具备正当合理性。陈某因出差于 7 月 9 日下午返回广州,公司要求其 7 月 10 日至上海开会,没有考虑到陈某从广州至上海在时间安排、出行可能性上存在诸多不便,上述要求缺乏合理性,且仲裁中确认其公司并未规定员工不服从工作安排即可构成严重违纪,故判令公司支付陈某违法解除劳动合同赔偿金等。

本案的焦点问题是劳动关系中,劳动者在服从用人单位的正常、合理管理的前提下,企业行使用工自主权的限度是什么。本案的判决,从法理、情理两方面详细论述了如何认定劳动者工作中的行为构成对用人单位规章制度的"严重违反",认为企业行使"用工自主权"亦应当具备正当合理性,对类似案件的判决具有指导意义。

7. 自主调岗的风险

自主调岗也称内部调岗,系为满足组织内部人员配置需求或员工个人发展需要,在组织内部对员工的岗位进行调整,包括岗位间调整、职务晋升或降职等。

法律赋予用人单位根据经营管理等情况对员工进行自主调岗的权利,但法律规定与实务判例都对该权利的行使做出了严格限定,并形成了"经营管理需要""薪资调整幅度"和"不具有侮辱性和歧视性"的三个原则。

相对而言,调岗三原则中后两个原则较容易判断,但如何判断是基于"用人单位经营管理需要"则是现实中一个难点问题。究其原因,最主要就是作为用人单位的企业在调岗时所依据的"经营管理的需要",其合理性不够或未进行充分举证而导致的。

目前实践中,裁判认定企业依据"经营管理需要"理由进行调岗,需要有足够的合理性或充分举证,主要从企业经营管理业务变化范围、调岗针对的主体是个人还是整体性的调整等方面进行综合认定,例如:企业发生改制、重组、组织架构调整、转产、破产、解散、业务调整、生产任务调整及经营方式调整等情形。

技能点 3：离职程序与竞业限制

1. 离职程序的风险

（1）财务结算的风险

离职环节中争议最多的就是财务结算争议，钱是员工与企业形成劳动合同关系中最核心的利益，当双方关系结束时，此方面的结算就成为最主要内容。

从法律法规上而言，劳动合同关系解除或终止时，企业应一次性付清劳动者工资及相关补偿或赔偿。通常情况下，一旦劳动合同关系发生争议时，其必然就会涉及到一些钱的给与不给或给多少的问题。

（2）解雇程序瑕疵的风险

涉及离职环节争议数量排在第二位的是解雇程序不合法，实务中，主要表现在两个方面：一方面在于企业没有履行通知工会程序，另一方面是企业没有证据证明将解雇通知送达给员工。一旦解雇程序不合法，即后果就会被认定为违法解雇并需支付赔偿金。

（3）竞业限制的风险

竞业限制，是用人单位对负有保守用人单位商业秘密的劳动者，在劳动合同、知识产权权利归属协议或技术保密协议中约定的竞业限制条款。具体来说，是指用人单位和知悉本单位商业秘密或者其他对本单位经营有重大影响的劳动者在终止或解除劳动合同后的一定期限内不得在生产同类产品、经营同类业务或有其他竞争关系的用人单位任职，也不得自己生产与原单位有竞争关系的同类产品或经营同类业务。

限制时间由当事人事先约定，但不得超过 2 年。竞业限制条款在劳动合同中为延迟生效条款，也就是劳动合同的其他条款法律约束力终结后，该条款开始生效。

竞业限制争议数量占离职程序争议比重很小，但竞业限制是作为用人单位在离职环节中对实现企业内部商业秘密保护的最后也是最关键的风控手段，而且对比保密义务、脱密期等途径而言，其效果更加明显。竞业限制裁判案件主要包括竞业限制人员范围、期限、补偿金及违约金等方面的内容。

2. 劳动合同解除的风险

劳动合同解除主要分为劳动者过错解除、无过错提前通知解除、双方协商一致解除以及经济性裁员。

企业主动解除劳动合同，是劳动合同解除中最常见的情形，但是却最容易产生诸多纠纷，实践中企业解除劳动者的理由是否恰当、合法是导致纠纷的最大原因。

（1）严重违规解除劳动合同的风险

严重违规主要包含两个风险点。其一是企业规章制度本身内容或程序合法存在问题。其二是严重违规证据不足，即企业持有的证据是否能证明员工存在违规事实问题，而举证责任又在于企业，员工一般也不会主动自认违规事实。

企业通常情况下因为员工违规行为的突发性，无法及时进行记录并固定事实，且违规事实的人证大多数属于企业内部员工，基于利害关系其证言无法单独作为定案的依据，实务中由于证据意识较弱而又形成没有其他更多证据予以佐证，从而导致企业缺乏证据证明员工存在违规行为。

(2) 经济性裁员的风险

经济性裁员是指用人单位由于经营不善等经济原因，一次性辞退部分劳动者的情形。经济性裁员仍属用人单位单方解除劳动合同。由于经济性裁员系由企业单方面提出，且仅需支付经济补偿金，故实践中有部分用人单位会打着经济性裁员的幌子实行违法解除劳动合同的行为。此外，经济性裁员有着严格的实体和程序上的限制，不符合任一条件，均不构成经济性裁员，因此也较容易发生争议，如企业因在经济性裁员过程中履行通知义务不到位，而被裁定违法解雇。

(3) 客观情况发生重大变化解除劳动合同的风险

企业因自身发展规划进行的搬迁，属于劳动合同订立时所依据的客观情况发生重大变化。此时，企业需与员工协商变更，如无法协商，原则上企业需支付经济补偿金，但如企业搬迁未对员工造成明显的影响，且企业采取了合理的弥补措施（如提供班车、交通补贴等）的，而员工仍拒绝不到岗的，则解雇就无需支付经济补偿。

(4) 不胜任工作解雇的风险

不能胜任工作是指不能按要求完成劳动合同中约定的任务或者同工种、同岗位人员的工作量，而用人单位不得故意提高定额标准，使员工无法完成，且经过培训或者调整工作岗位，仍不能胜任当前工作。

如果员工的劳动合同未写明工作职责，而企业也没有设定任何的绩效考核标准，那么即使企业已经组织考核，且考核结果确实不达标也可能被认定为是不客观的，从而无法作为评价员工是否胜任的依据。

(5) 试用期不符合录用条件的风险

试用期作为一个劳资双方相互适应的期间，在此期间以试用期不符合录用条件为由解雇，相对于其他解雇事由而言，对企业的要求较为宽泛，但企业的胜诉率并不高，主要原因还是出在不符合录用条件的事实认定上。

(6) 员工解除劳动合同的风险

① 员工主动辞职的风险。

员工主动申请离职一般大多数皆是自身原因而导致的，即使有对企业不满之缘故，多数也只是选择离开而已，因而争议较少。

实务中有以下一些问题需要注意。

第一，员工离职申请能否撤回。

实务中，很多员工提前 30 日提出离职申请之后又因为某些原因不想辞职了，此时，是否能够撤回该申请？

员工依法行使解除权，无需征得企业的同意，且辞职的意思表示一经送达立即生效，因此员工的辞职申请送达企业后，未经企业同意，不得单方撤回。

第二，员工能否要求不提前 30 天申请离职。

依据相关规定，员工提前三十日以书面形式通知企业，可以解除劳动合同，那么员工是否可以要求马上履行离职手续，马上走人呢？

从立法本义上而言，虽然规定了员工应提前 30 天辞职，这是给辞职员工规定的义务，同时也是给接受员工辞职的企业提供的权利。这一提前通知期实际上是为了让企业能够及时安排其他人员接替辞职员工的工作，并合理的调整生产和工作任务，保持离职员工所在岗位的稳定性和持续性。

② 员工被迫离职的风险。

员工被迫离职的风险源之一是企业未及时足额支付劳动者的工资，且形成拖欠或克扣的存续，员工可以单方解除劳动合同。

及时足额支付劳动报酬是作为用人单位的企业的一项主要法定义务，那么，是否所有未及时足额支付员工工资的情形都属于无故拖欠工资？

区分的关键点主要有：a. 未及时支付是否存在正当理由；b. 符合法定程序（即工会同意）；c. 迟延支付不应超过最长限制。

员工被迫离职的风险源之二是企业未提供安全或约定的劳动条件。

"未提供劳动条件"源自于相关法律规定，企业未按照劳动合同约定提供劳动保护或者劳动条件的，员工可以单方解除劳动合同，如企业当方调岗。

判断企业单方调岗是否属于"未提供劳动条件"，通常从三个方面进行判断：调岗的理由、调岗后的工资水平变化、调整后的岗位性质，事实上就是调岗的合理性认定。

课后习题

1. 建立劳动关系的过程中有哪些陷阱？怎样规避这些陷阱维护自身权益？
2. 签订劳动合同时应注意哪些问题？
3. 请列举在就业过程中的常见法律风险点？
4. 请上网查阅或询问自己的亲朋好友，关于劳动法律方面最担心的问题是什么？

第六模块

识双创——创新与创业

知识目标

➢ 了解创新的特征
➢ 理解创新能力培养
➢ 了解创业的特征和要素
➢ 理解创新和创业的关系

技能目标

➢ 能够运用创新技法
➢ 能够运用创新思维
➢ 能灵活运用创业模式
➢ 掌握创新成果的转化

要点导图

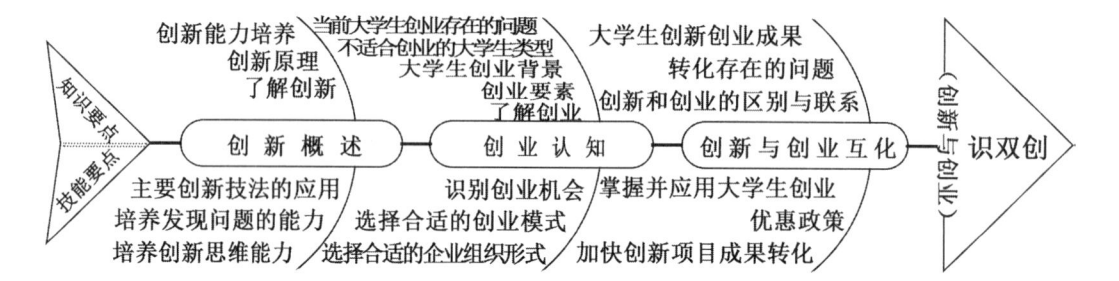

图 6-1 "识双创"知识与技能要点

前导案例

伊士曼柯达公司（Eastman Kodak Company），简称柯达公司，由发明家乔治·伊士曼创始于 1880 年，是一家大型跨国摄影器材公司，总部位于美国纽约罗彻斯特。提供的产品和服务包括：摄影、医疗影像、商业影像、元器件、显示器、商业印刷、冲印、电影艺术等。公司业务遍布 150 多个国家和地区，全球员工约 8 万人。2002 年，公司的全球营业额达 128 亿美元，其中一半以上来自美国以外的市场。然而在 2012 年 1 月，柯达公司正式申请破产保护。这家享誉世界 130 余年的公司，尤其在影像成像领域积累了 110 多年经验的百年老店就这样轰然倒塌。

阿莱西娅·斯瓦西在《变焦》一书中提到"我们坐在这里与盖茨开会，而惠特莫尔却在一旁打呼噜。"故事发生于 1991 年，比尔盖茨应邀来到柯达总部所在地纽约州罗切斯特市，与柯达董事会成员商谈在 Windows 上支持柯达数字图像格式的问题时，时任 CEO 惠特莫尔居然在会议上鼾声大作。当年，惠特莫尔之所以没把盖茨放在眼里，一是因为 1990 年收入 11.8 亿美元的微软与同年收入 189.1 亿美元的柯达相比，企业规模相差悬殊；二是因为柯达高管大都出自胶片业务，与会的董事会成员都听不太懂盖茨有关计算机技术的谈话，造成了其对胶片以外业务源自内心的排斥。在胶片给柯达带来滚滚财源和各种荣誉桂冠的时候，讨论数字化这种枯燥且含金量不高的问题，又怎能不令惠特莫尔乏味到熟睡起来呢？从这里我们不难发现，管理层创新意识的缺失、缺乏对新技术应用的敏锐嗅觉，是导致柯达走向衰败的重要原因。

与之相比，很多百年老店的 CEO 为了企业的生存和发展，绞尽脑汁地思考着去调整乃至更替核心业务时，柯达历任 CEO 却根本不用如此煞费苦心，他们在乔治伊斯曼发明的感光胶片业务上一躺就是百年有余。然而，当他们被数字化的浪潮拍醒时，已是时过境迁，大势已去了。

案例解读：

在经济全球化和技术创新日新月异的信息技术时代，柯达的溃败告诉我们，大者并非恒大，强者亦非恒强。企业要想获得持续生存和发展，离不开创新。无论是新创企业还是百年老店，都要不断进行技术创新和管理变革。唯有那些伴随着社会发展不断创新的企业，方能基业长青。

主题 1　创新概述

长知识

"创新"是当今社会使用最为频繁的词汇之一，在科学技术飞速发展的今天，大学生的创新意识和创新能力已经成为企业在招聘员工时重点关注的因素。

创新不是什么遥不可及、高深莫测的东西，创新能力的大小不是由先天因素决定的，而是后天可以培养的。只要掌握创新的原理和技法，那么人人皆可创新、时时皆可创新、处处皆可创新。

知识点 1：了解创新

1. 创新的概念

创新是人类有史以来一直存在的一项古老的活动，并随着时代的进步不断被赋予新的意义和内容。随着时代的发展，在现代市场经济条件下，创新在管理、经济等多个领域中均被赋予了不同的含义。

创新的内涵很广，创新不一定是全新的东西，任何能够提高资源配置效率的新活动都是创新。因此，我们可以把创新定义为：人们根据一定目的，针对所研究的特定对象，打破常规，运用新的知识与方法或引入新事物，产出某种新颖、独特的、有一定社会价值或个人价值的成果的活动。

2. 创新的特征

概括起来，创新具有以下一些特征。

（1）目的性。任何工作都要设立目标，创新也不例外。有特定目的的生产实践，因此，任何创新活动都有一定的目的，必须围绕一个具体的目标，这一特性要贯穿于创新过程的始终。

（2）创造性。创新是一种系统性的创造活动。这种创造可以体现在新产品、新技术或新工艺的改进，也可以体现在新组织机构、新制度、新经营和管理方式的完善等各个方面。这种创造性的特点是打破常规、适应规律、敢走新路、勇于探索。

（3）新颖性。创新是对过去悬而未决问题的突破，是对现有的不合理事物的扬弃，是创造全新事物的过程。因而其成果必然是新颖的，是前所未有的、未被公用和公知的事物。

（4）超前性。创新以求新为灵魂，必须要有超前性。这种超前不是毫无依据、凭空想象的超前，而是从实际出发、实事求是的超前。正是因为创新具有超前性，才能战胜旧事物，成为新事物。

（5）价值性。创新不能为了创新而创新，必须要有明显的、具体的价值，对经济社会有一定的效益。没有社会价值和意义的创新，也就失去了创新存在的意义。

（6）风险性。创新成功的概率极低，创新结果的不确定性是创新的最大风险。在创新过程中，失败是不可避免的，人们只能通过科学地设计与严谨地操作，来尽量降低创新的风险。

（7）动态性。创新是一个动态的过程。在知识经济条件下，惟一不变的就是一切都在变，而且变化的速度越来越快。因此，任何创新都不可能是一劳永逸的，而只有不断的变革和创新，才能适应时代的要求。

知识点 2：创新能力培养

1. 创新能力的概念

创新能力是指一个人（或群体）在前人发现或发明的基础上，通过自身努力，产生新发现、提出新概念、创造新事物或新产品的能力。也可以说，创新能力就是通过创新活动、创新行为而获得创新成果的能力，是一个人在创新活动中所具有的提出问题、分析问题和解决问题这三种能力的综合。

通过分析创新能力的概念可知，创新能力重点强调的是以下几点。

（1）在前人发现或发明的基础上。任何人的创新、创造、发明和发现都离不开人类已有的知识和信息。人类社会的发展就是通过不断地继承、批判、发展和创新实现的。

(2) 通过自己的努力。对于创新，个人或群体必须要有强烈的创新动机、创新精神和良好的创新素质和品格。

(3) 创造性的产出新发现、新概念、新事物或新产品的能力。新发现、新概念、新事物或新产品是创新的最终成果，是创新能力的重要表现。

2. 创新能力的特征

(1) 创新能力是时时处处人人皆有的能力

创新能力人人皆有。正常人的大脑结构与功能雷同，虽有差异，但不是数量级的差异。所以，创新能力绝非少数"天才"独有的能力。但创新能力是人的一种潜力，必须加以开发，才能得到有效利用。

创新能力时时皆有。创新思维具有突发性、临时性的特征，只要人的思维处于活动状态，创新能力可以随处产生。

创新能力处处皆有。创新表现在各个领域、各个行业，它涵盖了社会所有的职业、岗位，无一例外。一个人只要有创新意识和创新能力，那么创新的机会处处都有。它对每个人都是均等的。人人、事事、时时、处处都有创新。

(2) 创新能力是可以激发和提升的一种能力

创新能力具有开发性，是可以通过学习、训练和实践激发出来的，是可以不断提升的。人与人之间的创新能力大小是有差异的，这种差异是客观存在的。但差异不表现在人的潜能上，而表现在后天的差异上。

(3) 创新能力是一种综合性的能力

创新能力是在创新过程、创新活动中所体现出来的，是多种能力的合成，具体包括学习能力、分析能力、综合能力、想象能力、批判能力、创造能力、解决问题的能力、实践能力、组织协调能力以及整合多种能力的能力等。

3. 创新能力的培养途径

(1) 培养好奇心和兴趣

(2) 培养敏锐的直觉和洞察力

(3) 培养批判性的思维

(4) 培养勤奋刻苦和集中注意的能力

练技能

技能点 1：主要创新技法的应用

1. 智力激励法的应用

智力激励法，又称头脑风暴法（Brain Storm）或自由思考法，是利用集体思维的方式，让大家畅所欲言、群策群力、互相启发，以激发出创新思维的方法。

接下来以"为矿泉水取名字"为主题，说明智力激励法的实施步骤。

（1）准备阶段

这一阶段的工作包括确定议题（一场智力激励会只讨论一个主题）、确定与会人员（5~10名为宜）、确定会议时长（一般不超过1小时）、确定主持人（1名）和记录人员（1~2名）。在会议开始前需提前将会议通知（包括时间、地点、主题及相关要求）发给所有与会人员。

（2）热身阶段

正式讨论之前，为了帮助与会人员尽快进入状态，可以先开展一些小型热身活动。例如播放一段音乐、讲一个创意性故事、做一个热身游戏、观看一段录像等，总之，使会场尽快形成热烈轻松的气氛，之后主持人便可调转话题，进入正题。

（3）明确问题阶段

首先，由主持人向大家介绍本次会议的主题"为矿泉水取名字"，简明扼要地介绍此款矿泉水的产地、产品特性、口味等信息，让与会者取得对问题的一致理解。此时，主持人不能把自己的设想和盘托出，只能提供与议题有关的必要信息，以免束缚大家的思路。

其次，介绍会议实施原则。智力激励法的实施原则有以下四点：① 自由思考原则。该原则的核心是求新、求奇、求异。鼓励与会者解放思想，不受任何传统思维和常规逻辑的束缚，不需顾虑自己的想法是否离经叛道、荒诞可笑，而力求与众不同。② 延迟评判原则。这一原则要求与会者在发言时，不要评判，既包括自谦式的表达，也包括对他人否定性地评价或肯定性地称赞。虽然刚形成的新观念可能不成熟、不完善，甚至荒谬，但它可以激发别人的想法，保持良好的激励氛围。③ 以量求质原则。这一原则的目标是用创造性设想的数量保证创造性设想的质量。在有限的时间里，鼓励与会者尽可能多地提出设想。④ 综合改善原则。该原则鼓励与会者在别人提出的设想的基础上进行补充、完善。会后，还会对所有的设想进行精选和综合改善。

（4）自由畅谈阶段

这是智力激励会的核心阶段。在这一阶段，与会人员围绕主题一一发言。除了口头阐述，为了提高效率，与会者也可以借助便签、白板等工具将自己的想法快速写出来然后粘贴到白板上，让每一位与会者都能清晰地看到。在这一阶段，与会者要突破思维限制并借助相互间补充、刺激和启发，为矿泉水想出尽可能多的名字。

（5）会后整理阶段

会议结束后，需要由专人对会上大家想出的名字进行分类整理，进行去粗取精的提炼工作。如果最终能够从中找到一个合适的名字，那么此次智力激励会就完成了预期的目的。倘若未达到预期目标，还可以召开下一轮智力激励会议。

头脑风暴法训练

请围绕"如何加强班级班风建设"这一主题,按照智力激励法的步骤,提出有创新性的建设思路。

(1) 准备阶段:_____

(2) 热身阶段:_____

(3) 明确问题阶段:_____

(4) 自由畅谈阶段:_____

(5) 会后整理阶段:_____

2. 十二聪明法的应用

十二聪明法,也叫和田十二法、思路提示法,由上海创造学会提出,共12句话36个字。分别是:加一加、减一减、扩一扩、缩一缩、变一变、改一改、联一联、学一学、代一代、搬一般、反一反、定一定。

(1) 加一加。即在现有事物上添加些什么?加时、加高、加厚、加宽、加重或组合在一起,会有什么结果?例如,在手表上加上手机卡变成电话手表;家用彩电屏幕的加宽,使得图像、音响等效果更好。

(2) 减一减。即可否在原有事物上减去些什么?会有什么结果?减时、减轻、减低或省略些什么会怎样?例如:四条腿的凳子减去一条腿变得更轻、更稳当;普通的鞋子减一减变成家用的拖鞋。

(3) 扩一扩。即将原来的物品放大、扩展,结果会如何?例如,将台式风扇扩大,变成家用落地风扇,再扩大变成工业用风扇;空调原来是装在窗户上的,扩一扩变成分体式,再扩一下,变成柜式机,再扩大一下,变成中央空调。

(4) 缩一缩。即将原来的物品压缩、缩小,结果会如何?生活中的很多袖珍式事物都是"缩"出来的。例如,MP3、微型电视机、微创手术等。

(5) 变一变。即改变一下原来物品的形状、颜色、声音、味道、气味、次序等,会怎么样?例如,铅笔由圆柱形变为三角形、六角形,由黑色变为彩色。

(6) 改一改。即原来的物品还存在什么需要改进之处吗?在使用时是否给人带来不便和麻烦?例如,镜片由原来的玻璃材质改为树脂的;镜框由原来的金属材质变为钛合金的、塑料的。

(7) 联一联。即把两样或几样事物联在一起,能产生什么新东西吗?事情的结果跟它的起因有什么联系?能从中找到解决办法吗?例如,将商店和停车场联在一起就产生了购物中心;将不同的付款方式和产品结合起来,能够促进产品的销售。

(8) 学一学。即有什么事物可供自己模仿、学习吗?模仿它的形状、结构、原理、技术等,能帮助我们达到什么目的吗?例如,人类模仿鸟类的飞行,发明了飞机；根据鱼在水中的行动方式发明了潜水艇。

（9）代一代。即有什么东西能代替原来的东西吗？如果用别的材料、零件、方法等代替另一种材料、零件、方法行不行？例如，饮料瓶由耐摔又轻便的塑料材质代替了玻璃材质；自来水管由不易生锈的塑料水管代替了易生锈的金属水管。

（10）搬一搬。即把这件东西、这个功能等搬到别的地方，还能有其他用处吗？例如，将电视机搬到车间，就可以和电脑配合指挥机器运行；把它再搬到飞机和轮船上，就成了"导航员"。

（11）反一反。即如果把一个事物的正反、上下、左右、前后、横竖、里外颠倒一下，会有什么结果？例如，自动扶梯的发明；女士剃须刀的发明。

（12）定一定，为了解决某个问题、改进某件东西、提高学习和工作效率以及预防可能发生的事故或疏漏，需要规定些什么吗？例如交通灯的发明、工厂流水线的发明。

十二聪明法训练

请你思考下列物品（如表6-1），运用的是"十二聪明法"中哪种方法发明的？这种方法对你有什么启发？

表6-1　十二聪明法举例

序号	物品名称	运用的方法	启发
1	篮球架		
2	太阳伞		
3	隐形眼镜		
4	平衡车		
5	投影仪		
6	可视电话		
7	小太阳		
8	交通灯		
9	服装的变化		
10	保温杯		

3. 缺点列举法的应用

从发展的眼光看，世界上任何一种产品都不可能十全十美，它们或多或少都存在着一定的缺点。缺点列举法，就是通过搜寻并列举已有事物的缺点，确定创新目标，制定改进方案，从而进行创造发明的一种创新方法。如果我们对产品"吹毛求疵"，然后用新的技术加以改革，就可以创造出许多新的产品来。

以现有的雨衣为例，下面介绍缺点列举法的使用步骤。

(1) 确定研究对象

通常来说，选择研究的对象应尽量小些、简单些，如果过大，可以将其分解成多个研究对象再进行研究。在本例中，所研究的对象就是雨衣。

(2) 分析事物

要找出与研究对象相关的所有信息，如材料、工艺、功效、结构等，对事物进行系统分析。在本例中，雨衣是由防水布料制成的挡雨衣服，制作材料有胶布、油布和塑料薄膜等。在工艺制作方面，市面上常见的雨衣缝制技术是采用包缝，穿着舒适性较差，不能彻底防止雨水的渗入。常见的款式主要有：斗篷型、H型、分体型、连身型、双人骑行雨衣等，具有轻便柔软、花色品种多、价格低廉等优点。

(3) 找出事物的缺点，并进行整理归类

多角度观察事物，从研究对象的工艺、材料、形状、结构、功能、性能、经济、美观等各个方面尽可能列举出研究对象的缺点，缺点越多越好，然后加以归类整理，挑出主要缺点。需要时可事先广泛调查研究，征集意见。

在本例中，雨衣的缺点有：

① 胶布雨衣夏天闷热不透风，塑料雨衣冬季变硬变脆容易坏；

② 雨衣容易被风吹起来；

③ 风雨大时，脸部淋雨使人睁不开眼，影响安全；

④ 雨衣下摆贴身，雨水顺此而下弄湿裤腿与鞋；

请同学们继续补充……

⑤ _____

⑥ _____

⑦ _____

⑧ _____

(4) 分析缺点产生的原因，提出改进方案

针对所列缺点逐条分析，然后针对性地提出改进方案，尽可能将缺点逆用、化弊为利。

在本例中，针对雨衣的上述缺点，可以提出如下改进建议：

① 采用新材料使塑料雨衣不脆不硬；

② 在雨衣上装上夹子，防止雨衣被风吹起；

③ 在雨帽上加一副防雨眼镜或眼罩；

④ 将雨衣改为雨衣和雨裤两件套，防止下半身淋湿；

请同学们继续补充……

⑤ _____

⑥ _____

⑦ _____

⑧ _____

缺点列举法训练

（1）请根据下表列出的物品，运用缺点列举法，提出改进建议。

表6-2　缺点列举法训练

序号	名称	图例	存在的缺点	改进方法
1	耳机			
2	体温计			
3	电风扇			
4	电动车			
5	剃须刀			

4. 特性列举法的应用

特性列举法就是通过对需要革新改进的对象作观察分析，将其主要属性逐一列出，通过进行详细分析来确定能否加以改善和创新。

特性列举法解决问题的主要手段是逐一列举创意对象的特征，列举得越全面、越详细，越容易找到创新和改进的方面。其操作步骤如下。

（1）确定研究对象

研究对象应具体、明确、清晰，研究主题宜小不宜大。如果研究主题较大应将其分解成若干个小的课题。要着手解决的问题越小，越容易取得成功。例如，对自行车进行创新设计，可以将自行车拆分为几个部分，只要对其中任何一个方面进行革新，就可以让自行车的整体性能得到提升。

（2）列举研究对象的特性或属性

研究对象的特性或属性主要包括名词特性、形容词特性和动词特性三个方面：

① 名词特性——主要用来描述研究对象的性质、整体、部分、材料、制造方法等；

② 形容词特性——主要用来描述研究对象的状态（包括颜色、形状、大小、长短、感觉等）；

③ 动词特性——主要用来描述研究对象的功能、作用等。

还是以自行车为例，其三大特性如下：

➢ 名词特性

性质：二轮的小型陆上车辆

整体：自行车

部分：车身、车把、车座、轮胎、钢圈、链条、刹车等

材料：铁、塑料、橡胶等

制作方法：将各种零部件进行组装

➢ 形容词特性

颜色：各种颜色和图案

大小：大小不等

长短：长短不等

形状：前后两个圆形车轮+三角形车架

➢ 动词特性

功能：代步出行

（3）分析研究各个特性，提出独创性的改进方案

进行这一步的关键是要力求详尽地分析每一特性，从各个特性出发，提问或自问，启发广泛联想，提出问题，找出缺陷，产生各种设想，再试着从名词、形容词和动词特性方面加以改进。继续以自行车为例，承接以上步骤：

针对上述所列名词特性，可作如下提问：可否减少自行车的构成部分？制作材料有无更合适的？

针对上述所列形容词特性，可作如下提问：可否更改大小？形状还可以如何变化？可否减轻重量？

针对上述所列动词特性，可作如下提问：能否进一步提高安全性？可否让人骑行更轻松？

（4）评价讨论并确定最终改进方案

最后，对具有独创性的方案再进行评价分析，选出经济效益高、美观实用的方案，使产品更加符合人们的需要。

特性列举法训练

请运用特性列举法的操作步骤，对烧水壶进行创新。

（1）确定研究对象

本次创新研究的对象是：＿＿＿＿＿＿＿＿＿＿＿＿＿＿＿＿＿＿＿＿＿＿

（2）列举研究对象的特性或属性

① 名词特性

整体：水壶

部分：壶嘴、壶把手、＿＿＿＿＿＿＿＿＿＿＿＿＿＿＿＿＿＿＿＿＿＿＿＿

材料：铝、铁、＿＿＿＿＿＿＿＿＿＿＿＿＿＿＿＿＿＿＿＿＿＿＿＿＿＿＿

制作方法：冲压、焊接、浇铸

② 形容词特性

颜色：黄色、白色、各种图案

形状：＿＿＿＿＿＿＿＿＿＿＿＿＿＿＿＿＿＿＿＿＿＿＿＿＿＿＿＿＿＿＿

大小：＿＿＿＿＿＿＿＿＿＿＿＿＿＿＿＿＿＿＿＿＿＿＿＿＿＿＿＿＿＿＿

③ 动词特性

功能：＿＿＿＿＿＿＿＿＿＿＿＿＿＿＿＿＿＿＿＿＿＿＿＿＿＿＿＿＿＿＿

（3）分析研究各个特性，提出独创性的改进方案

你觉得烧水壶还可以在哪些方面进行创新呢？

＿＿＿＿＿＿＿＿＿＿＿＿＿＿＿＿＿＿＿＿＿＿＿＿＿＿＿＿＿＿＿＿＿＿＿＿

＿＿＿＿＿＿＿＿＿＿＿＿＿＿＿＿＿＿＿＿＿＿＿＿＿＿＿＿＿＿＿＿＿＿＿＿

（4）评价讨论并确定最终改进方案

技能点 2：培养发现问题的能力

爱因斯坦说过，发现问题往往比解决问题更重要。但怎样才能有效地发现问题？吉卜林方法是众多方法中最简洁、最有效的一种。吉卜林认为我们首先应该从何时（WHEN）、何地（WHERE）、何事（WHAT）、何人（WHO）、何因（WHY）以及怎么办（HOW）这六个方面入手，回答这些问题就能快速打开思路。吉卜林方法也被称为"5W1H法"。

1. 5W1H 法的使用场合

当一位同事向我们推荐一个新产品或新想法的时候，我们会提出一大堆问题以便于快速理解与掌握产品的特征，这些问题包括：新产品有什么特征？价格怎样？从哪儿能买到它？还有谁买过它？其实这些问题都是 5W1H 的原型。

这个例子同时告诉我们吉卜林方法的使用场合：(1) 了解新产品或者新想法；(2) 对一个新想法或新产品进行"压力"测试或"挑刺"；(3) 作为激活头脑风暴会议的起点；(4) 作为全面考虑问题的起点；(5) 扩展某个具体的问题。

2. 5W1H 法的操作步骤

吉卜林方法非常简单灵活，可以用在头脑风暴会议的开始阶段，作为激活会场气氛的工具；也可以作为发散性问题思考方法的起点。这里介绍如何使用头脑风暴会议收集所有可能的问题。

第一步，会前准备。在白板或纸张中部绘制六角星，将讨论的议题写在中心，在六个角书写 5W1H；或者将它们分为六个大的类别列在纸张的顶端。

第二步，收集问题。使用头脑风暴法找出每个关键词可能对应的问题。在使用六角星的情况下将问题放射状的写在六个角的外侧或列在六个大类的下方。注意这一步仅仅关注于问题本身，在头脑风暴的过程中不要急于回答任何问题。

第三步，商讨答案。在收集完所有问题之后，进一步分析问题，根据具体的情况决定是否需要采取一轮新的头脑风暴会议寻找问题的答案。

3. 5W1H 法的实操案例

还是以自行车为例，假设某个小组打算设计一种新型的自行车，小组长带领大家开了一个简短的头脑风暴会议，会上大家共同发言，列出下面一些问题：

表 6-3　吉卜林方法应用

何人 WHO	谁会生产这种自行车？ 这种自行车为谁设计？ ＿＿＿＿＿＿＿＿＿＿＿＿＿＿？
什么 WHAT	自行车的价位应该定成多少？ 自行车应该设计成什么颜色？ 自行车都使用哪些材料？ ＿＿＿＿＿＿＿＿＿＿＿＿＿＿？
何处 WHERE	自行车在哪里加工生产？ 仓库选在何处？ 广告投在哪里？ ＿＿＿＿＿＿＿＿＿＿＿＿＿＿？
何时 WHEN	什么时候确定最终设计方案？ 什么时候开始生产和销售？ ＿＿＿＿＿＿＿＿＿＿＿＿＿＿？
为何 WHY	人们为什么要买这款自行车？ 我们的竞争对手为什么没有生产这样的产品？ ＿＿＿＿＿＿＿＿＿＿＿＿＿＿？
怎样 HOW	怎么提醒消费者使用这些新功能？ 怎么帮助消费者更安全地使用？ ＿＿＿＿＿＿＿＿＿＿＿＿＿＿？

技能点 3：培养创新思维能力

1. 学会逆向思维

逆向思维有助于帮助人们克服思维定势的局限性，是发现问题、分析问题和解决问题的重要手段。逆向思维的运用有以下几种方法。

（1）原理逆向。就是从事物原理的相反方向进行的思考。例如：制冷与制热、电动机与发电机、压缩机与鼓风机。伽利略发明的温度计，就是将水的温度的变化引起水的体积变化的规律反向运用，通过水的体积变化能看出温度的变化。

（2）功能逆向。就是按事物或产品现有的功能进行相反的思考。例如，装冰风力灭火器就是利用了保温瓶的功能逆向原理研发出来的，由一般的"保热"功能转化"保冷"功能。通常情况下，风是助火势的，特别是当火比较大的时候。但在火势较小的情况下，装冰风力灭火器吹出的大股冷空气高速吹向火焰，使燃烧的物体表面温度迅速下降，当温度低于燃点时，火就被熄灭了。

(3) 属性逆向。就是从事物属性的相反方向所进行的思考。例如用"空心砖"代替"实心砖"。空心砖与实心砖相比，用的材料比较少，质量很轻，强度大，保温、隔音降噪性能更好，而且更为环保。

(4) 结构、位置逆向。就是从事物的逆向结构形式中去设想，以寻求解决问题的新途径。例如位置的"上—下""左—右""前—后""里—外""头—尾"等。例如刺绣时为了避免频繁调转针头，减少麻烦，便发明了两端对称，从中间穿线的双尖绣花针。用双尖绣花针代替普通绣花针，大大提高了刺绣的效率。

逆向思维训练

(1) 请同学们认真思考，尽可能多地收集"倒读词"。

例子：累积——积累

(2) 根据提示，运用逆向思维，写出可以创新出的新物品

例子：空心砖——实心砖

2. 学会发散性思维

面对一个问题，应该多角度思考，产生大量不同的设想，尽可能多地提出解决方案。发散思维是指从一个目标出发沿着各种不同的途径去思考，探求多种答案的思维方法。发散性思维常常以某个目标或事物作为核心，然后根据事物的相关性扩散开来进行思考，因此，发散性思维具有多样性和多面性的特征，有利于延伸思维的广度和拓展思维深度。

发散性思维的运用有以下几种方法。

(1) 材料发散法。以某种"材料"为基础，对其特性进行深入研究，尽可能地想出多种用途。例如：请你写出1张A4纸的10种以上的用途。

(2) 功能发散法。从某事物的功能出发，构想出该功能的其他各种用途。例如，请你写出一支铅笔10种以上的用途。

(3) 结构发散法。以某事物的结构为发散点，设想出利用该结构的各种可能性。例如，由于三角形具有稳定性，请说出利用三角形稳定性特征制造出来的产品有哪些。

(4) 形态发散法。以事物的形态为发散点，设想出利用某种形态的各种可能性。例如，心形是比较受青年人喜欢的一种形状，请说出哪些事物的生产制造可以采用心形呢？

(5) 组合发散法。以某事物为发散点，尽可能多地把它与别的事物进行组合，形成新事物。例如：一支带橡皮的铅笔就是铅笔和橡皮的组合。

请用掷骰子的方法，随意组合下列物品，以激发创意联想。如果骰子掷出④—②（尺子—斧子），也许暗示将刻度装于斧柄，用来控制斧头锋度或型号等。

① 时钟　　　　　　　① 电动车
② 尺子　　　　　　　② 斧子
③ 橡皮筋　　　　　　③ 铅笔
④ 绳子　　　　　　　④ 电视
⑤ 水杯　　　　　　　⑤ 沙发
⑥ 文件夹　　　　　　⑥ 可乐

(6) 方法发散法。以人们解决问题或制造物品的某种方法为发散点，设想出利用方法的各种可能性。例如，请说出"抽奖"这一方法可以应用的场合：

(7) 因果发散法。以某个事物发展的结果为发散点，推测造成该结果的各种原因，或者由原因推测出可能产生的各种结果。例如：某企业2019年第四季度的市场份额降低了5%，分析可能产生的原因。

3. 学会联想思维

联想思维就是指人们在头脑中将一种事物的形象与另一种事物的形象联系起来，探索它们之间共同的或类似的规律，从而解决问题的思维方法。

联想思维的运用有以下几种方法。

(1) 自由联想法。就是通过主动自由的积极联想，让思维在自由奔放的情况下进行思考。具体操作方法是：首先随机选择一个事物，然后短时间内想到尽可能多的与该事物相关的其他事物，最后从想到的这些事物中选择出新的事物来。例如，提及"飞机"一词，就可以联想到天空、飞机的设计原理、飞机各项结构、飞机着陆装置等。经过一系列的追踪研究发现，自由联想越丰富的人，做出创新的可能性也越大。

(2) 强迫联想法。该方法是前苏联心理学家哥洛万斯和斯塔林茨发明的，其操作方法是任选一本产品目录，随意翻阅，联想翻看到的两种事物能否构成一种新事物。两位心理学家曾经用实验证明，任何两个概念词语都可以经过四五个步骤建立起联系的关系。比如高山和镜子，是两个风马牛不相及的概念，但联想思维可以使他们发生联系：高山—平地，平地—平面，平面—镜面，镜面—镜子；再如天空和茶，天空—土地，土地—水，水—喝，喝—茶。假如每个词语都可以与10个词直接发生联系，那么第一步就有10次联想的机会，第二步就有100次机会，第三步就有1000次，第

第六模块 识双创——创新与创业

四步就有10000，第五步就有1000000次机会。

可见，联想思维有着广泛的基础，它为我们提供了无限广阔的天地，一个人如果不会运用联想思维，学一点就只知道一点，那么他的知识是零碎的、孤立的，很难发挥大作用；可如果善于运用联想思维，就能做到由此及彼、举一反三、触类旁通，从而使思维跳出现有的圈子，突破思维定势而获得新的思路。

联想思维训练

请你根据名人名字的谐音写出能够联想到的产品名字及其所属的产品类型。

例子：周杰伦———粥绝伦（食品）

费玉清———_____

张艺谋———_____

章子怡———_____

赵本山———_____

范冰冰———_____

华晨宇———_____

周笔畅———_____

开眼界

创新巨人倒在创新上——诺基亚失败案例

2013年9月3日，微软以71.7亿美元并购诺基亚手机业务部门。这意味着，诺基亚失去了其昔日最为耀眼的手机业务，只留下了地图和网络通信这两块非核心业务维持生计。回顾诺基亚手机由盛转衰的历程，总结诺基亚"越成功越失败"的种种原因，或许对大学生在未来的创新创业过程中有些参考价值。以下是诺基亚失败的几大教训。

1. 创新步伐慢，错失市场

没有常胜将军，诺基亚靠模拟机转2G手机超越了摩托罗拉。3G智能机时代的来临，诺基亚应该警觉，自己有可能被超越，但是它没有。触摸屏时代来临，诺基亚依然固守Symbian，固守手机物理按键。如此一来，诺基亚市场占有率从2008年的40%以上，降到2011年的25%，随后被三星超越。

2. "老大"心态作祟，未能实现利益相关者共赢

时至今日，诺基亚发展智能机已是板上钉钉之事。而此前，诺基亚也一直有机会做智能机。在诺基亚市场份额出现下滑之时，诺基亚只要做Android，凭借其出色的硬件能力总能有出色表现。但是，诺基亚"老大"心态作祟，其选择操作系统的理

由是看重谁能成为领导者。在诺基亚看来，选择 Android 系统，做得再好，也只是谷歌最大的代工厂商，为谷歌打工；而选择微软，则可以建设另一个手机系统生态圈。但是，2011~2013 年，Windows Phone 生态迟迟落后于其他系统，诺基亚落得独木难支的境地。

3. 不断从零开始的创新，基础优势消失殆尽

在被众智能手机厂商争相分食市场份额之时，诺基亚本应充分利用自己的优势，寻找一个方向坚定地走下去，但是它没有。Symbian 已经不适应智能手机时代的发展，除了苹果，几乎所有手机厂商都转向 Android 平台。诺基亚选择了和英特尔合作从零开始做操作系统 MeeGo，但随后放弃，其投入都打了水漂。2011 年年初，诺基亚结盟微软，全面转向 Windows Phone 平台，几乎又是从零开始。再好的底子也经不起折腾。

4. 固守传统通吃模式，导致移动互联战略失败

2007 年，诺基亚率先在全球推出移动互联网 Ovi Store，这比苹果的 App Store 早了 1 年。随后，谷歌推出 Google Play，苹果和谷歌的应用商店的成功证明，不要试图产业链通吃，而是要开放合作。为推出基于位置的服务，诺基亚不惜花巨资收购导航软件企业、地图企业甚至相关的运营网站，但这种整条产业链通吃的模式似乎并未增强诺基亚在互联网世界的竞争力。在砸了 150 亿美元的巨资后，诺基亚 Ovi 战略归于失败。

5. 市场把控能力差，科技研发转化不成生产力

早在 2004 年，诺基亚内部就开发出触控技术，甚至是前瞻性较强的 3D 技术，诺基亚为科技研发投入了大量资本，仅 2010 年研发费用就高达 58 亿欧元，是苹果的 4 倍多。诺基亚拥有最庞大的研发资源，本该转化为战场上的武器，但是直到 iPhone 推出一年后，诺基亚才推出第一款运用触控技术的手机，其实当时诺基亚掌握触控技术已经好几年了。

主题 2　创业认知

长知识

当今大学生就业的巨大压力推动了大学生创业的风潮，为了鼓励大学生积极参与到创业活动中，中央和各级地方政府相继出台了一系列扶持大学生创业的优惠政策。大学生要想创业成功，必须做到"知己知彼"，"知己"就是要了解自身的性格特征和掌握的知识技能，"知彼"就是要掌握外部的创业环境、创业所需要的要素以及可以选择的创业的模式等。

知识点1：了解创业

1. 创业的概念

创业是人类社会生活中一项最能体现人的主体性和创造性的社会实践活动。

对创业概念，可以从以下四个方面理解。

（1）创业是一个复杂的创造过程——它创造出某种有价值的新事物。这种新事物必须是有价值的，不仅对创业者本身有价值，而且对社会也要有价值。价值属性是创业的重要社会性属性，同时也是创业活动的意义和价值。

（2）创业必须要贡献必要的时间和大量的精力，付出极大的努力。要完成整个创业过程，要创造新的有价值的事物，就需要大量的时间，而要获得成功，没有极大的努力是不可能的，而且很多创业活动的创业初期是在非常艰苦的环境下实现的。

（3）创业要承担必然的风险。创业的风险可能有各种不同的形式，取决于创业的领域和创业团队的资源。但主要的风险有人力资源风险、市场风险、财务风险、技术风险、外部环境风险、合同风险、精神方面的风险等几个方面。创业者应具备超人的胆识，敢冒风险，勇于承担多数人望而却步的风险事业。

（4）创业将给创业者带来回报。作为一个创业者，最重要的回报可能是其从中获得的独立自主，以及随之而来的个人的物质财富的满足。通常，风险与回报成正相关关系。创业带来的回报，既包括物质的回报也包括精神的回报，它是创业者进行创业的动机和动力。

2. 创业的特征

创业是现代社会一种重要的生产和生活方式，有着显著的社会性、自主性、开创性和风险性特征。

（1）社会性。创业是以创办企业并形成企业经营管理活动来实现的，它往往是创业者个体在一定社会环境中开展的一种独特的创新组织活动，创业活动的社会性表现为创业者要承载重要的组织和管理使命，并为此承担相应的社会责任。

（2）自主性。创业是创业者自主开展的经济活动，创业者需要充分发挥自身的主观能动性。在创业活动中，创业项目、计划、人员、资金、场地等相关要素都要由创业者自主确定，创业者需要具备良好的心态、机会把握能力和经营管理能力。

（3）开创性。在创业活动中，创业者需要思考前人没有思考过的问题，走的是前人没有走过的路，做的是前人没有做过的事，是在前人基础上的创新。这是一个全新的领域，需要创业者具备足够的勇气和胆略。

（4）风险性。创业是一种收益与风险并存的活动，创业需要付出巨大的努力，花费大量的时间、精力、财力和物力，但所面对的前景和所获得的回报却难以预料。根据《2017年中国大学生就业报告》数据显示，大学生创业的成功率只有5%左右。创业活动的风险性反映了一般经济活动所共有的特征，需要创业者以高度的自觉性和责任感加以承担。

知识点 2：创业要素

创业是一项系统工程，需要考虑到人、财、物、进、销、存、竞争、市场细分、定位、管理体系、团队、财务、推出机制等一系列的事情。所谓"兵马未动，粮草先行"，创业者必须在做好各项准备的情况下才能成功。

基于对大量创业案例的分析，通常认为创业要素主要包括创业者、商业机会、技术、资金、人力资本、团队、产品服务等七个方面。如图 6-2 所示。

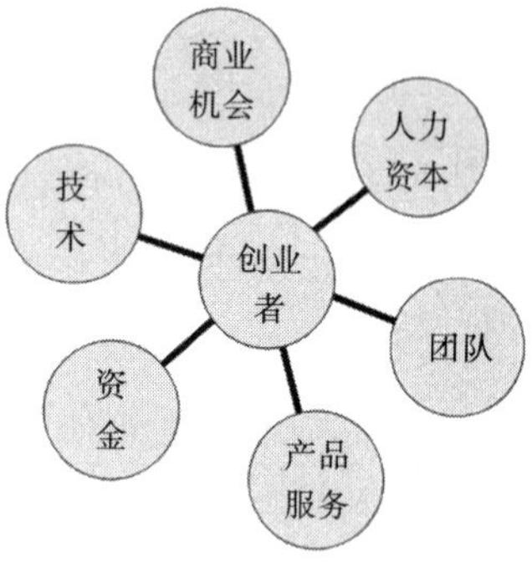

1. 创业者

创业者是创业过程中处于核心地位的个人或团队，

图 6-2 创业要素

是创业的主体。创业者在创业过程中起着关键的推动和领导作用，包括识别商业机会、创建企业组织、融资、开发新产品、获取和有效配置资源、开拓新市场等，因而创业者的素质和能力是创业成功的第一要素。

2. 商业机会

商业机会是创业过程的核心，创业从发现和识别商业机会开始。商业机会指没有被满足的市场需求，它是市场中现有企业留下的市场空缺。商业机会就是创业机会，它意味着顾客能得到比当前更好的产品和服务的潜力。

3. 技术

技术是提供满足客户需求的产品或服务的重要基础。产品与服务当中的技术含量及其所占比例，是企业满足社会和市场需求的支持保障，是企业的核心竞争力。尤其是在高新技术引领产业发展、产品服务更新迭代加速、大众创新的今天，具有核心竞争力的技术力量，在创业过程中的地位越来越重要。当前技术的主要来源有：自主创新、购买专利或进行资源交换获取等。

4. 资金

在当前创业门槛不断提高的今天，资金成了决定创业成败的关键。尤其在创业初期，对资金的需求量非常大，如果缺少资金的保障，将直接导致创业失败。因此，创业者在创业前，必须要有充足的资金保障。

5. 人力资本

人力资本是在新创企业所有创业资源中最活跃、最重要的资源。创业过程中所有工作的开展都离不开人，创业成功的一个关键因素在于创业者能够准确地识人、选人、留人、用人。尤其是创业初期，创业团队的组建尤为重要，要想把好的创意转变成现实的创业行动，就必须组建一个具备管理、技术、营销等各方面知识经验人士参加的创业团队。因此，创业者在组建创业团队时，必须要充分考虑团队成员的能力、性格、经验等方面的因素。

6. 产品服务

产品服务是创业者为社会创造的价值，它是创业者对社会的贡献，也是创业取得成功的必要条件。创业者必须要做好市场调查，了解社会的真正需求，只有提供真正满足社会需求的产品和服务，企业才能获得持续的生存和发展。

练技能

技能点1：识别创业机会

1. 创业机会的含义及特点

创业机会属于更广义的商业机会范畴，但并不是一般意义上的商业机会。根据美国纽约大学教授柯兹纳（Kirzner）给出的定义，创业机会是未明确市场需求或未充分使用的资源或能力，它不同于有利可图的商业机会，其特点是发现甚至创造新的手段—目的（means-end）关系来实现创业收益，对于"产品、服务、原材料或组织方式"有极大的革新和效率的提高，且具有创造超额经济利润或者价值的潜力。

创业机会具有普遍性、偶然性、消逝性等特征。凡是有市场、有经营的地方，客观上就存在着创业机会。但创业机会的发现和捕捉带有很大的不确定性，任何创业机会的产生都有"意外"因素。随着客观条件的变化，创业机会也会相应地消逝和流失。

实际上，创业机会与商业机会之间并不存在截然的界限，之所以对二者加以区分，目的只是强调创业机会独有的价值或者利润创造特征，并突出其创新性、变革性。因此，在创业过程中，我们无须刻意去区分创业机会与商业机会，也并非只有把握创业机会才能创业，如果能把握好有利可图的商业机会也同样可以创业，并给社会创造财富。

2. 创业机会的来源

(1) 来源于环境变化

变化是创业机会的重要来源，没有变化就没有创业机会。著名管理大师彼得·德鲁克（Peter F. Drucker）曾将创业者定义为"寻找变化，并积极反应，把它当作机会充分利用起来的人"。尤其是在今天这个"唯一能够确定的就是不确定性"的复杂动态环境中，蕴藏着各种良机，主要包括宏观经济政策和制度变化、产业经济结构变化、社会和人口结构变化、价值观与生活理念变化、竞争环境变化、技术变革等。

(2) 来源于顾客需求

公司存在的根本目的就是满足顾客需求、为顾客创造价值，无论环境是否变化，创业机会源于顾客需求都是永恒的真理。因此，创业机会必定来源于顾客正想要解决的问题、顾客生活中感到非常头疼的问题、顾客新增的需求……而这一切，或许是顾客明确的需求问题催生出的新创业机会，或许是被人忽略的"蓝海"市场引发的创业机会，又或许是创业者挖掘出顾客的潜在需求而产生的创业机会。

(3) 来源于市场竞争

在分析竞争对手时，我们通常都会将自己与竞争对手之间的优势与劣势进行比较分析，目的是采取扬长避短或者差异化的策略，进而更好地满足顾客需求，拓展市场。因此，在市场竞争过程中，如果你能够针对竞争对手的不足，将自己的优势充分发挥出来或者采取差异化的产品或者服务方案，为顾客提供更具价值的产品或者服务，那么，你就找到了在竞争夹缝中生存的绝佳创业机会。

3. 识别创业机会

作为创业者，最难能可贵之处就在于能够发现其他人所看不到的机会，并采取行动来把握创业机会、实现创业价值。人们逐渐总结出了一些可以识别创业机会的规律和技巧，这里主要介绍几种常用的方法。

(1) 新眼光调查

所谓新眼光调查，就是利用全新的眼光去观察和思考所接触到的各种信息，主要包含以下三种情况。

① 进行初级调查。通过与顾客、供应商、中间商、政府部门等直接沟通，了解当前正在发生什么以及将要发生什么。

② 注重二手资料调查。运用互联网技术搜索自己需要的信息，通过分析和总结他人的讲话、作品、文章等都是二手资料调查的主要方式。

③ 记录你的想法。瑞士最大的音像书籍公司的创始人说他有一本特殊的笔记，当记录到第200个想法时，他坐下来，回顾所有的想法，然后开办了自己的公司。

(2) 通过系统分析发现机会

人们可以从企业的宏观环境（政治、经济、法律、技术等方面）和微观环境（顾客、竞争对手、供应商等）的变化中发现机会。借助市场调研，从环境变化中发现机会，是机会发现的一般规律。

(3) 通过问题分析和顾客建议发现机会

进行问题分析，可以首先问"什么才是最好的"，一个有效并有回报的解决方案对创业者来说是识别机会的基础。另外，一个新的机会可能会由顾客识别出来，因为他们知道自己需要什么。这样，顾客就会为创业者提供机会。顾客的建议多种多样，无论采用什么样的手段，一个成功的创业者往往善于从顾客那里征求想法。

（4）通过创造获得机会

这种方法在新技术行业中最为常见，它可能始于明确的、已满足的市场需求，从而积极探索相应的新技术和新知识，也可能始于一项新技术发明，进而积极探索新技术的商业价值。通过创造获得机会比其他任何方式的难度都大，风险也更高。同时，如果能够成功，其回报也更大。这种情况下所产生的创新在人类所具有重大影响的创新中，居于压倒性的主导地位。

识别创业机会训练

情景一：生活中有很多人的发型是比较短也比较简单的类型，这样的人就需要经常剪发，大概半个月到一个月左右就需要剪一次。但是，如果生活在大城市就会发现剪发并不便宜，有的城市高达50~70元。针对上述情景，你能发现什么样的创业的机会呢？

情景二：每到节假日放假时，各大高校的学生都会面临着交通问题，针对上述情景，你能发现什么样的创业机会呢？

技能点2：选择合适的创业模式

只有选择最适合自己的创业模式，才能尽量减少创业失败的风险。

1. 加盟连锁模式

（1）加盟连锁模式的含义

加盟连锁模式是指大学生以区域代理、加盟营销或购买特许经营权的方式来销售某种商品或服务的创业模式。加盟连锁模式的投资金额根据商品种类、店铺要求、技术设备的不同从6000元至250万元不等，可满足不同需求的创业者。

（2）加盟连锁模式的特点

加盟创业的最大特点是利益共享，风险共担。一方面，创业者只需支付一定的加盟费，就能借助加盟商的品牌优势，利用现成的商品和市场资源，并能长期得到专业指导和配套服务，而不必摸着石头过河，能够大大降低创业风险。另一方面，创业者能和总店或其他加盟商家分享经营诀窍和资源，能够长期得到专业化指导和完善的配套服务。但这种模式也有缺点，比如在创业初期投资高，企业的管理和发展缺乏自主性与创造性，回报率不高等。

（3）加盟连锁的步骤

对初次尝试加盟创业的大学生而言，加盟创业一般要经过以下步骤。

① 加盟咨询了解。加盟者在加盟前可以通过会议、培训、广告等渠道，了解企业概况、经营模式、加盟条件及要求，力争选对行业、找准品牌，最终确定开店意向。

② 填写加盟申请表。加盟方填写《加盟申请表》、规定的证明及经营能力的资料

文件等，提交公司总部审核。

③ 公司考核。总部接收到申请表后，对申请加盟者的具体情况进行审查。如果审查通过，通知加盟者，即可签约。

④ 签约。公司提供加盟合同文本，并予以解释，双方没有异议，公司与申请者签订加盟合同，明确双方合作方式、权利及义务。申请者缴纳相关加盟费用。

⑤ 选址、办证。根据加盟方提供的开店地址，进行项目的可行性分析，共同确定最终选址方案。店址确定后，加盟者需办理营业执照等相关证件。

⑥ 装修设计、招聘。加盟方提供经营场地平面图，公司负责设计装修方案及效果图。加盟方在公司的指导下，按公司统一的设计方案进行选材、装潢、招聘经营所需人员。

⑦ 培训。公司统一为加盟方提供开店运作培训，培训内容包括管理软件及硬件操作、市场分析、市场渠道开拓等。

⑧ 开业。开业要举行开业仪式，开业运营后要及时追踪并反馈开业运营情况，多与公司总部和其他加盟商交流，获取改进意见。

⑨ 经营指导。加盟方严格遵守加盟协议，落实公司各项宣传及促销措施。公司不定期对加盟方进行培训及指导。

⑩ 生产及配送。加盟方根据加盟协议，交付一定订金，下生产订单进行生产。公司接到订单后，通过物流进行配发货。

2. 积累发展模式

（1）积累发展模式的含义

积累发展模式是指创业者白手起家，通过发展积累把企业从小做大，完全独立的创业模式。这种模式的创业没有固定的形式，可以是摆地摊，也可以是大型的商贸行为。进入的门槛较低，技术含量相对不高，创业者多从事一些社会初级行业，集中在商业零售、餐饮、服装、图书批发、小商品买卖的经营上。

（2）积累发展模式的特点

积累发展模式的资金需求相对较小，可以通过自有资金或银行的小额贷款形式筹措。由于企业规模较小，经营管理方式灵活，在取得阶段性成功、发展到一定规模的时候，企业需要及时转变发展思路并建立规范的具有法人地位的股份制小型公司。这种创业模式的特点是投资小、见效快、门槛低、管理简单，创业者开展起来比较容易。但是这种模式也有先天性不足，就是市场相对饱和，企业缺乏核心竞争力，长期发展堪忧，所以制定出科学合理的长远目标会是这种模式最终获得成功的关键。

3. 专业技术模式

专业技术模式的创业活动是基于互联网发展本身而言的，对于网络技术应用较为灵活的大学生而言，清晰的创业思路和技术优势会降低创业的竞争压力及风险。如果创业大学生有计算机专业背景，编程能力较为突出，可以根据市场需求趋势开发一些应用型功能软件，然后投入市场实现盈利。软件开发类型的创业不仅专业性要求非常高，而且成功率相对较低，需要创业者有更充分的准备。

4. 技术入股模式

（1）技术入股模式的含义

技术入股模式是大学生用自己拥有的专长或技术发明作为资本参与企业的创建。这种模式要求大学生具有某一领域的专业特长，或者自主成功研发一项新的产品、新的工艺等，从而吸引具有实力的公司提供风险投资创办企业。

（2）技术入股模式的特点

这种模式集中在高新科技知识密集型行业，以电子信息、生物制药、互联网技术等为代表，经营方式上一般采用股份制。这种模式是大学生创业的典型代表，优点是可以充分发挥大学生的专业特长和知识技能，创业具有很强的创造性，可以创造巨大的市场价值与社会价值。缺点是大学生能够自主研发出新产品的难度较大，融资渠道较单一，不确定性大，前期发展风险较大。

5. 模拟孵化模式

（1）模拟孵化模式的含义

模拟孵化模式是大学生经过高校创业大赛与创业孵化园区的影响而产生的一种创业模式。大学生在高校参加了很多创新创业大赛，在创新创业大赛中通过创业点子的开发，储备了创业知识，积累了创业经验，锻炼了创业技能。同时高校创业基金中心也会对创业项目进行股权式的投资来帮助创业者建立公司，这对创业者也是一种激励和敦促。目前这些项目多集中于高科技行业，很多都是高校所承担的研究课题。

（2）模拟孵化模式的特点

这种模式最大的特点就是具有创新性与开放性，创业者可以充分享受到政策的支持与各方面力量的帮助，包括老师的培训和指导、免费的办公场地、优秀专家团队的技术支持、成果申报的便利等。大学生在创业园区进行创业是有保障的，可以减少创业的阻力，增加创业的稳定性。与此同时，这种模式也存在缺点，大部分创业者在创业过程中容易受到已有知识经验的禁锢，对市场缺乏了解，数据不可靠等问题通常让创业者走向失败。

6. 电子商务模式

电子商务是互联网时代群众基础最为广泛的一种创业模式，也是大学生创业者的创业方向之一。基于电子商务的创业活动也是多种多样的，较为基础的便是开设网店，当前淘宝、天猫、京东等大型网上商城平台运行已经比较成熟，大学生可以选择合适的平台开设店铺。如果自己的产品比较突出，也可以选择专卖特色较强的商城平台，重要的是做好产品质量把控和形象包装，尽早形成品牌效应。相对比较高级的电子商务创业则是利用技术、资金优势搭建新的交易平台,通过吸纳入驻商家来实现盈利,当前电商环境下大学生创业最适合选择受众范围小、特色强势的平台市场。

当前,我国大学生自主创业整体发展较快,已经具有多种模式类型。不同的创业模式要求的素质是不同的,不能说哪种模式最容易成功。因此,大学生创业者一定要准确判断自己的优势和劣势,选择最适合自己的创业模式,充分发挥优势因素,积极化解不利因素,争取创业成功。

创业模式训练

案例一:李同学,目前就读于上海某大学工科学院,今年刚刚升入大三,美术功底很好,且基本自学成才,在策划设计方面很有天赋。大二刚开始时,他便加入了一个创业团队,团队由各年级同学组成,以线上和线下校园生活一体化工作方式为大学生提供更加丰富便捷的生活服务。

根据以上背景情况,请为李同学设计一个合理的创业项目,并选择一个合理的创业模式。

案例二:张同学,2018年毕业于上海某高校动画学院游戏设计专业,他在大学生期间就"不务正业",尝试模仿国外桌游,设计出了具有中国特色、符合国人娱乐风格的桌游,并受到大众欢迎。

根据以上背景情况,请为张同学设计一个合理的创业项目,并选择一个合理的创业模式。

开眼界

马云创业史

马云大学毕业后进入一家学校当英语老师,他每天骑车40分钟去西湖边上的香格里拉酒店,做国外游客的导游,练习英语。后来,马云碰到了一个澳大利亚的游客,还邀请他去澳大利亚度假。这次出国彻底改变了马云的思维,"我意识到世界和我之前被教导的差异巨大,我不再跟随别人的意见,发展出了自己的思考方式。"

后来,马云辞职后换了几份工作,包括做过一个新开张的肯德基店的店长助理。1995年他创办了海博翻译社。因为帮助杭州市政府和美国一家公司谈合作,马云在去美国时第一次接触到了互联网。1995年4月,马云垫付7000元,联合家人亲朋凑了2万元,创建了中国最早的互联网公司之———"海博网络",并启动了中国黄页项目。

那时的马云与其说是总经理，不如说是个推销员。一位曾在大排档里见过马云的老乡这样描述他：喝得微醺、手舞足蹈，跟一大帮人神侃瞎聊。那时大家还不知道互联网为何物，很多人将马云视为到处推销中国黄页的"骗子"，而他还是一遍遍地"对牛弹琴"。到了 1997 年年底，网站的营业额不可思议地做到了 700 万元。

随着互联网在中国升温，中国黄页在一夜之间冒出许多竞争者，当时最强大的当属本地的杭州电信。实力悬殊的竞争使得马云最终向对方出让了 70%的股份，但双方合作并不愉快，由于经营观念的不同，马云和杭州电信分道扬镳，放弃了自己的中国黄页。这一年是 1997 年，这是马云创业生涯的第一次失败，这年马云 33 岁。

马云离开中国黄页后，受外经贸部邀请，加盟外经贸部新成立的公司，中国国际电子商务中心（EDI），参与开发了外经贸部的官方站点以及后来的网上中国商品交易市场。在这个过程中，马云的"用电子商务为中小企业服务" 这一 B2B 思路渐渐成熟，连网站的域名他都想好了——阿里巴巴。1999 年，35 岁的马云推辞了新浪和雅虎的邀请决心南归杭州创业。

1999 年 2 月，在杭州湖畔花园的马云家中，以 50 万元起步的阿里巴巴诞生了，从横空出世、锋芒初露，到气贯长虹、势不可挡，直至成为全球最大网上贸易市场、全球电子商务第一品牌，最终成就了今天的阿里巴巴帝国。

案例启示：

创业不是一蹴而就的事情，创业的过程是艰辛的、充满风险的道路。任何一位成功的创业者身后，都满含心酸的故事。通过马云的创业史我们可以发现：

创业必须要具备良好的身体和心理素质，这是创业成功的首要基础；

创业必须要有坚持不懈、必须成功的信念。创业的路上不会一帆风顺，到处充满危机和风险，如果没有坚持不懈地努力、顽强拼搏的毅力和必须成功的信念，创业不可能取得成功；

目标明确、思路清晰、反应敏捷是创业者必须具备的素养，只有这样才能发现和把握创业过程中事物变化和发展的规律；

创业成功离不开一个优秀的团队。马云正是由于有了一个团结协作、相互支持、永不言弃的团队，才成就了后期的伟大事业。

主题 3　创新与创业互化

长知识

创业与创新有着密切的联系。离开创业，我们探讨创新就失去了意义和目的；而不弄清楚科学的创新理论、创新能力及其开发问题，创业就缺乏理论支持和灵魂。创新是创业的手段和基础,创业是创新的载体。在现代市场经济条件下,企业必须进行有效的自主创新,只有不断地进行生产技术革新和再创造,才能使企业获得持续生存、发展并保持持久的活力。

知识点1:创新和创业的区别与联系

1. 创新和创业的区别

(1) 创新与创业的概念不可以相互等同

虽然创业活动必然地涉及创新活动,但创新活动并不必然地是创业活动。创新就是用一种与众不同的、新颖的和敢于冒险的方法去解决所面临的问题,并提出新思想、新认识,探索新规律,做出新发明,创造新成果。而创业指的是将创新或创造出来的新事物转化成具有最大社会化价值的一个过程。创业的整个过程往往是十分复杂和困难的,包括物质、技术、方法等方面的创新改革,新型物质材料的开发利用等。创新的本质是推陈出新,而创业的本质是资源的整合和再创造。

(2) 创新与创业的基础不同

创业活动与企业管理创新活动之间最大的区别就在于创业是在一个空白基础上的起步,它的任务是要创办、建立起一个新的企业。而成熟企业的管理创新则在于要把已经建立起来的企业做大做强。创业活动是从无到有的过程,企业管理创新活动则是从小到大、从弱到强的过程。

2. 创新和创业的联系

(1) 创新是创业的基础,创业离不开创新

著名经济学家熊波特认为,创新是生产要素和生产条件的一种从未有过的新组合,这种"新组合"能够使原来的成本曲线不断更新,由此会产生超额利润或潜在的超额利润。创新活动的这些本质内涵,体现着它与创业活动性质上的一致性和关联性。

创业与创新立足于"创","创"是共同点、是前提。"创"的目的是出新立业。创新在于所创之业、产品、观念、模式能弃旧扬新、标新立异,能够适应时势变化,做到解放思想、实事求是、与时俱进、常变常新,推动社会历史前进;没有创新,创业就无从谈起,创新和创业是密不可分的实践活动。创业过程中,新产品的开发、新材料的采用、新市场的开拓、新管理模式的推行等,都必须有创新的思维作先导,最后创业才能成功。创新是创业的基础,创业者只有通过创新,才能使所创的企业生存、发展并保持持久的生命力。

(2) 创业推动并深化创新

创业者为了让企业能够在激烈的市场竞争中获胜,就需要源源不断地提供新的产品和服务来满足消费者日益增长的需求。而新产品和新服务的产生就需要企业在产品设计、研发、生产、管理、销售等各方面进行不断创新。由此可见,创业可以推动

新发明、新产品和新服务的不断涌现，创造出新的市场需求，从而进一步推动和深化创新能力，提高企业乃至整个国家的创新能力和水平。

（3）创新的价值在于创业

从一定程度上讲，创新的价值就在于将潜在的知识、技术和市场机会转变为现实生产力，实现社会财富的增长，造福于人类社会。而实现这种转化的根本途径就是创业。创新者可能并不是创业者或是企业家，但是创新的成果只有经过创业者的转化，应用于实际生产和生活中，才能使潜在的价值市场化，创新成果也才能转化为现实生产力。

从总体上说，一方面，科学技术、思想观念上的创新，促进了人们物质生产和生活方式的变革，引发了新的生产、生活方式，进而为整个社会不断地提供新的消费需求，这是创业活动之所以能够源源不断的根本动因。另一方面，现代创业活动依赖于科学技术、生产流程和经营理念创新支持下的产品和服务创新，就是在这样的意义上，创新是一批又一批新企业诞生的内在支撑和根本保障。创业者只有具备持续旺盛的创新意识，才可能产生富有创意的想法和方案，最终获得创业成功。

知识点 2：大学生创新创业成果转化存在的问题

1. 创新项目成果不能满足市场需求

大学生创新创业成果转化率低，造成这一困境的客观原因是大学生最终形成的创新创业成果的科技含量较低或实践性不强。

由于大学生的生活圈子狭小，社会生活体验简单，与企业的学术交流更是近乎绝缘。关于创新成果的研究大多源于文献或书籍，与企业的实际需求不相衔接。闭门造车的后果是成果创新程度低、实用性差、不能满足市场需求，也不为市场所接受。

"重结果、轻过程"的评价机制对成果转化形成了严重制约。为鼓励创新，高校大多出台了积极的政策，如综合测评加分、发放奖金和荣誉证书等。这些措施有效地激发了学生的参与热情，但缺乏对项目实施过程的评价。这就导致学生在选题时更倾向于选择研究过程短、见效快、容易出成果的选题，较少考虑实用性强、研究周期长和创新性强的课题，这就导致了研究成果很难被市场所接受。

2. 创新项目成果缺乏转化通道

创新项目成果在转化过程中不仅需要学生的兴趣和努力，还需要有足够的场地、有效的企业指导以及现代化实验设备。除此之外，还需要进行成果研发和批量试生产。现阶段，由于高校自身的特点和职能，不大可能提供众多渠道为学生的创新成果提供转化通道。因此，企业才是创新成果转化与推广的重要主体，而作为社会企业则由于各种实际原因很难与高校项目对接，实现创新成果转化。

3. 大学生缺乏精力和能力进行项目成果转化

创新项目成果产出后，高校虽可提供成果转化的理论指导，但在成果转化为实用性技术的过程中普遍缺乏针对性指导，也普遍缺乏有相关实践经验的老师，更重要的是在校大学生要以学业为主，没有太多的精力和能力将成果进行市场化运作，使之成功商品化。即使有些学校通过教育集团等相关部门对学生成果进行推广，但还是需要学生自己摸索成果转化的流程、注意事项等，这也是阻碍创新项目成果转化的一道门槛。

练技能

技能点1：掌握并应用大学生创业优惠政策

为支持大学生创业，国家各级政府出台了许多优惠政策，涉及融资、开业、税收、创业培训、创业指导等多方面。对于打算创业的大学生来说，了解这些政策，对于走好创业的第一步具有重要意义。下面以山东省为例，介绍大学生创业优惠政策。

1. 企业注册登记方面

（1）程序更加简化

凡高校毕业生（毕业后两年内，下同）申请从事个体经营或申办私营企业的，可通过各级工商部门注册大厅"绿色通道"优先登记注册。各级工商部门注册大厅坚持实行"优先咨询、优先受理、优先登记"的"三优先"服务；坚持对符合政策条件的大中专毕业生实行"零收费""零成本"创业；坚持实行创业"试营业"和"首违不罚"制度；继续开通"创业咨询热线电话"等。

（2）减免各类费用

对高校毕业生创办个人独资企业和个体工商户，免收登记费、年检费和工本费，申办独资、合伙企业的，不受出资额限制。鼓励大学生依法以知识产权、实物、科技成果等可评估、可转让的非货币资产作价出资，知识产权可占注册资本总额的100%。允许大学生自主创办公司以股权出质融资。

（3）放宽经营场所限制

按照法律法规规定的条件、程序，大学生创业人员从事非扰民项目的，可以住所（经利害关系人同意）、租借房、临时商业用房、农村住宅等作为创业经营场所，可实行一址多照和一照多址。同时依法放宽企业名称登记条件、放宽营业执照期限限制。

2. 金融贷款方面

（1）提高贷款额度，给予财政贴息

大学生创业可按规定申请小额担保贷款，新发放的个人小额担保贷款最高额度提高到8万元。除国家限制行业以外的商贸、服务、生产加工、种植养殖等各类经营项目均视为小额担保贷款微利项目，纳入财政贴息范围，贷款利息由中央财政据实全额贴息。对大学生创办的符合条件的劳动密集型小企业发放小额担保贷款额度，可根据合伙（组织）人数、经营项目、还贷能力、信用状况等具体情况，按实际招用人数合理确定小额担保贷款额度，最高可达200万元，贷款期限不超过2年，由财政部门按照中国人民银行公布的贷款基准利率的50%给予贴息。

（2）简化贷款手续

通过简化贷款手续，合理确定授信贷款额度，一定期限内周转使用。

（3）利率优惠

对创业贷款给予一定的优惠利率扶持，视贷款风险度不同，在法定贷款利率基础上可适当下浮或上浮。

3. 政府补贴方面

（1）创业补贴

对符合条件的大学生创业首次领取营业执照并正常经营6个月以上的，给予一次性创业补贴1000元。符合条件的大学生创办企业吸纳劳动者就业，与其签订一年以上劳动合同，并缴纳社会保险的，可按实际创造就业岗位个数给予一次性岗位开发补贴，补贴标准为每个岗位500元。

（2）社保补贴

对离校后2年未就业的就业困难大学生，进行失业登记后，以灵活就业形式创业的，并按灵活就业形式缴纳社会保险费的，可按规定申请社会保险补贴，补贴期限最长不超过3年，补贴标准按当地实际补贴标准执行。

（3）房租补贴

例如济南市大学生创业者入驻市级认定的创业孵化基地后，会根据基地内创业组织吸纳就业的情况，给予一定期限的房租补贴，补贴期限最长不超过2年。房租补贴按先缴后补的原则，每年每户给予不超过场所实际租赁费金额的50%，补贴金额最高不超过2400元。

4. 税收优惠方面

符合条件的高校毕业生，从事个体经营（除建筑业、娱乐业以及销售不动产、转让土地使用权、广告业、房屋中介、桑拿、按摩、网吧、氧吧外）的，在3年内按每户每年8000元为限额，一次扣减其当年实际应缴纳的营业税、城市维护建设税、教育费附加和个人所得税，应缴税额小于8000元的，按实际缴税款为限。

想一想：你知道去哪里寻找大学生创业的相关优惠政策吗？

技能点2：加快创新项目成果转化

1. 转变观念，增强成果转化意识

首先，大学生自身要切实改变重理论、轻实践的观念，充分认识到创新项目及其成果转化的重要性，增强对科技成果转化的保护意识与市场意识，认识到创新成果知识产权的价值。其次，要积极参与各类创新创业大赛，主动走出校门，放眼社会，开阔眼界，加强对政府部门、社会企业和市场的了解；再次，还要到企业、研究所等机构中寻找符合社会需求的有针对性的课题，寻找一切可以利用的机会将创新成果在模拟运营条件下转化为实用产品或技术，验证自身成果的市场适应性与可推广性。

2. 高校要进行校企合作，建立项目成果转化平台

企业是大学创新创业教育的重要参与者，不能仅仅停留在创新成果转化为产品的商业运作中，更应该全程化参与到创新创业教育中。高校要积极与企业联系，建立校企合作项目，充分利用企业为大学提供的研究资金、创业辅导、创业场地、人力中介及律师服务等，促进项目成果专利化和产业化，从而为创新创业教育提供全方位的服务和保障，实现"校企共赢"。

此外，高校也要加强师资队伍建设，培养一批从事创新创业教育和研究的教师队伍。要引导校内教师"走出去"，到企业中学习，同时也要积极"引进来"，聘请一些企业家、创新创业者、管理精英和技术专家等担任创新创业教育或项目的兼职教师和实践导师。

3. 政府搭台，发挥统筹引导功能

政府是大学生创新创业教育的推动者和引导者，要主动制定、推广相关政策、法规和设立相应机构等措施促进高校和企业开展深入合作：一方面，推动高校打造一支结构合理的创新创业教育师资队伍，按社会需求培养学生，为企业输送匹配人才；另一方面，让企业在资金扶持、减免税收、给予补贴、减免利息贷款等方面享受到更加优惠的条件，使企业积极主动地参与到高校创新项目成果转化过程中。

高校创新项目成果转化实例

实例一： 四川某高校一个大学生创业团队创建了一个专门针对在校大学生的二手交易平台，虽然现在网上有许多有名的二手交易平台，但业务范围太广，不适用于在校大学生。对于大学生来说，一些东西的更新换代速度很快，如电子产品、一些成色比较新的服装鞋子、日用品等，特别是对于即将毕业的学生，有很多二手物品需要处理。当前该项目正在大学生创业服务网进行交易。

实例二： 四川省某高校另一大学生创业团队创建了"临宠暂放点"这一创新创业项目。该项目将"宠物临时置放笼子"与"APP"配合使用，这是一个放置宠物的临时点，可以将宠物暂时寄放在这里，能够解决公共场所不允许带宠物入内的难题。而APP的功能也很齐全，集宠物在线医生、宠物日常生活用品、宠物美妆、宠物家长交流、支付等功能于一体。通过APP扫码，可以实现开锁与关门功能，在笼子下方还配置有一次性处理排泄物的东西，需要清洁时简单点击一下按钮即可。当前该项目正

在大学生创业服务网进行交易。

上述两个大学生创新创业的实例对你有什么启发吗？

课后习题

1. 思考题

（1）创新的原理有哪些？

（2）如何培养创新思维能力？

（3）创业的要素有哪些？

（4）大学生创业有哪些模式可以选择？

（5）创新和创业之间是什么关系？

2. 实训练习

（1）请利用网络和相关书籍查找 5 位名人有关创新的名言警句，并谈谈你对这几句话的理解。

（2）请用创新思维分析以下故事：有一对夫妻，他们已经 40 岁了，但很喜欢吵架，他们结婚以后每天都吵架，从没有间断过。但是有一个月他们只吵了 26 次，请问是怎么回事？

（3）请说出 3~5 种让你觉得特别有创新性的产品，并分别说说他们的设计都运用到了创新的哪一些原理。

（4）请任选一个感兴趣的领域，查找国家有关的政策，了解国家鼓励什么、限制什么，行业未来的发展趋势如何，这些都含有哪些创业机会？

3. 案例分析

校园里的 CEO

在内蒙古某大学一提起李一鸣，很多人都知道他的身份不仅是化学工程专业的博士生，还是一家能源公司的 CEO。

在读本科时，李一鸣就踏上了创业之路。这一切得从"Antiray 防辐射修复盐藻凝露"说起。2010 年，李鸣和他的团队历经 3 年多研发的防辐射及辐射修复乳液获得国家技术发明专利，并于 2011 年获得国家专利局中国专利年会银奖。

还在读本科的李一鸣看到身边的人每天都用大量时间上网购买化妆品，就想到我国化妆品市场上防辐射产品存在空白。经过科学调研，确认这个市场可以有所作为后，李一鸣在没有任何化工专业背景的情况下，每天缠着化工学院的老师询问技术细节，与自己的团队研发产品。经过 3 年多的时间，终于成功研发了防辐射及辐射修复乳液。

在申请国家技术专利的同时，李一鸣将自己的产品名称定为"Antiray 防辐射修复盐藻凝露"，并在香港注册了化妆品公司，之后不久他联合内蒙古宇航人化妆品公司将产品推向了市场。此间，他凭此项目摘得第七届"挑战杯"中国大学生创业计划竞赛铜奖。

2013年，李一鸣决定将竞赛期间积累的技术经验转化为生产力，成立绿日新能源有限责任公司。他们设计多套适用于草原牧区的新型建筑以及经济有效的太阳能光伏发电系统，并提供多个附加接口和系统供灵活选择。李一鸣说："希望通过这个新能源企业，为解决牧民的用电、采暖和饮用水问题，贡献技术力量。"

现在的李一鸣，已经在运营两家公司，并拥有独立的发明专利。对于自己的创业故事，他简单地总结为：成就自己，造福他人。

以上案例对你有何启示？

第七模块

筹创业——创业准备

知识目标

- 了解创业基本素养认知及提升方法
- 掌握创业计划书的内容、撰写原则及撰写技巧
- 了解具体创业实践模拟

技能目标

- 能够运用创业素养的提升方法
- 能够撰写创业计划书
- 能够进行创业实践模拟

要点导图

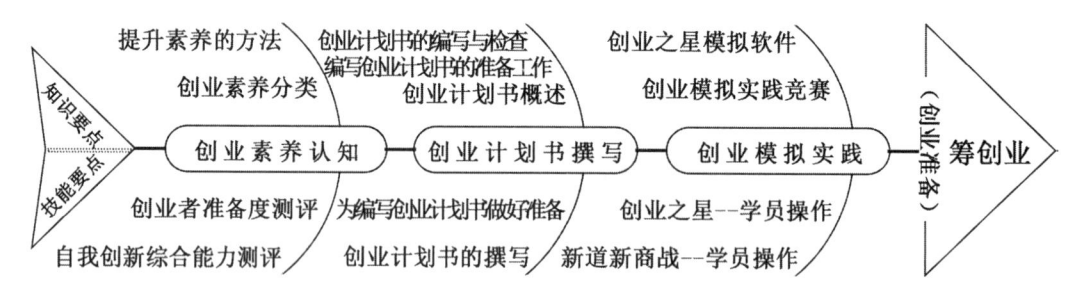

图 7-1 "筹创业"知识与技能要点

前导案例

小李创业记

某高职院校汽车电子专业毕业的小李,毕业后盲目创业,学着别人卖手机、倒服装、开网店、卖保险,几经波折,没有干成功一件事。正当小李垂头丧气时,恰逢所在社区组织个体经营者进行自我创业资源分析,经过认真细致剖析,小李发现自己最大的长处还是大学所学的专业。于是小李经过一番周密准备,并申请了市里的大学生创业基金,开了一家汽车修理店。经过一段时间的拼搏和努力,小李的汽车修理店开得有声有色,营业额和利润逐年上升,自己也找到了适合自己的发展方向,并取得了很好的成绩。

案例解读:

创业并不是一件容易的事,除了付出艰辛和努力外,还需要对自己的优势和不足有一个正确的评价。只有这样,才能找准方向走向成功。小李的专业是汽车电子,

修理汽车是他的专长，在准确认识到自己的长处后，小李及时调整创业方向，最终获得了成功。

主题1　创业素养认知

长知识

"大众创业、万众创新"，由于国家鼓励年轻人创业，因此，创业在青年学生中已不是一个陌生的话题。很多青年学生已投身于如火如荼的创业大潮中，并取得了一定的成就。

创业者是创业的核心，是创业成功的关键因素。

个人的创业素养是创业成功的关键因素。虽然优秀素养与遗传基因有一定的联系，但也可以通过后天的培养获得。只要掌握提升创业素养的方法，并有意识地去练习，就会逐渐提高自身的创业综合素质。所以在决定创业之前，要准确、科学地对自身的创业素养有一个全面的认知。

知识点1：创业素养分类

创业素养主要有以下四种类型。

1. 道德素养

道德素养是指个人为实现一定的理想人格而在意识和行为方面进行的道德上的自我锻炼，以及由此达到的道德境界。具体内容包含以下几个方面。

（1）诚信为本

诚信就是"诚实无欺，信守诺言，言行相符，表里如一"。诚信不仅是为人处世的基本准则，更是经商之魂。在创业经商过程中，诚信是第一品质，是创业者的"金质名片"，也是参与各种商业活动的最佳竞争利器。

（2）守法律己

守法律己是指创业者要严格依据法律法规创办和经营企业，不从事违法活动，严于律己，做遵纪守法的创业者，企业才能得到持久健康发展。

（3）责任心强

责任心是指一个人具有的对自己、家庭、组织及社会等主动担负责任的意识，是创业成功的基础。当我们在开创人生事业的时候，需要对单位员工担负责任，也需要对社会担负责任。

（4）勤劳节俭

勤俭节约即勤劳而节俭，形容工作勤劳，生活节俭。"勤能补拙""成由节俭败由奢"等至理名言，都是我们人生和创业成功的不二法门。要想创业，特别是白手起家的创业者，就必须坚守"勤劳节俭"的创业信条，并将勤劳节俭用于企业经营。

2. 心理素养

一个人的心理素养是以自然素质为基础、经过后天的环境与教育的影响而逐步形成的。心理素养包括人的认识能力、情绪和情感品质、意志品质、气质和性格等个性品质诸多方面。具体内容包含以下几个方面。

(1) 独立自主

独立自主主要体现在：自主抉择，即在选择人生道路、创业目标时，有自己的见解和主张；自主行为，即在行动上很少受他人影响和支配，能将自己的主张决策贯彻到底；行为独创，即能够开拓创新，不因循守旧、步人后尘。

(2) 坚定信心

坚定信心是创业者对自身所从事的活动或事业深信不疑的性格特征。这是创业者获得创业成功的必备要素。创业过程中往往会遇到很多困难，如果创业者缺乏坚定的信心，遇到挫折就怀疑自己决策的正确性，那么就很难使创业活动顺利地进行下去。

(3) 顽强执着

创业者需要有百折不挠、坚持不懈的精神和毅力。无论是面对成功还是失败，都能做到坚持、不放弃。对于一个创业团队，顽强和执着精神就是团队成功的锐利武器。创业者的执着可以引导企业团队成员凝聚在一起，提升成员凝聚力和向心力，奋勇向前。

(4) 敢于冒险

在市场经济大潮中，机会与风险共存。只要从事创业活动，就必然有风险伴随。创业也意味着冒险，只有冒险才可能把握稍纵即逝的市场机遇。但是，冒险不意味着冒进，无知的冒进只会使事情变得更糟，你的努力将变得毫无意义。

3. 专业素养

所谓专业素养是指一个人为了顺利从事某种具体的实践性活动所必须具备的特殊品质，也称为专业素质。具体内容包含以下几个方面。

(1) 专业能力

创业者在工作中不可能事事具备、面面俱到，但是熟练的专业知识、精湛的专业技能却是保证自己在业内游刃有余创业的必备条件，尤其对从零开始的创业者来说更加重要。

(2) 管理能力

企业的成功离不开成功的企业经营管理。经营管理能力是指对人员、资金的管理能力。它涉及人员的选择、使用、组合和优化；也涉及资金的聚集、核算、分配、使用和流动。经营管理能力是一种较高层次的综合能力，是运筹性能力。创业者经营管理能力的形成要从学会经营、学会管理、学会用人、学会理财几个方面去努力。

(3) 社交能力

创业需要创业者依靠其拥有的优势资源，其中很重要的一点是人脉资源，即创业者构建其人际网络或社会关系网络的能力。进行各种社会交往活动，搞好生产与经营管理工作、加强与各方面的沟通联系、扩大影响、减少负面效应、提高经济效益等方面都有着不可估量的作用。

(4) 创新能力

创新能力是创业能力的重要组成部分。创新是知识经济的主旋律，是企业化解外界风险和取得竞争优势的有效途径，它包括两方面的含义：一是大脑活动的能力，即创造性思维、创造性想象、独立性思维和捕捉灵感的能力；二是创新实践的能力，即在创新活动中完成创新任务具体工作的能力。创新能力是一种综合能力，与知识、技能、经验、心态等有着密切的关系。

知识点 2：提升素养的方法

1. 提升道德素养的方法

(1) 诚信的培养

认识诚信的重要性；以诚待人；以信立业。

(2) 守法意识的培养

守法意识可通过学习法律知识来培养。从书本上、社会实践中、新闻媒体中广泛了解、学习各种法律知识，将其纳入自己的知识体系，真正做到学法、知法、守法、用法。

(3) 责任心的培养

责任心的培养需要我们从身边的小事做起。例如，对青年学生来说，发奋学习科学知识、学习各种技能、立志创业、增强创业本领，就是对自己负责任的具体表现。在日常生活、学习及工作中，不懒惰，不怕艰难困苦，敢于承担各种责任和义务，才是有责任心和义务感的人。

(4) 节俭习惯的培养

树立崇尚节俭的意识，从自我做起，从身边小事做起；花钱要有计划；不要攀比；注重细节，凡事抓小抓细。

2. 提升心理素养的方法

(1) 自信心的培养

发现自己的优点；掌握一技之能；长期积累知识；做足事前功夫；敢于表现自己，是金子就要发光。

(2) 胆量的培养

人的胆量虽然与先天遗传因素有关，但也可以通过后天的培养和训练增强。多实践、多行动，敢于做自己想做的事；在道德和法律允许的范围内，在保证生命安全的前提下，尝试做自己害怕的事；多和有胆量的人接触。

（3）毅力的培养

培养坚强的毅力是事业成功的基础，也是致富的前提。做事情要有始有终，不能因为困难而放弃，不能半途而废；加强体育锻炼，积极参加体育锻炼不仅可以增强体质，还可以增强心理承受能力；做事要专心，一心一意，切忌"三天打鱼，两天晒网"。

3. 提升专业素养的方法

（1）专业能力的培养

热爱自己选择的专业，并努力学好专业知识，为创业打好理论基础；在实践中不断提高专业技能。

（2）社交能力的培养

找出个人社交的困扰，并分析原因；树立正确、积极向上的心态；了解社交心理，掌握社交技巧。

（3）管理能力的培养

学会统筹规划、合理安排自己的时间，提高做事效率；学会用人所长，人人都有闪光点，要科学分析、合理用人；学会要事优先，分清主次、轻重缓急，急事提前做，要事重点做；善于做出有效的决策，努力提高科学决策水平。

（4）创新能力的培养

创新是创业精神的核心。创业者要通过保持个性发展和好奇心、求知欲，勇于超越前人、突破书本、破解难题，自觉培养科学精神，训练创新思维，提高创新能力。

练技能

技能点1：创业者准备度测评

创业是一个充满成就感、诱惑力的词语，但并非每一个人都适合创业。创业者的素养和为创业做的准备对创业能否成功起决定性作用。同学们在创业之前，先对自己的创业准备度进行一下测评，分析优势，查找不足，以期改进。

请根据你的真实情况回答以下问题，选择"是"计1分，选择"否"计0分，最后统计你的得分。

测试题：

1. 在学校和家庭生活中，你是否能在没有父母及师长督促的情况下，自动地完成被分派的工作？

2. 当你与朋友们在一起时，你的朋友是否经常寻求你的指引和建议，你是否曾被推举为领导者？

3. 你是否喜欢独自完成自己的工作，并且做得很好？

4. 你是否曾经为了某个理想而制定两年以上的长期计划，并且按计划进行直到完成？

5. 不论成绩如何，你是否喜欢音乐、艺术、体育等活动课程？

6. 你是否能够连续10小时以上专注地投入某项个人兴趣？

7. 你是否习惯保存重要资料，并且井井有条地整理，以备需要时可以随时提取查阅？

8. 在日常生活中，你是否热衷于社区服务工作？你关心别人的需要吗？

9. 你在求学时期是否有赚钱的经验？

10. 在求学期间，你是否曾经带动同学完成一项由你领导的大型活动，譬如运动会、歌唱比赛、海报宣传活动等？

11. 你喜欢在竞赛中看到自己表现良好吗？

12. 当你需要别人支持时，是否能充满信心地要求，并且能说服别人来帮助你？

13. 当你需要经济支援时，是否能够说服别人帮助你？你在募款或义卖时，是不是充满自信而不害羞？

14. 当你为别人工作时，发现其管理方式不当，你是否会想出适当的管理方式并建议改进？

15. 当你要完成一项重要工作时，是否总是给自己足够的时间仔细完成，而绝不会在匆忙中草率完成？

16. 参加重要聚会时，你是否准时赴约？在日常生活中，你有时间观念吗？你是否能充分利用时间？

17. 你是否有能力创造一个恰当的环境，使你在工作时能不受干扰，有效率地专心工作？

18. 你交往的朋友当中是否有许多有成就、有智慧、有眼光、有远见、成熟稳重的人？

19. 你是否能在很短的时间内结交许多新朋友？

20. 你是否愿意将自己的钱投资到公司里，并邀请你的朋友也一起？

21. 你是否能使新朋友对你留下深刻的印象？你在社区或学校社团等团体中，是否被认为是受欢迎的人？

22. 你愿意为钱辛苦工作吗？钱对你重要吗？你是否可以为了赚钱而牺牲个人娱乐时间？

23. 如果没有固定收入，你是否会接受？

24. 你在工作时，是否有足够的耐心与耐力？

25. 你自认能做好理财吗？当储蓄到一定数额时，你是否能想出好的生财计划，赚取更多的利润？

26. 你是否愿意接受一份充满挑战、变化、多样性，甚至冒险的工作？

27. 你是否具有足够的灵活性，能满足不断变化的市场需求？

28. 你有足够的责任感为自己完成的工作负起责任吗？你是否总是独自挑起责任的担子，彻底了解工作目标并认真执行工作？

29. 对你来说，进行战略宏伟规划和经营企业的日常细节是否同样重要？

30. 你是否能够在失败或暂时的挫折中快速反弹与学习？

测试结果分析：

24~30分：你已经准备好创业了。你有无限的潜能，只要懂得掌握时机和运气，你将会成为未来的成功商业人士。

15~23分：你可以缓慢前进。你已经拥有了一些创业者的关键特质，但是你需要放缓进度。对所有答案为"否"的题目，你必须认真分析自己的问题并加以纠正。

0~14分：你目前并不适合自行创业，应当提高自己为别人工作的技能和综合素质。

技能点2：自我创新综合能力测评

测测你的创新综合能力有多强？

创新能力不仅包括具有良好的发散思维能力，还包括对事物持之以恒的忍耐力。做做下面的测试题，看看你的创新能力如何。

表7-1至表7-5列举了一些创业者需具备的基本素质，分为A、B两栏。如果A栏里的表述符合你的情况，请在A栏左边的空格中填写2；如果B栏里的表述符合你的情况，请在B栏右边的空格中填写2。

表7-1 独立自主素质测评

	A		B	
	我不惧怕问题，因为问题是生活的组成部分，我会想办法解决每一个问题		我发现解决问题有时很难，我害怕这些问题，或者干脆不想它们	
	我不会等待事情发生，而是努力促使事情发生		我喜欢随波逐流，并等待好事降临	
	我总是尝试做一些与众不同的事情		我只喜欢做我擅长做的事情	
	我在行动上很少受他人影响和支配，能按自己的主张、计划贯彻到底		我在行动上会受他人影响，觉得对方意见好，就会按照别人的想法去做	
	当我遇到困难时，我会尽全力去克服困难		如果我遇到困难，我会试图忘掉它们，或等待其自行消失	
	总计		总计	

表7-2　专业素养测评

	A		B	
	热爱自己所学的专业		对自己所学的专业基本无兴趣	
	努力学习专业知识和各种技能		学习不是首要的事，经常和同学逛街、上网、参加体育活动	
	除学习课本知识，还经常参与课外实践		很少参与课外实践	
	一次性通过各科考试，没有"挂科"的现象		偶尔会有"挂科"的现象	
	比较精通自己所学的专业		对专业知识一知半解	
	总计		总计	

表7-3　社交能力测评

	A		B	
	我与别人沟通很好，无障碍		我与别人沟通有困难	
	很喜欢当众演讲		为自己的演讲水平不佳而苦恼	
	喜欢结交朋友，参加社交活动		朋友不多，很少参加社交活动	
	愿意做会议主持人		做主持人就发怵	
	喜欢在宴会上致祝酒词		不喜欢在宴会上致祝酒词	
	总计		总计	

表7-4　管理能力测评

	A		B	
	喜欢做大型活动的组织者		不擅长大型活动的组织工作	
	做事情有计划，无论何时何地都能有目的地行动		做事情基本没有计划，想到什么就做什么	
	我常能尽快地做出决定		我作决定时经常犹豫不决	
	能经常思考对策，扫除实现目标的障碍		很少进行思考、总结	
	能严格约束自己的行动		喜欢无拘无束，不能严格约束自己的行动	
	总计		总计	

表 7-5　创新能力测评

A		B	
我擅长讲笑话、说趣事		我不擅长讲笑话、说趣事	
有新奇想法，喜欢尝试新事物		从来不做那些自寻烦恼的事	
遇到问题能从多方面探索其可能性，而不是拘泥于一条思路		认为按部就班、循序渐进才是解决问题的方法	
不拘泥于一成不变的生活		喜欢传统的、稳定的生活方式	
总是想办法说服别人接受自己的观点		喜欢接受别人的观点，而不是说服他人接受自己的观点	
总计		总计	

将每项素养的得分相加后，分别填入表 7-6 中 A 栏和 B 栏对应的框里，然后在相应的位置打"√"。

如果你 A 栏得分为 6~10 分，说明你在这些方面的能力和素养是你的强项，请在"强"下面画"√"；如果你 A 栏得分为 0~4 分，说明你在这些方面的能力不太强，请在"不太强"下面画"√"。如果你 B 栏得分为 0~4 分，说明你在这些方面的素养或能力有点弱，请在"有点弱"下面画"×"；如果你 B 栏得分为 6~10 分，说明你在这些方面的素养或能力是弱项，请在"弱"下面画"×"。A 栏得分高，说明你在组织创业和经营企业方面取得成功的可能性较大。

表 7-6　创业素养评价表

素质	A	强 (6~10 分)	不太强 (0~4 分)	B	有点弱 (0~4 分)	弱 (6~10 分)
独立自主						
专业素养						
社交能力						
管理能力						
创新能力						

如果你 A 栏的总分超过 35 分，说明你具备较强的创业素养；如果你 B 栏的总分超过 35 分，说明你需要对自己的弱项加以改进，争取尽快将弱项转化为强项。

自我测试后，请你的同学或朋友根据上述表格再对你进行一次评价，比较两次评价的结果，以便更加客观、准确地评价你的创业综合能力。

开眼界

创业成功的秘诀有哪些？创业者应具备什么素质和能力？

1. 要有目标

创业不能盲目，有目标才有动力，自己才知道是为了什么而拼命。而且要为实现这个目标做出系统的规划，这样才能清楚地知道自己每一步应该做什么，知道工作的进度如何。

2. 把握住机遇

人们常说，好的机会不多，一定要把握住。可能很多人做事的时候总是瞻前顾后，犹犹豫豫的下不了决定，这样的话是很容易白白错失机会的。而那些创业成功的人，他们都懂得把握机遇，他们深知想要赢得财富就得果断把握机遇。

3. 诚实守信

据有关调查显示，几乎所有创业成功的企业家都很有诚信。所以说，做事先做人，做人要讲诚信是很有必要的。如果一个人连基本的诚信都没有，别人更不会信任你，也不会与你合作，这样自然就没有机会创造财富了。

4. 有创新精神

创业不能一味的跟风，也不能过多地借鉴别人的成功经验。每个创业者要有独特的创新意识，尽可能充分挖掘自己的潜能，打破过时的条条框框，创新自己的思想和方法。创新才是能够在市场竞争中得以不败的法则。

5. 勤奋努力

这一点几乎是所有成功人士的基本特征，每个想要成功的人都必须脚踏实地、勤奋努力，在面对任何工作和任何困难的时候，都要全力以赴、勇往直前、争取理想的结果。

6. 不断学习

创业是一个学习的过程，在创业的初期更是一个摸索学习的阶段。创业者要时刻学习、锻炼自己、提升自我，如果创业成功了也要继续学习，学到更多收获才会更多。

7. 有领导才能

在这个时代里，做什么事情都不可能是单打独斗的，要具备一定的领导才能、组建一支属于自己的团队很关键，并且要秉着公平、公正、正直的原则，和团队成员朝着共同的目标而努力。

8. 有冒险精神

创业就是在冒险，既然当初选择了创业，那就是等于选择了一条冒险的路程。一个成功的创业者做事情绝对不会畏手畏脚。在关键时刻要能够当机立断，有冒险精神，险中求进才能让自己成为一个成功的人。

创业是有难度的，既然你选择了创业这条路，就一定要明确这条路困难重重，只要你有信心有准备，在创业的过程中懂得去激励自己，勇于面对困难、克服困难，并且持之以恒，努力学习和追求上进，终究能够看到胜利的曙光。

主题2　创业计划书撰写

长知识

对于众多创业者来说，创业计划书是进行融资的必备文件。近年来，创业融资的程序日益规范，作为投资公司进行项目审批的正式文件之一，撰写创业计划书已经成为越来越多创业者的"必修课程"。

知识点1：创业计划书概述

1. 创业计划书的概念

创业计划书又称商业计划书，是指创业者就某一具有市场前景的新产品或新服务向风险投资者介绍，以取得风险投资的商业可行性报告。

2. 创业计划书的作用

（1）创业计划书是投资者决定是否投资的重要参考；

（2）创业计划书是创业团队及合作者共同奋斗的动力和期望；

（3）创业计划书是创业者把握企业发展的总纲领；

（4）创业计划书为企业经营活动提供依据与支撑。

3. 创业计划书的基本结构

（1）封面

封面也称标题页，可以放一张企业的项目或产品的彩图或企业LOGO，但需留出足够的版面排列以下内容：创业计划书编号、标题、企业名称、项目名称、联系人及联系方式、公司主页、日期等。其中，标题明确了创业项目的名称，体现了创业企业的经营范围，标题一般在封面以醒目的字体标示出来，如《××创业计划书》。

（2）目录

目录是正文的索引，需要按照章节顺序逐一排列每章大标题、每节小标题，以及各章节对应的页码。初步写完创业计划书后，要注意确认目录页码与内容的一致性。

（3）正文

正文是创业计划书的主要内容，一般包括摘要、主体和结论三大部分。

① 摘要

摘要是企业的基本情况、市场地位、营销战略、管理策略、竞争能力以及创业项目的投资前景及风险预测等方面的综合概述。

摘要是对整个创业计划书做出的精华式的总结，所以通常在计划书的主体完成后编写。一份出色的摘要应简短而精练，1~2页纸即可。

② 主体

主体是对摘要的具体展开。为了让读者一目了然，一般采取章节式、标题式的方式逐一描述。主体的内容具体包括企业介绍、组织结构介绍、产品（服务）介绍、财务规划和风险分析、营销策略描述、市场分析、生产计划展示、前景预测等。

③ 结论

结论是整个创业计划书内容的总结式概括。它和摘要首尾呼应，体现了文本的完整性。

（4）附录

附录是对主体部分的补充。受篇幅限制，不宜在主体部分过多描述的，不能在一个层面详细展示的，或需要提供参考资料、参考数据的内容，一般放在附录部分以供参考查阅。

创业计划书的附录一般包括以下内容：相关数据统计，新产品鉴定书，企业营业执照，相关荣誉证书，财务报表，审计报告，商业信函、合同等。

知识点2：编写创业计划书的准备工作

编写正式的创业计划书之前需要做好充分的准备，做到有的放矢，其准备工作主要有以下几个方面。

1. 确定创业计划书的编写人员

创业计划书应由创业者自己来编写。但是，创业计划书的编写非常复杂，是各方面知识的结晶（如市场调查与预测知识、市场营销知识、企业管理知识、财务规划知识、人力资源管理知识、风险管控知识等），任何一个创业者都不可能是各方面的专家，所以为了尽可能地使创业计划书更加符合实际，更加具有可实施性，在编写过程中创业者应该向其他人员咨询。

2. 收集相关资料、信息

编写创业计划书时需要收集多种信息和资料，主要包括市场信息、运营信息和财务信息等。

（1）市场信息

产品或服务的潜在市场的各种信息对创业者尤为重要。为了判断市场规模，创业者需要明确自己的目标市场：目标顾客的年龄层次和职业分布如何？目标顾客是企业还是消费者个人？是高收入人群还是低收入人群？是城市居民还是农村居民？目标市场的确定将会使创业企业的市场目标和营销策略比较容易确定。为了更准确地了解真实的市场信息，创业者往往需要花费较多的时间去进行前期市场调研。

（2）运营信息

在编写创业计划书的过程中，可能需要以下运营信息：生产制造，原材料，地点，相关人员，设备，生产或办公场所的大小，劳动技能，其他相关的开支等。

（3）财务信息

财务信息的主要作用是说服投资者因为创业企业将来会赢利而对该企业进行投资。主要的财务信息包括：资金的需求和来源，资金的周转，未来的销售情况，企业的投资收益率如何，投资回收期多长，风险资本如何退出等。

3. 寻找优秀的创业计划书做参考

创业计划书的编写非常复杂，单纯看几本参考书并不能立刻解决问题，最好找几份相同类型的、比较成功的创业计划书作为参考，然后按照提纲并根据自己的实际情况进行编写。当然，我们只能是借鉴参考，绝对不能照搬照抄，因为每一个创业企业的实际情况都不同，都应该有自己的优势和特色。

知识点3：创业计划书的编写与检查

1. 编写创业计划书的原则

编写创业计划书时应遵循一定的原则，这样才能编写出执行性强、高质量的创业计划书。具体原则有以下几种。

（1）市场导向原则

利润来自于市场的需求，没有明确的市场需求分析作为依据，所编写的创业计划书将是空泛的、很难操作的。因此，创业计划书应以市场导向为基础来编写，要充分显示对市场现状的把握与未来发展趋势的科学预测，同时要说明市场需求分析所依据的调查方法与事实证据等。

（2）客观实际原则

创业计划书中的所有内容必须实事求是，即使是财务规划也要客观、真实，切勿主观臆断、盲目推测。创业者必须事先进行大量的调研和科学分析，尽量展示出客观、真实、可供参考的数据或文献资料。

（3）前后一致原则

因为创业计划书的内容复杂繁多，容易出现前后不一、内容重复甚至自相矛盾的现象。整个创业计划书的内容、逻辑、基本假设或预估要相互呼应，前后保持一致。

（4）通俗易懂原则

创业计划书中应尽量避免使用技术性很强的专业术语，有些术语不是谁都可以理解的，过多过杂的专业术语会影响读者阅读的兴趣，让他们觉得太深奥难理解。即使不得已要使用专业术语，也应该有标注或在附录中加以解释和说明。

（5）文字精练原则

创业计划书应避免出现与主题无关的内容，要开门见山、直切主题并清晰明了地把自己的观点亮出来。文字精练、观点明确、言简意赅，才能引起投资者的注意和兴趣，从而提高融资成功的概率。

（6）呈现竞争优势原则

编写创业计划书的目的之一是为投资人提供决策依据，借以融资。因此，创业计划书中要重点呈现出具体的竞争优势，显示经营者创造利润的强烈愿望和方法，并明确指出投资者预期的报酬。但同时也应该说明可能遇到的风险或威胁，不能只强调优势和机遇而忽略不足与风险。

（7）便于操作原则

创业计划书是创业者制定的创业行动蓝图，因此，它必须具有很强的可执行性以便于实施。特别是其中的组织结构、管理措施、营销计划、应对风险的方法和策略等，必须具有可行性和可操作性。

2. 创业计划书具体内容的编写

（1）封面设计

封面是创业计划书的脸面，如同大学生的求职简历，它首先呈现在读者面前，因此一定要有独特的风格。创业计划书的封面重在设计，要求设计者要有一定的艺术天赋和审美能力。封面一般以简约、明确为主，忌晦涩怪异。

（2）企业介绍

企业介绍如同自我介绍，目的是让投资者认识该企业。企业介绍中会涉及企业的基本概况（企业名称、组织形式、注册地址、联系方式等）、发展历史与现状、所提供的产品或服务类型、企业的优势和竞争力、未来的发展规划和目标等。其中，企业目标是企业要达到的成果，是企业发展的动力，在创业计划书中是亮点所在，因此必须下功夫写好。

（3）市场分析

市场分析在整个创业计划书中起着举足轻重的作用，主要包括目标市场分析、行业分析、竞争对手分析等内容。

① 目标市场分析

按消费者的特征把整个潜在市场分成若干部分，根据产品本身的特性选定其中部分消费者作为一个或几个特定的群体，这一群体被称为目标市场。

详细的目标市场分析能够促进投资者判断企业目标的合理性及可能承担风险的大小。在对目标市场的分析中，创业者需要阐明这样的观点：企业所处的市场足够大，发展前景非常广阔，并有足够的能力应对各方面的竞争和挑战。

② 行业分析

行业是企业要进入的市场。在创业计划书中，创业者要分析所入行业的市场全貌及关键性的影响因素。

在进行行业分析时，应对所选行业的基本特点、行业中竞争者基本状况及未来发展趋势有准确的把握，这些是建立在对所选行业充分了解的基础之上的。创业者只有做到这一点，才能了解行业发展规律，认清行业发展方向，确立企业发展目标。

③ 竞争对手分析

竞争对手是这样一类企业：它们在市场上和你的企业提供着相同或类似的产品或服务，并且在配置和使用市场资源过程中与你的企业具有一定的竞争性。如何在竞争中打败竞争对手是每个企业都需要重点考虑的问题。

（4）产品服务介绍

在进行投资项目评估时，投资人往往非常关心企业的产品或服务能在多大程度上解决现实生活中的实际问题，或者企业的产品或服务能否帮助顾客节约开支、增加收入，最大程度的满足顾客的需求。

产品或服务介绍包括产品或服务的名称、特性、优势、研发过程、品牌、市场竞争力、市场前景等。其中，产品或服务的特性是不同产品或服务之间或同类产品或服务之间相互区别的标志，所以一定要详细且通俗易懂地表述出你提供的产品或服务与同类产品或服务相比有哪些独特之处。

（5）人员及组织结构说明

① 主要管理人员介绍

主要管理人员一般是指董事会成员及主要营销人员。具体来讲，主要管理人员介绍包括个人基本信息（姓名、年龄、政治面貌等）、道德素养、受教育程度、工作履历、主要经历和综合素质等。

在介绍过程中，要重点描述关键管理人员的才能和职责。创业管理团队的高能高效可以提升投资者的信心，因此，一方面，创业者需要建立一支团结向上、精明能干、责权明晰的创业团队；另一方面，在创业计划书的撰写时要凸显团队风采及优势。

② 组织结构介绍

组织结构即企业管理人员架构。此部分内容具体包括：企业的组织结构图，各部门的功能与责任，各部门的负责人及主要成员，企业的薪酬体系，企业的股东名单，企业的董事会成员，各位董事的背景资料及职责等。

（6）市场预测

市场预测就是运用科学的方法，对影响行业、市场及企业供求变化的诸多因素进行调查研究，合理分析和科学预测其发展趋势，掌握市场供求变化的规律，为经营决策提供可靠的依据。

在创业计划书中，市场预测应包括：市场现状综述、市场需求预测、竞争厂商概况、目标顾客和目标市场、本企业产品的市场地位和优势等。

创业者应牢记的是，市场预测不是凭空想象，对市场错误的认识是企业经营失败的最主要原因之一。

(7) 营销策略介绍

营销是企业经营过程中最富挑战性的环节之一，影响营销策略的主要因素有消费者的特点、产品的特性、企业自身的状况、市场环境和竞争对手等诸多因素，而最终影响营销策略的则是营销成本和营销预期效益。

在创业计划书中，营销策略应包括：目标市场和营销渠道的选择、营销队伍建设和管理模式、促销计划、广告策略、价格策略和危机营销策略等。

(8) 生产计划说明

生产计划作为创业计划书的重要组成部分，其作用在于使投资者了解企业的规划进度和所需资金。

具体来说，创业计划书中的生产计划应包括以下内容：生产场所基本情况，包括地址、基本配置和基础设施情况；产品制造技术设备现状；生产流程及关键环节介绍；新产品研发及投产计划；生产经营成本分析；质量控制措施和改进计划等。

(9) 财务规划描述

① 历史经营状况数据

历史数据说的是既有企业，初创企业不会涉及此类问题。企业在过去几年的经营状况分析是未来发展的重要参考，可以为投资者正确抉择提供重要依据。创业者应提供过去三年的现金流量表、资产负债表和损益表等。

② 未来财务整体规划

未来的财务规划是建立在企业生产计划和营销计划基础之上的。严格来说，创业计划书中的前述内容都可作为企业制定未来财务规划的依据。有理有据，尊重事实并有适当的假设，是做好财务规划的前提。创业者要做的工作是：论述未来3~5年内的生产运营费用支出和收入状况，将具体财务状况以财务报表的形式展示出来。

(10) 风险分析

风险分析不仅能减轻投资者的疑虑，使其对企业有全方位的了解，更能体现管理团队对未来市场的敏锐洞察力和解决预知问题的能力。在这一部分，创业者可以从以下几个方面进行阐述：

市场风险　技术风险　资金风险　管理风险　其他风险

3. 创业计划书的检查

创业计划书编写完成后，还要进行仔细、全面的检查，检查应从以下几个方面入手：

（1）检查创业计划书的撰写逻辑是否合理，思路是否清晰，论据是否充分，表达是否通俗易懂，语法是否准确，用词是否恰当等；

（2）是否备有索引和目录，以便投资者可以较容易地查阅各个章节；

（3）是否编写了摘要，如果已编写，检查摘要是否写得简明扼要、画龙点睛、引人入胜；

（4）是否表明你具有成功管理公司的经验，否则，一定要明确地说明你已经拥有一个优秀的团队和称职的领导来管理你的公司；

（5）是否显示出你已进行过完整、细致的市场调研及科学分析，要让投资者坚信你在计划书中阐明的产品需求量是真实的；

（6）是否显示了你有能力偿还借款，从而增强投资者的信心；

（7）能否打消投资者对产品或服务的疑虑，如果需要，可以准备一些产品模型或产品样品等。

练技能

技能点 1：为编写创业计划书做好准备

充分的准备工作对于编写一份成功的创业计划书，对于将来成功的创业至关重要。在正式编写创业计划书之前，先审视一下自己需要为创业做哪些准备工作，或自己已经做了哪些准备工作。请完成下表，以测评自己为创业准备的程度如何。

表 7-7　创业准备程度测评表

项目	很完善	较完善	欠缺	还没准备
创业计划书的编写人员				
创业计划书的内容				
创业目标的可行性分析				
创业团队的优势及不足分析				
行业及市场的调研				
竞争对手的调查				
本企业财务状况分析				
本企业风险管控能力分析				
成功创业计划书的资料收集及学习借鉴				
……				

上表中需测评的项目创业人员可以根据需要添加，目的是要全面、准确地测评一下自己或自己的团队在哪些方面做得好一些，哪些方面准备得还不足，以便加以修正、提升、完善，为能编写一份成功的创业计划书及将来成功的创业做好充分的准备。

技能点 2：创业计划书的撰写

之前我们已经学习了创业计划书的编写原则、要求和内容，了解了创业计划书的撰写技巧。下面内容是某创业者编写的一份创业计划书，其中部分内容未完成，请根据所学内容完善这份创业计划书。

"云端纸鸢" 潍坊风筝网上商店创业计划书

摘要：云端纸鸢网店是在淘宝网上设立的风筝专卖店，属于合伙人公司。因为对风筝有共同爱好以及相信风筝销售行业有广阔的前景而自发成立的公司。由于正在准备筹划中，所以还未正式营业。本店销售的产品包括各种高、中、低档风筝，并销售年画、剪纸和泥塑。我们的目标市场初步定在潍坊及周边的城市，进而面向全国乃至世界各地拓展。在广告方面主要采用淘宝直通车方式；我们采用的是 B to B 与 B to C 结合的销售模式；主要的销售方式是批发和零售，并带有有奖销售、捆绑式销售、不定期打折等营销方法。

市场竞争虽然激烈，但是我们有许多的优势来吸引消费者，例如我们有良好的地理位置优势，长期合作并联系紧密的供应商以及可靠的第三方物流公司。虽然经验不足，但是我们有积极向上的团队、吃苦耐劳的精神、先进的营销理念、扎实的专业知识和畅通的进货渠道等。我们努力在第一年内收回三万元的投资成本，两年内使利润增加百分之三十，五年内利润翻番，增加员工数量，提高队伍整体水平，争取在风筝销售市场拥有一席之地。

一、创业背景

风筝有着上千年的文明历史，而风筝的起源地是在潍坊，并且潍坊有着"世界风筝之都"的美誉。潍坊每年都会举办盛大的世界风筝会，将风筝文化推向新的平台的同时，也带动了潍坊风筝制造及销售的发展。潍坊风筝有着享誉世界的知名度和广阔的发展前景。

我们本着网上创业的目的，决定在淘宝网开一家专门从事风筝销售的网店。我们的创业团队不仅拥有电子商务和物流配送的专业基础知识，而且有在淘宝网开网店和进行网络营销的实战经验。创业的地点选在潍坊，紧邻中国国内最大的风筝生产基地——杨家埠，具有很强的资源优势。同时，我们团队中的创业人员在校期间有在杨家埠几家大型的风筝制造企业进行社会实践的经历，了解整个风筝制作和营销的过程并与风筝生产企业建立了良好的伙伴关系,这些都有利于我们和风筝供应商的长期合作。物流配送方面,我们借助于学院物流专业校外实训基地,与快递公司长期合作,在降低物流成本方面有优势。

二、网店主要商品介绍

1. 硬翅风筝

常见的元宝翅沙燕风筝即属此类。它的特点是升力片(翅)用上下两根横竹条做成翅的形状,两侧边缘高、中间凹,形成通风道,翅的端部向后倾,使风从两翅端部逸出,平着看像元宝形。如比较流行的米字风筝、花篮、鸳鸯、喜鹊、鹦鹉等。这种风筝的硬翅是固定的形式,而硬翅范围以外的造型与骨架结构则随内容题材的不同而变化。

2. 软翅风筝

即一般常见的禽鸟风筝。它的升力片(翅)是一根主翅条构成,翅子以下部分是软性的,没有主条依附,主体身架多数做成浮雕式。它的造型多数是禽鸟或昆虫。鹰、蝴蝶、蜜蜂、燕子、仙鹤、凤凰、蜻蜓、寒蝉、螳螂等皆属此类风筝。还有一种可拆装的软翅风筝,把传统的上下分开的蝴蝶翅膀改为活翅膀,固定骨架,便于折叠,放飞效果逼真,有些风筝的翅膀一张一弛,保证了风筝的稳定性。

3. 串式风筝

即把多只相同或不同的风筝像冰糖葫芦似的拴在一根或多根线上,串连起来放飞。我国常见的串式风筝有串雁(鸿雁传书)、龙头蜈蚣、七仙女下凡、八仙过海等。串式风筝形式多样,深受风筝爱好者和风筝竞赛选手的青睐。

4. 桶形风筝

由一个或多个圆桶或其他形状的桶形结构组成的风筝,像宫灯、花瓶、火箭、酒瓶等皆属此类,放飞技巧要求高。

5. 板子风筝

即人们常说的平面形风筝。从结构和形状上看,它的升力片就是风筝主体,无凸起结构,风筝四边有竹条支撑。此类风筝比较常见,形式多样,扎制容易,飞升性能好,又适合表现多种题材,是少年儿童最喜爱的一种风筝。板子风筝,京津地区也叫拍子风筝,有八角菱形或者瓢虫形,这类风筝一般都拖着长长的尾巴或穗子,这对风筝起飞和保持平衡有帮助。板子风筝中,最简单的一种是"瓦爿"块,方方的一片,南方农村叫它"二百五",北方俗称"筝子",又叫"屁帘儿"。

三、市场分析

为了解风筝网上销售市场的前景和消费者的心理需求,我们专门做了消费者市场调查,此次调查我们花费了将近三个月的时间,以合理的小组分工在市民广场、地下商城、街头巷尾以及学校附近开展了抽样调查。

通过发放问卷及数据采集、整理、分析，我们发现大部分的受访者还是希望可以在空闲的时候到开阔的地方走一走、玩一玩，这就为我们的风筝销售找到了潜在客户。根据我们的调查发现：少年儿童喜欢可爱的，容易放飞的风筝；青年朋友们则希望风筝可以含有一定的特色或特有的技能；中年朋友们会选择一些做工比较精致的风筝，即可以自己收藏也可以送给亲朋好友的礼盒风筝；老年朋友们比较注重保健这一方面，所以喜欢一些较为简单的可以锻炼身体的风筝。

我们走访不同地方（山东省境内）时，可喜地发现，无论是哪个年龄层次的人都希望有一个自己的风筝，可以在空闲的时候拿出来放飞一下，不但可以放松心情、可以增进家人、朋友之间的感情，还可以缓解生活、工作中的压力，锻炼身体。在潍坊市有很多卖风筝的实体店铺，对于外地来潍坊的消费者来说，他们一般会在潍坊的实体店铺中购买风筝，但这种情况他们买到的风筝的价格一般偏高，这也是我们选择在网上开店的原因之一，这样对消费者来说费用会降低很多，所以对于外地的消费者来说还是有很大的优势和吸引力的，再加上我们有多种特色风筝、新式风筝，将会吸引更多的消费者在网上购买我们的商品。

随着社会经济的发展、人们收入水平的提高，人们的消费观念也在逐渐地变化。现在大多数上班族由于工作忙，缺乏体育锻炼，由于生活压力大，身体处于亚健康状态的增多，所以，人们渴望健康的生活方式，对运动与休闲相结合生活方式的需求增大，于是越来越多的人在节假日的时候全家总动员，集体做一些有意义且有利于健康的活动，而放风筝便是一个老少皆宜、锻炼身体、陶冶情操的良好运动形式。经医学专家介绍，放风筝是一项健身娱乐相结合的运动，放风筝时需要动用手、腕、肘、臂、腰、腿等各个部位，使全身得到锻炼，放风筝不仅可以祛病强身、健脑益智，还可以怡情养性。

我们出售的风筝不仅可以在蓝蓝的天空中高高地飞翔；也可以放在家里装饰我们的房间，点缀我们的生活；还可以制成精致的风筝礼品送给亲朋好友，来传递深深的情意。风筝也会紧跟时代的潮流变化，如奥运会期间为了满足市场需求，我们根据奥运会的吉祥物——福娃，推出了我们的福娃系列风筝，同时分了高、中、低档次，既便宜又实惠还有纪念意义，必然会吸引消费者购买，提高收益。

四、SWOT 分析

下表中需分析的项目名称可以根据需要添加，对每一项需分析的项目判断一下对于本企业来说属于 S、W、O 和 T 中的哪一项，并在相应的方框中详细解释说明。目的是要全面、准确地找出本企业的优势和劣势，分析当前市场环境下哪些因素对企业来说是机会，哪些因素威胁企业的发展，以便有针对性地制定相应的策略。

请对本项目进行 SWOT 分析，完成下表：

表 7-8 SWOT 分析表

分析项目名称	优势 S	劣势 W	机会 O	威胁 T
产品成本				
产品质量				
产品品种				
产品价格				
产品进货渠道				
网店信誉度、关注度				
网络购物市场前景				
网络购物消费群体				
同类网店数量及规模				
竞争对手现状				
……				

五、合作供应商

经过实地考察和与各风筝生产商的沟通，我们确定重点考察以下三家风筝供应厂商：潍坊杨家埠坤泉风筝厂、潍坊九龙风筝厂、瑞发风筝厂。

对供应商做了进一步的调查，部分调查结果如下表：

表 7-9 供应商基本情况

考察项目 \ 供应商	潍坊杨家埠坤泉风筝厂	潍坊九龙风筝厂	瑞发风筝厂
风筝类型	串类、平板类、立体类、软翅类、硬翅类、礼品风筝、现代自由类等	立体类、软翅类、硬翅类、现代风筝、特技风筝、龙式风筝、卡通风筝、微型风筝、竞赛风筝等	现代风筝、传统风筝、工艺风筝、特技风筝、广告风筝、礼品风筝等
品种数量	一百多个品种	百余品种	二百左右
生产规模	一般	较大	较大

六、经营损益分析

1. 成本预计：

广告、促销费用：1000 元

基础设施费用：3000 元

其他费用：1000 元

流动资金：5000 元

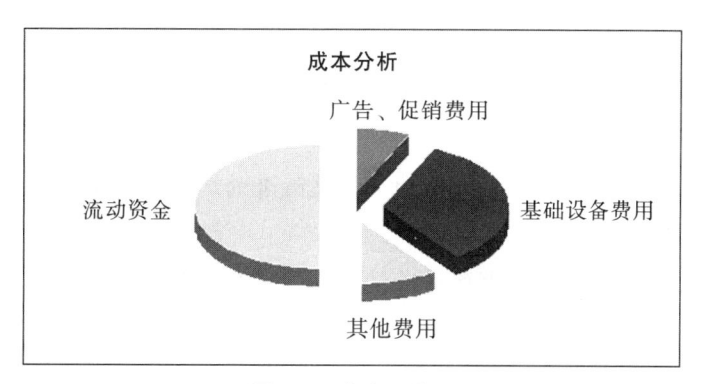

图 7-2 成本预计图

2. 成本回收：第一年内收回成本。

3. 资金来源：五人共同出资，出资情况如下表：

表 7-10 出资情况表

出资人	韩丽莉	仲卉	汪雯靖	任淼	甄苏汾
出资额（元）	2000	2000	2000	2000	2000

4. 人员分配：
- 商品供应：韩丽莉
- 业务管理：甄苏汾
- 财务管理：仲卉
- 物流管理：汪雯靖
- 客户管理：任淼

七、风险分析和应对措施

（一）风险分析

1. 资源（供应商）风险

我们店本着提供最实惠、最新颖的理念在做商品，但是由于各种原因，货品供应出现偏差，将会给网店的运行带来一定的风险。

2. 运输的风险

商品运送过程中存在不可预测的意外。

3. 市场不确定性风险

电子商务网站的大部分资金都用于商品的采购及售后，商品的需求量完全是根据订单来确定的，在运营的过程中可能会出现不确定因素导致的风险。

4. 成本控制风险

主要从资金的投入、商品的成本分析、期间费用、商品的销售利润以及负债等过程中产生。

5. 资金链的风险

商品在短时间内销售量较少，而初期的较大投入长久没有收回造成的风险。

6. 竞争的风险

成熟竞争对手对市场的把控能力和市场追随者的加入降低市场份额。

（二）应对措施

请根据以上风险分析，提出详细应对措施，写在下面横线上。

_____

_____

八、运营规划

（一）营销策略

1. 开业促销

当一切准备工作完成之后就计划开业。开业初期为顾客带去多些优惠，在店铺公告栏可以写明"本店开张全店商品打几折""购买任何一款赠送礼品""购买指定款式返还现金红包"等促销标语，促销活动不外乎就是打折、赠品及现金反馈等类型；同时根据企业预算在相关购物网站投放广告。

2. 产品的分类

商品的分类要突出自己商品的特点，其次再进行细分，这样做不仅使店铺看上去整齐划一，也给有目的性购买的客户挑选商品提供方便。如果顾客想购买高档风筝，他只需在风筝分类中点击高档系列就可以了；还可以把一些畅销商品放入店铺推荐列表中，往往展品的样式是卖得较好的。橱窗里的展品要经常更换，这样给人常变常新的感觉，能吸引顾客的注意力，提升其购买欲望。

3. 长期发展营销策略

原则：经常性地搞些促销活动。

方针：尽量把其中的每个环节都做到标准化，以备日后发展代理商，即模式复制。

服务：争取做到"零退货"，保证卖家的基本利益，对顾客的服务态度要良好。无论顾客是否购买了自己的商品或者购买了便宜的商品，都要热情服务，使顾客百分百满意，常此以往才可能有良好的口碑，也才会有回头客。顾客的合理要求要尽可能地满足。

营销方法：

（1）初次来店惊喜

① 免费赠送一些小礼品。

② 登记好客户资料，建立客户信息数据库。

③ 收藏本店有惊喜。

（2）增加其下次来店的可能性（请列举出几个好的方法或促销手段，写在下面横

线上,如"再次光临可抢免单红包"等)

(3) 满意购物并使其尽可能介绍其他买家来店购买(请列举出几个好的方法或促销手段,写在下面横线上)

(4) 选取部分商品举行不定期打折活动,如"店铺开张大配送""喜迎双十一,本店商品八折优惠"等,也可以采用购买原价商品赠送小礼品的策略(赠送的礼品为低价小物品或本店低价商品即可)

(5) 一年中做几次短期促销,售价比平时便宜(但不低于成本价),最好选销量较好的商品,可以达到聚集人气的效果(请列举出一年中可以搞促销活动的节假日或重要日期,写在下面横线上,如"元旦大促销"等)

(二)物流策略

物流配送是企业必须重视的重要环节,关系到顾客满意度、企业成本的支出、企业的健康发展和信誉度。

我们对申通、中通、顺丰、EMS这四家专门做快递业务的公司做了了解和对比,具体情况如下表。

表7-11 快递公司调查表

公司名称 考察项目	申通快递	中通速递	顺丰快递	EMS
公司在潍坊规模	很大,分布范围非常广	很大,分布较密集	很大,分布范围非常广	很大,分布范围广且密集
硬件设施	非常专业	较为专业	非常专业	较为专业
送达时间 (全国范围)	一般	一般	非常快 (大部分是空运)	较慢
服务质量	一般	较好	非常好	一般
是否愿意接受初期创业者	不太愿意	非常愿意,并表示可以给予一定支持	非常愿意	没兴趣
用户口碑	一般	一般	好	一般

综合我们的实地考察以及咨询身边的快递业务体验人员,我们最终选择中通速递,与其合作开展网店配送业务。

(三)价格策略

通过分析网上同类店铺的定价,我们计划创业之初采用低价策略,特别是对于有较大需求量的顾客，我们将实行薄利多销的方式，努力将大客户留住，使我们企业成为他们的长期合作伙伴。

开眼界

如何提高大学生初次创业成功率？

刚毕业的大学生在社会经验方面是很匮乏的，对市场规律了解也不够，如果盲目地去创业是很难成功的。因而，在考虑创业之前，大学生朋友一定要多去学习和了解这方面的知识，避开创业的误区，提高自己的创业成功率。那么到底如何提高大学生初次创业成功率呢？下面给大家做相关的介绍。

1. 挑选一个靠谱的项目。大学生在考虑创业前，一定要认真地去做好市场调研和规划，加强自己对市场知识的了解，并且要选择一个启动资金少、人手配备要求也不高的项目，小本经营成功几率会更高一些。

2. 必不可少的创业计划书。通过调查和搜集参考资料规划出项目的短期及中长期经营模式，以及预估出能否赚钱、赚多少钱、何时赚钱、如何赚钱以及所需条件等。当然，以上分析必须建立在实际、有效的市场调查基础上，不能凭空想象、主观判断。根据计划书的分析再制定出创业目标，并将目标分解成各阶段的分目标，同时制订出详细的工作步骤。

3. 制定一份周密的资金运作计划。在项目刚启动时，一定要做好3个月以上或到预测盈利期之前的资金准备，但启动项目后遇到不可避免的变化则需适时调整资金运作计划。

4. 不断强化专业知识与创业技能。除了合理的资金分配，创业者还必须懂得营销之道，比如如何进货、如何打开产品的销路等都要进行充分地调查研究，获取这些知识的渠道可以是其他成功者的经验，也可以是书本理论知识。同时还要学会和各类人士打交道，如工商、税务、质检、银行等，这些部门都与企业的生存发展息息相关，要善于同他们交朋友，建立和谐的人脉关系。

5. 多参加实践活动，不断在实践中磨炼，让自己成为一个技术型和管理型的全面人才。大学生群体因为还未曾涉足社会，缺少社会经验和经商经验，各方面的潜能还没有被激发出来，所以创业总是显得"心有余而力不足"。不如给自己营造一个小的商业氛围，比如加入行业协会，就可以借此了解行业信息，学会借助各种资源结识行业伙伴，建立广泛合作，提升自己的创业能力。

6. 在失败中学会成长。创业就要面临一定的风险，投资回报率越高风险越大，失败也是在所难免的。失败是为更好地解决问题，信心始终是人生的顶梁柱。

自主创业的大学生有成功也有失败，并不是每一个人都适合自主创业。创业仅有兴趣和激情是远远不够的，还受到资金、人际关系、政策及所处环境等各方面的制约，因此，大学生选择自主创业要多一些理性。大学生在选择创业的时候，一定要足够地认清自己，慎重做出选择。

主题3　创业模拟实践

长知识

"纸上得来终觉浅，绝知此事要躬行。"只有把实践与理论有效结合起来，我们才能发现自身的不足，在今后的工作中我们才能提升自我、完善自我。大学生创业实践对于提高大学生动手能力和创新能力有着重要的意义。实践能力是创新精神的根本和基础，创新精神的培养与实践能力的提高是相辅相成的。

知识点1：创业模拟实践竞赛

为落实"大众创业、万众创新"战略，培养大学生创业实践精神，提高大学生创新创业能力，国家、省市、院校借助相关的平台软件先后组织了许多创新创业模拟经营大赛，效果非常显著。下面给大家介绍三个创新创业模拟经营竞赛。

1. "畅享杯"全国职业院校创新创业技能大赛

"畅享杯"全国职业院校创新创业技能大赛由中国职业技术教育学会创新创业教育专业委员会主办，分为企业经营管理沙盘模拟竞赛和物流企业经营赛项，旨在展示创新创业教育成果、激发学生创新创业热情、培养学生的创新精神和创业技能。"畅享杯"全国职业院校创业技能大赛企业经营管理沙盘模拟赛已举办过十二届，已成为国内较有影响力的一项重要赛事。

2. "创新创业"全国管理决策模拟大赛

"创新创业"全国管理决策模拟大赛产生于"大众创业、万众创新"的时代背景下，由教育部高等学校工商管理类专业教学指导委员会指导、全国管理决策模拟大赛组委会主办，从2008年至今已经持续举办十一届，大赛已经发展成为经管学科竞赛领域参赛人数多、群众基础好、影响力大、历史悠久、竞赛平台专业的一项盛会。

3. 全国大学生"新道杯"沙盘模拟经营大赛

全国大学生"新道杯"沙盘模拟经营大赛是影响力广泛的"创新创业类"常设性比赛，从2005年举办首届比赛至今已成功举办14届，比赛规模逐年扩大，2019年比赛共有来自全国31个省、市、自治区的1300多所高职院校参加。参加过比赛和培训的人员已超过百万人次，遍及全国各地，这一赛事也成为了当代大学生创新创业、经营模拟类比赛规模最大、影响力最广的赛事之一。

"新道杯"沙盘模拟经营大赛目前已成为中国经管专业规模最大、影响力最广的赛事之一。赛项有效推动了经管类各专业的教学改革、课程建设和专业内涵建设，为企业优秀人才选拔招聘提供了良好的机会，成为科研机构、行业企业深度合作、资源共享的典范，促进高等学校创新能力的显著提升。

知识点2：创业之星模拟软件

1. 教师登录

下载新创业之星客户端：

进入系统。用申请的教师账号登录，选择对应"教师"角色。

2. 建立班级

输入班级名称、课程描述、教学模板，选择：创业综合管理（教师引导），点击保存。

切换班级：当前只能使用一个班级。确认使用哪个班级，选中该班级，点击"保存"。

3. 学员注册

学生下载客户端，登录方式同教师。

学生账号只需注册一次，可以加入不同的教师管理的不同班级。同时只能进入同一个班级。

第一次登录需要注册账号。

注意：账号必须唯一。

注册成功后，重新登录。

选择对应教师，申请对应班级。

4. 教师端——学员管理

学生注册、申请相关老师的班级后，教师对申请的学员账号进行解锁、分组等操作。

对申请学员不限制或者确定没有其他学员误入该教师班级后，教师可以点击：其他设置→默认解锁。学员登录无需申请，直接登录。已经开始的班级可以选择：其他设置→拒绝申请。

学员较多，可以：选择账号→全部选择，再审核账号。

教师可以把系统中已经有的账号拉进来：审核账号→增加账号。

5. 学生登录班级

待教师通过审核后，学生端重新登录，进入对应班级。

选择创业之星，进入实验。

6. 成绩查看

（1）教师端成绩查看

综合分析报告→经营绩效→综合表现→最终得分。

（2）学生端成绩查看

总经理办公室→经营绩效→综合表现→最终得分。

其他各个部门看相关分析报告。

练技能

技能点1：创业之星——学员操作

1. 岗位选择

点击左上方头像，编辑个人信息。选择角色为"总经理"。

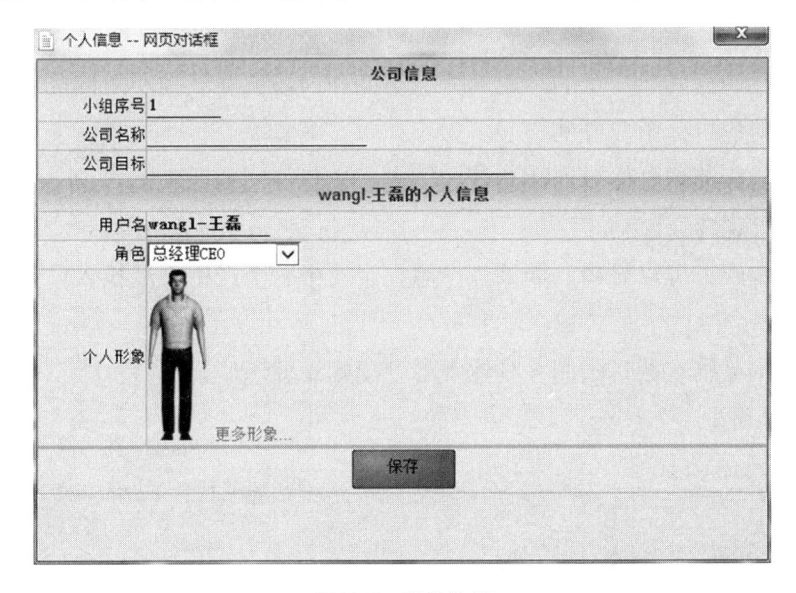

图7-3　岗位选择

2. 查看帮助

3. 场景切换——银行

资金紧张时，可以去银行进行贷款。

利息提前支付，到期归还本金。

4. 场景切换——公司

公司内部各个部门都有对应决策项目和对应分析报告。

5. 研发部——产品设计研发

（1）产品设计

图7-4 产品设计

① 为自己的品牌取一个响亮的名字，不能和同场比赛其他小组同品牌。

② 锁定对应目标消费群体。

③ 根据目标消费群体对产品功能的需求，选择不同的原料。

④ 点击"保存"。

⑤ 设计错误，可以撤销。如果该产品在研发中、生产中已经投入广告、报价等，无法撤销。

⑥ 设计的品牌有数目限制，具体查看"规则设置"。

（2）产品研发

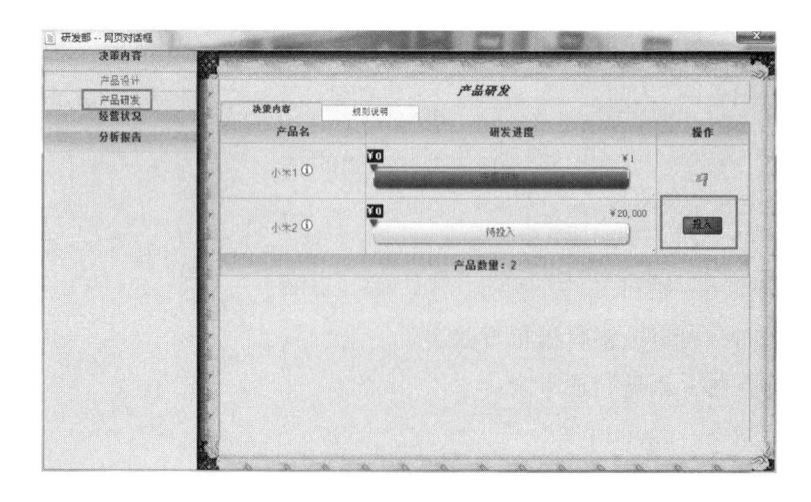

图7-5 产品研发

有需要投入研发的产品，这里点击"投入"。

6. 市场部

（1）市场开发

市场开发，即根据市场预期市场需求与成长情况，选择开发不同市场。资金不足可暂时中断，累计开发完成后才能进入该市场销售。本季度开发决策可撤销。

（2）广告宣传

对无需研发或研发完成的品牌可以投入广告，广告有一定的累计效应，具体见规则说明。

可以针对品牌面向的不同消费群体对品牌的影响权重、竞争对手的广告投放策略、资金情况制定广告投放策略。

7. 销售预计

销售部→决策内容→产品报价，根据本季度市场总需求情况，即这里的购买量以及实际参与的小组数目制定销售预计。平均市场需求=购买量/小组数目。

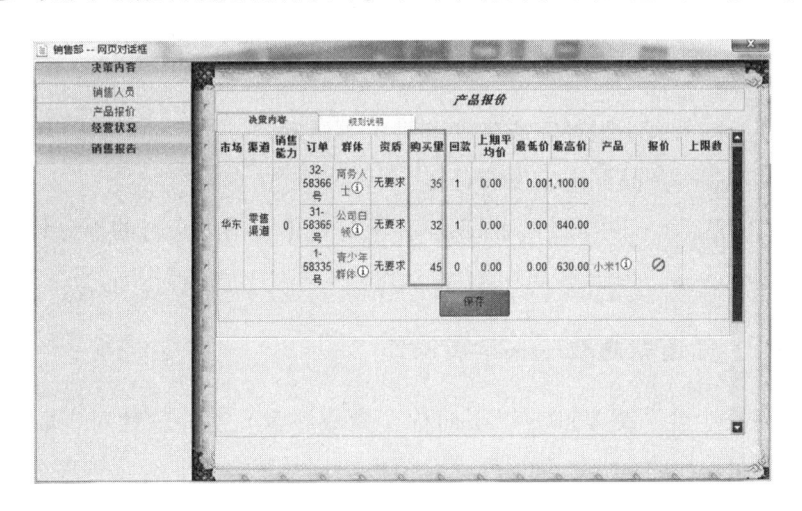

图 7-6　产品销售

销售预计，可以指导制定生产计划，根据生产计划制定厂房、设备、原料等的购置计划。

8. 生产制造

根据本期销售预计制定本期生产计划，根据本期生产计划及后期市场增长趋势，提前制定生产规模扩大计划。购置/租用厂房，购置设备，招聘工人，采购原料。

根据帮助说明→生产制造，市场对资质认证的需求，逐步投入资质认证。

生产工人，可以对工人进行调整、培训、辞职等操作。

9. 投料生产

生产制造部→投料生产，进入各设备进行投料生产。

设备在闲置中，可以马上净值出售。

设备在生产中、搬迁中、升级中的可以预出售，待季度末设备生产完成、搬迁完成、升级完成，系统自动以净值出售。

厂房内没有其他设备，可以退租或出售。厂房内的设备都在预出售中，厂房可以预退租/出售。进入设备内，可以投料、升级、搬迁。

10. 人力资源部门

人力资源部门进行招聘、签订合同、培训、辞退等操作。

11. 销售报价

根据品牌市场策略，对不同市场、不同产品进行报价策略。

放弃的市场，报价默认为0。

报价不超过最高价，不低于最低价（上季度平均价60%）。可参考产品成本、产品面向的消费群体对价格的关注权重以及上期竞争对手的报价情况来制定报价策略。

上限数默认是销售能力，同一市场不同的产品都对应有这些销售能力。上限数可根据交货能力往各个市场分配。交货能力=本期在制品+往期库存。

12. 产品配送

教师账号，待所有小组都完成生产和报价等活动。

任务进度控制→产品配送，发布任务。

学生端，制造部→订单交付，根据库存交付订单，不足交付的部分订单将给以罚金并取消。

技能点2：新道新商战——学员操作

新道新商战沙盘系统V5.0（以下简称新商战沙盘）是一款针对高职院校财经商贸类专业教学而设计的企业经营管理综合模拟实训系统。企业经营管理综合模拟实训是指在训练过程中4~5名左右学员组成一个团队，合作完成一个制造型企业从建厂开始到投入生产再到正常运营经历完整的六年模拟企业运营任务。

1. 运营总流程

新商战模拟运营企业经营6个年度，每个年度分设4个季度运行。全年总体运营流程如下：

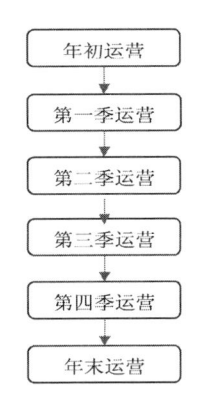

图 7-7　全年运营流程

2. 运营流程

年初企业运营过程包括年度规划、投放广告、支付广告费、支付所得税、参加订货会、长期贷款。具体运营流程如下：

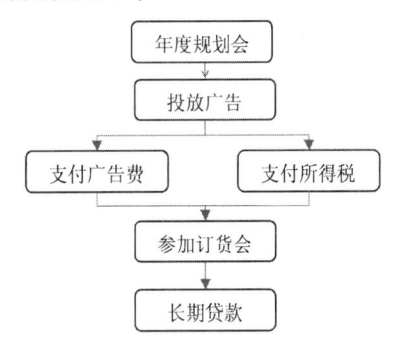

图 7-8　年初运营流程

3. 每季度内运营流程

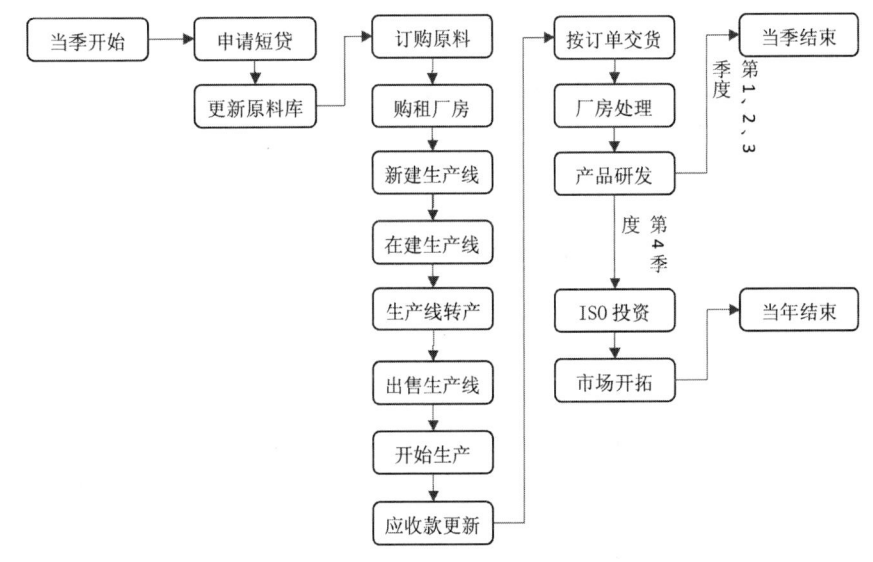

图 7-9　每季度内运营流程

243

4. 年末操作流程

年末运营操作主要包含填写报表和投放广告，具体流程如下：

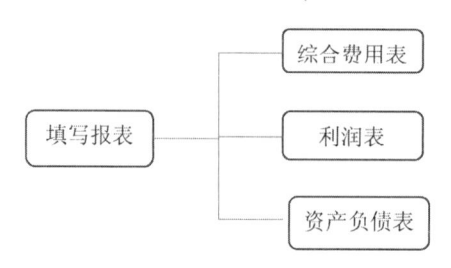

图 7-10　年末运营流程

5. 操作说明

（1）年初运营操作

① 年度规划会议

年度规划会议在每运营年度开始时召开，在软件中无需操作。年度规划会议一般由团队的 CEO 主持召开，会同团队中的采购、生产、销售等负责人一起进行全年的市场预测分析、广告投放、订单选取、产能扩张、产能安排、材料订购、订单交货、产品研发、市场开拓、筹资管理和现金控制等方面的分析和决策规划，最终完成全年运营的财务预算。

② 支付广告费和支付所得税

点击当年结束，系统时间切换到下一年年初，需要投放广告，确认投放后系统会自动扣除所投放的广告费和上年应交的所得税。

③ 参加订货会

操作：点击主页面下方操作区中菜单"参加订货会"，弹出"订货会就绪"对话框或"参加订货会"对话框。当其他企业存在未完成投放广告操作时，当前组显示下图：

图 7-11　订货会

当所有企业均已经完成投放广告，且教师/裁判已经启动订货会时，系统会显示下图：

参加订货会											

本地（P1,201）区域（P2,201）正在选单 国内 亚洲 无广告

本地 区域 国内 亚洲

201参加第2年订货会，当前回合为本地市场、P1产品、选单用户201，剩余选单时间为23秒。

ID	用户	产品广告	市场广告	销售额	次数		编号	总价	单价	数量	交货期	账期	ISO	操作
1	201	22	44	0	4		S211_02	112	56.00	2	4	2	-	-
							S211_08	154	51.33	3	4	1	-	-
							S211_09	216	54.00	4	4	2	-	-
							S211_11	117	58.50	2	4	0	-	-
							S211_12	161	53.67	3	3	1	-	-
							S211_13	197	49.25	4	3	2	-	-

图 7-12　已启动订货会

④ 长期贷款

操作：点击主页面下方操作区中菜单"申请长贷"，弹出"申请长贷"对话框。弹出框中显示本企业当前时间可以贷款的最大额度，点击"需贷款年限"下拉框，选择贷款年限，在"需贷款额"录入框内输入贷款金额，点击确认，即申请长贷成功。

说明：需贷款年限，系统预设有 1 年、2 年、3 年、4 年和 5 年，最大贷款额度系统设定为上年末企业所有者权益的 N 倍，N 具体为多少，由教师/裁判在参数设置中设定。需贷款额由企业在年度规划会议中根据企业运营规划确定，但不得超过最大贷款额度。

长期贷款为分期付息，到期一次还本。年利率由教师/裁判在参数设置中设定。

(2) 每季度运营操作

① 当季开始

操作：点击"当季开始"按钮，系统会弹出"当季开始"对话框，该操作完成后才能进入季度内的各项操作。

说明：当季开始操作时，系统会自动完成短期贷款的更新，偿还短期借款本息，检测更新生产/完工入库情况（若已完工，则完工产品会自动进入产品库，可通过查询库存信息了解入库情况）、检测生产线完工/转产完工情况。

② 申请短贷

操作：点击主页面下方操作区中菜单"申请短贷"，弹出"申请短贷"对话框。在"需贷款额"后输入金额，点击确认即短贷成功。

说明：短贷期限默认为 1 年，到期一次还本付息，贷款年利率由教师/裁判在参数设置中设定，短贷申请时不得超过"申请短贷"对话框中的"最大贷款额度"。

③ 更新原料库

操作：点击主页面下方操作区中菜单"更新原料库"，弹出"更新原料"对话框，提示当前应入库原料需支付的现金。确认金额无误后点击确认，系统扣除现金并增加原料库存。

说明：企业经营沙盘运营中，原材料一般分为 R1、R2、R3、R4 四种，它们的采购价由系统设定，一般每 1 个原材料价格均为 1W。其中 R1、R2 原材料是在订购 1 个季度后支付，R3、R4 原材料是在订购 2 个季度后支付。

举例：假定每种原材料每个采购价均为 1W，若某企业在第 1 季度订购了 R1、R2、R3、R4 各 1 个，第 2 季度又订购了 R1、R2、R3、R4 各 2 个，则第 2 季度更新原料操作时需支付的材料采购款为 2W（系第 1 季度订购的 R1 和 R2 材料款），第 3 季度更新原料操作时，需支付的材料采购款为 6W（系第 1 季度订购的 R3、R4 材料款和第 2 季度订购的 R1、R2 材料款）。分析过程详见下图：

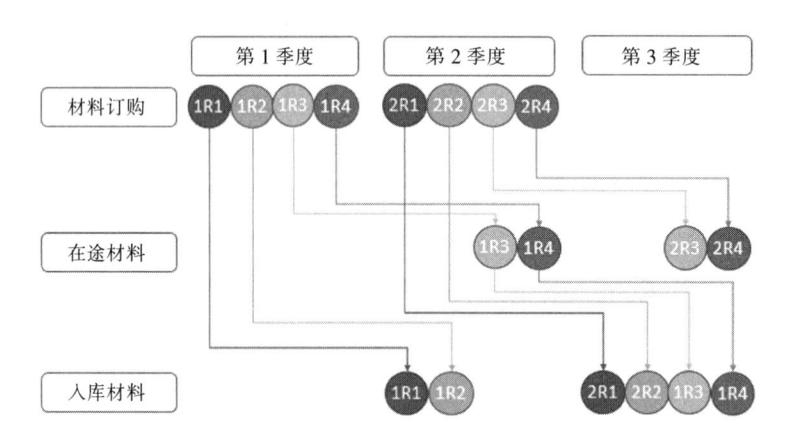

图 7-13 更新原料库

④ 订购原料

操作：点击主页面下方操作区中菜单"订购原料"，弹出"订购原料"对话框，显示原料名称、价格以及运货周期信息，在数量一列输入需订购的原料量值，点击确认即可。

说明：企业原材料一般分为 R1、R2、R3、R4 四种，其中 R1、R2 原材料需提前 1 个季度订购，在 1 个季度后支付材料款并入库，R3、R4 原材料需提前 2 个季度订购，在 2 个季度后支付材料款并入库。材料订购数量由后期生产需要来决定，订购多了会造成现金占用，订购少了则不能满足生产需要，会造成生产线停产甚至不能按期完成产品交货，导致产品订单违约。

⑤ 购租厂房

操作：点击主页面下方操作区中菜单"购租厂房"，弹出"购租厂房"对话框，点击下拉框选择厂房类型，下拉框中提示每种厂房的购买价格、租用价格等。选择订购方式买或租，点击确认即可。

说明：厂房类型根据需要选择大厂房或小厂房，订购方式可以根据需要选择买或租。厂房每季均可购入或租入。

若选择购买，则需一次性支付购买价款，无后续费用；若选择租入，则需每年支付租金，租金支付时间为租入当时以及以后每年对应季度的季末。

⑥ 新建生产线

操作：点击主页面下方操作区中菜单"新建生产线"，弹出"新建生产线"对话框。选择放置生产线的厂房，点击"类型"下拉框，选择要新建的生产线类型，下拉框中有生产线购买的价格信息，选择新建的生产线计划生产的产品类型，点击确认即可。

说明：生产线一般包括手工线、半自动线、自动线和柔性线等，各种生产线的购买价格、折旧、残值、生产周期、转产周期、建造周期详见规则说明。

⑦ 在建生产线

操作：点击主页面下方操作区中菜单"在建生产线"，弹出"在建生产线"对话框。弹出框中显示需要继续投资建设的生产线的信息，勾选决定继续投资的生产线，点击确认即可。

说明：只有处在建造期的生产线才会在此对话框中显示，该对话框中会提供处于建造期间的生产线的累计投资额、开建时间和剩余建造期。

⑧ 生产线转产

点击主页面下方操作区中菜单"生产线转产"，弹出"生产线转产"对话框。弹出框中显示可以进行生产转产的生产线信息，勾选转产的生产线以及转线要生产的产品，点击确认即可。

说明：生产线建造时已经确定了生产的产品种类，但是在企业运营过程中，为完成不同产品数量的订单按时交货，可能会对生产线生产的产品进行适当的转产操作，转产时要求该生产线处于待生产状态，否则不可进行转产操作。

转产时，不同生产线的转产费用和转产周期是有区别的，具体详见规则说明。当转产周期大于1Q时，下一季度点击生产线转产，弹出框中显示需要继续转产的生产线，勾选即继续投资转产，不选即中断转产。

⑨ 出售生产线

操作：点击主页面下方操作区中菜单"出售生产线"，弹出"出售生产线"对话框，弹出框中显示可以进行出售的生产线信息，勾选要出售的生产线，点击确认即可。

说明：生产线出售的前提是该生产线是空置的，即没有在生产产品。出售时按残值收取现金，按净值（生产线的原值减去累计折旧后的余额）与残值之间的差额作企业损失。即已提足折旧的生产线不会产生出售损失，未提足折旧的生产线必然产生出售损失。

⑩ 开始生产

操作：点击主页面下方操作区中菜单"开始生产"，弹出"开始下一批生产"对话框，弹出框中显示可以进行生产的生产线信息，勾选要投产的生产线，点击确认即可。

说明：开始下一批生产时保证相应的生产线空闲、产品完成研发、生产原料充足、投产用的现金足够，上述四个条件缺一不可。开始下一批生产操作时，系统会自动从原材料仓库领用相应的原材料，并从现金处扣除用于生产的人工费用。

⑪ 应收款更新

操作：点击主页面下方操作区中菜单"应收款更新"，弹出"应收款更新"对话框，点击确认即可。

说明：应收款更新操作实质上是将企业所有的应收款项减少1个收账期，它分为两种情况，一是针对本季度尚未到期的应收款，系统会自动将其收账期减少1个季度，另一部分针对本季度到期的应收款，系统会自动计算并在"收现金额"框内显示，将其确认收到，系统自动增加企业的现金。

⑫ 按订单交货

操作：点击主页面下方操作区中菜单"按订单交货"，弹出"订单交货"对话框。点击每条订单后的"确认交货"即可。

说明：订单交货对话框中会显示年初订货会上取得的所有产品订单，该订单会提供订单销售收入总价、某订单需交的产品种类和数量、交货期限、账期等信息。点击相应订单右边的"确认交货"按钮后，若当相应产品库存足够的情况下提示交货成功，若库存不足的情况下弹出库存不足的提示框。订单交货后会收取相应的现金或产生相应的应收款。

⑬ 厂房处理

操作：点击主页面下方操作区中菜单"厂房处理"，弹出"厂房处理"对话框，选择厂房的处理方式，系统会自动显示出符合处理条件的厂房以供选择，勾选厂房，点击确认。

说明：厂房处理方式包括卖出（买转租）、退租、租转买三种。

买转租操作针对原购入的厂房，实质上此操作包括两个环节，一是卖出厂房，同时将此厂房租回。卖出厂房将根据规则产生一定金额、一定账期的应收款（详见规则说明），租入厂房需支付对应的租金，这一操作无需厂房空置。

退租操作针对原租入的厂房，该操作要求厂房内无生产设备，若从上年支付租金时开始算租期未满1年的，则无需支付退租当年的租金，反之则需支付退租当年的租金。

租转买操作针对原租入的厂房，该操作实质上包括两个环节，一是退租，同时将该厂房买入。退租当年租金是否需要支付参照"退租操作"说明，购买厂房时需支付相应的购买价款，该操作无需厂房空置。

⑭ 产品研发

操作：点击主页面下方操作区中菜单"产品研发"，弹出"产品研发"对话框，勾选需要研发的产品，点击确认。

说明：产品研发按照季度来投资，每个季度均可操作，中间可以中断投资，直至产品研发完成，产品研发成功后方能生产相应的产品。产品研发的规则详见规则说明。

⑮ ISO 投资

操作：该操作只有每年第 4 季度才出现。点击主页面下方操作区中菜单"ISO 投资"，弹出"ISO 投资"对话框，勾选需要投资的 ISO 资质，点击确认即可。

说明：ISO 投资包括产品质量（ISO9000）认证投资和产品环保（ISO14000）认证投资。企业若想在订货会上选取带有 ISO 认证的订单，必须取得相应的 ISO 认证资格，否则不能选取该订单。ISO 投资每年进行一次，可中断投资，直至 ISO 投资完成。

⑯ 市场开拓

操作：该操作只有每年第 4 季度才出现。点击主页面下方操作区中菜单"市场开拓"，弹出"市场开拓"对话框，勾选需要研发的市场，点击确认即可。

说明：企业经营沙盘中的市场包括：本地市场、区域市场、国内市场、亚洲市场和国际市场。市场开拓是企业进入相应市场投放广告、选取产品订单的前提。市场开拓相关规则详见规则说明。市场开拓每年第四季度末可操作一次，中间可中断投资。

⑰ 当季（年）结束

该操作在每年 1~3 季度末显示"当季结束"，每年第 4 季度末显示"当年结束"。点击主页面下方操作区中菜单"当季结束"或"当年结束"，弹出"当季结束"或"当年结束"对话框，核对当季（年）结束需要支付或更新的事项，确认无误后，点击确定即可。

说明：当季结束时，系统会自动支付行政管理费、厂房续租租金，检查产品开发完成情况。

当年结束时，系统会自动支付行政管理费、厂房续租租金，检测产品开发、ISO 投资、市场开拓情况，自动支付设备维修费、计提当年折旧、扣除产品违约订单的罚款。

(3) 年末运营操作

① 填写报表

操作：点击主页面下方操作区中菜单"填写报表"，弹出"填写报表"对话框。

依次在综合费用表、利润表、资产负债表的编辑框内输入相应计算数值,三张表填写过程中都可点击保存,暂时保存数据。点击提交,即提交结果,系统计算数值是否正确并在教师端公告信息中显示判断结果。

说明:综合费用表反应企业期间费用的情况,具体包括:管理费用、广告费、设备维护费、厂房租金、市场开拓费、ISO认证费、产品研发费、信息费和其他等项目。其中信息费是指企业为查看竞争对手的财务信息而支付的费用,具体由规则确定。

利润表反应企业当期的盈利情况,具体包括:销售收入、直接成本、综合费用、折旧、财务费用、所得税等项目。其中销售收入为当期按订单交货后取得的收入总额,直接成本为当期销售产品的总成本,综合费用根据"综合费用表"中的合计数填列,折旧系当期生产线折旧总额,财务费用为当期借款所产生的利息总额,所得税根据利润总额计算。

此外,下列项目系统自动计算,公式如下:

销售毛利=销售收入−直接成本

折旧前利润=销售毛利−综合费用

支付利息前利润=折旧前利润−折旧

税前利润=支付利息前利润−财务费用

净利润=税前利润−所得税

资产负债表反应企业当期财务状况,具体包括:现金、应收款、在制品、产成品、原材料等流动资产,土地建筑物、机器设备和在建工程等固定资产,长期负债、短期负债、特别贷款、应交税金等负债,以及股东资本、利润留存、年度净利等所有者权益项目。

其中,相关项目填列方法如下:

现金根据企业现金结存数填列;

应收款根据应收款余额填列;

在制品根据在产的产品成本填列;

产成品根据结存在库的完工产品总成本填列;

原材料根据结存在库的原材料总成本填列;

土地建筑物根据购入的厂房总价值填列;

机器设备根据企业拥有的已经建造完成的生产线的总净值填列;

在建工程根据企业拥有的在建的生产线的总价值填列;

长期负债根据长期借款余额填列;

短期负债根据短期借款余额填列;

特别贷款根据后台特别贷款总额填列(一般不会遇到);

应交税金根据计算出的应缴纳的所得税金额填列；

股东资本根据企业收到的股东注资总额填列；

利润留存根据截至上年末企业的利润结存情况填列；

年度利润根据本年度的利润表中的净利润填列。

② 投放广告

操作：该操作在每年年初进行，点击主页面下方操作区中菜单"投放广告"，弹出"投放广告"对话框，录入各市场广告费，点击确认即可。

说明：市场开拓完成，相应的市场显示为黑色字体，则可在该市场投放广告费；若市场显示为红色字体，则表示该市场尚未开拓完成，则不可在该市场投放广告费。市场广告费的投放要根据市场的竞争激烈程度、企业自身的产能布置、发展战略、竞争对手的广告投放策略等多方面因素综合考虑。广告投放后，就可等待教师/裁判开启订货会，订货会开始的前提是所有的小组均完成广告投放，教师/裁判才会开启订货会。

开眼界 1

"创新创业"全国管理决策模拟大赛

为了贯彻落实教育部、财政部关于实施高等学校本科教学质量与教学改革工程，大力推动高校经管类实验教学改革，强化实践教学环节，促进学生的能力培养，使学生在实践中深入掌握和运用企业经营管理及决策知识，剖析企业运营过程，提高创业与就业的实践能力，充分发挥国家级实验教学示范中心的示范和辐射作用，全国管理决策模拟大赛组委会在成功举办前五届全国管理决策模拟大赛的基础上，决定继续举办 2014 年全国管理决策模拟大赛。全国各高等学校应积极参加此次模拟大赛，认真做好报名与组织工作，通过大赛的互动和交流，共同促进高校经济管理实验教学的改革与发展，进一步提升各院校的实验教学水平和创新型人才培养的质量。

全国管理决策模拟大赛以《商道》为基础竞技平台，分为校内预赛、大区复赛、全国半决赛和全国总决赛四个阶段。

一、校内预赛

以校为单位采用互联网远程方式进行，由参赛学校自行组织筛选。每校最多选派 10 支队伍参加大区复赛。

二、大区复赛

将全国划分为东部、南部、西部、北部、东北、中南、中西共七个大区，大区复赛由组委会统一组织，各大区取若干队伍进入全国半决赛。

三、全国半决赛

将进入全国半决赛的队伍进行全国混编比赛，比赛由组委会统一安排，最终根据各大区报名数量按比例配额，总计取70支队伍进入全国总决赛。

四、总决赛

从全国半决赛中晋级的队伍，加上拥有总决赛绿卡的若干支队伍，共80支队，混编分成五个赛区，现场集中比赛。每个赛区的前3名进入总决赛答辩，做决策模拟竞赛的体验报告并回答评委和其他参赛队提出的问题，由评委综合评判，最后决出冠亚季军。

课后习题

1. 结合第一节所学内容，写一份"自我剖析"，重点分析自己在创业方面的优势和劣势。
2. 结合第二节所学内容和自身情况，完成一份完整的创业计划书。
3. 创业之星模拟训练/新道新商战沙盘模拟训练。

第八模块

做老板——创业实务

知识目标

- 了解创业环境的内容
- 掌握创业团队的组建
- 了解公司注册过程

技能目标

- 能够分析创业环境
- 能够组建创业团队并管理
- 能够登记注册公司

要点导图

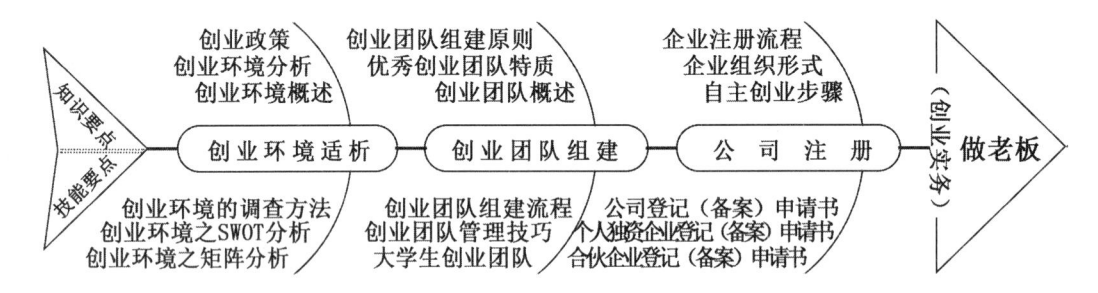

知识要点：
- 创业政策、创业环境分析、创业环境概述
- 创业团队组建原则、优秀创业团队特质、创业团队概述
- 企业注册流程、企业组织形式、自主创业步骤

技能要点：
- 创业环境的调查方法、创业环境之SWOT分析、创业环境之矩阵分析
- 创业团队组建流程、创业团队管理技巧、大学生创业团队
- 公司登记（备案）申请书、个人独资企业登记（备案）申请书、合伙企业登记（备案）申请书

流程：创业环境透析 → 创业团队组建 → 公司注册 →（创业实务）做老板

图8-1 "做老板"知识与技能要点

前导案例

创业有风险

某大学城拥有8万在校学生，地处商贸中心，当地政府支持大学生创业，成立了专门的学生店商铺区，如此好的条件带来的却是学生店惨淡经营的结果。曾经满怀创业热情的大学生们为何选择黯然退出？

很多学生创业者承认，当初他们对大学生的消费能力和消费欲望过分高估，商铺的人流量远远没有达到他们的预期水平。这些店，一周之内最好的时段就是周末几天，晚上稍微好点，平日里人气很萧条。学生来看的多、买的少，到了黄金周和寒暑假，几乎就没有什么生意，很多店纷纷歇业。

这些学生店经营的品种缺乏特色，使得很多学生顾客去而难返。服装店最多，款式也不错，但社会人士开的服装店更多，学生店在竞争时根本占不到什么优势。餐饮和网吧生意最好，但资金投入大、管理时间有限，远远超出大学生的承受范围。

陈同学表示，他的鞋店生意虽然还行，但各种税费加起来，利润能回本90%已经很不错了，他完全是凭兴趣撑着。带着无奈和惆怅，学生老板们结束了这次创业之旅。

案例解读：

1. 选择创业，就是选择一种生活方式，选择一种人生旅行的道路。大学生创业者很有热情，很有冲劲，但也要对创业环境做好充分分析。利用有利条件消除创业道路上的障碍，才能取得成功。

2. 创业，特别是"创大业"，需要一个强大的创业团队，而不能仅靠某个人的打拼。创业团队的组建和管理需要考量很多因素，创业团队打造往往需要很长的过程。创业实践过程中只有经过充分磨合与历练，才能最终形成一支有战斗力和凝聚力的团队。

主题1 创业环境适析

长知识

创业环境适析是进行创业可行性分析的前提，是发现创业机会的基础。创业环境的变化，能给创业者带来机遇，也能给创业者造成威胁。创业者必须对宏观环境、微观环境、行业环境等各种因素及其发展趋势有所了解，并清楚其影响是限制性的还是促进性的，如此，创业者才能抓住机遇、规避威胁、成功创业。

知识点1：创业环境概述

1. 创业环境的概念

所谓创业环境，是指影响或制约创业者的创业及发展的一切外部条件的总称。一方面指影响人们开展创业活动的所有政治、经济、社会文化诸要素；另一方面指获取创业帮助和支持的可能性。

2. 创业环境的特征

（1）整体性

创业环境是一个由各要素相互作用、相互联系而组成的有机整体，创业环境的各要素之间也是相互联系、相互影响而存在的。创业环境的整体性特征，要求在研究创业环境的时候，应该运用系统性原则和方法，从整体的角度来考察创业环境，不能割裂各要素之间的联系，要从创业环境的整体去研究个体要素的表现。

（2）差异性

差异性是指地区的差异。创业环境是个空间概念，所在的区域不同，内容也不尽相同。区域政治、经济、文化等方面的差异，决定了创业环境的地区差异。

（3）可变性

区域环境和创业环境都是不断发展变化的。包括经济结构的调整、政治制度的优化、市场需求的变化、消费水平的提高等，这些都极大地影响着创业环境，使创业环境始终处于不断变化的过程之中，并且逐步趋于完善。因此，必须用动态的观点来看待、研究创业环境，才能正确认识创业与创业环境之间的关系。

3. 创业环境的分类

创业环境可以从不同角度进行分类。其基本的分类主要有两种。

（1）按创业环境的层次分类

创业环境是分层次的，形成一个分级系统。宏观环境指一国或一个地区（经济区域）范围内的创业环境；中观环境是指某个区域或城市、乡镇的创业环境等；微观环境是指企业的文化氛围、团队合作精神、创新精神等。

（2）按创业环境的有形分类

硬环境是指创业环境中有形要素的集合，如有形基础设施、自然区位和经济区位；软环境指无形的环境要素集合，如政治、法律、经济、文化环境等。

硬环境是创业过程中有形的基本条件，如场地、基础设施、配套资源，它是创业的物质基础；而软环境更多的是无形的内在影响因素，它在创业过程中变得越来越重要。在一定时期内，硬环境的变化可能是有限度的，而软环境的改善可以是无限的，能够弥补硬环境的缺陷，因此，在不断提高硬环境的同时，改善软环境能大幅提高创业的数量和质量。

知识点2：创业环境分析

1. 创业环境分析的意义

创业环境分析的目的在于使创业者能了解市场环境，进而适应市场环境并及时把握成功的创业机会。创业机会与创业能力相结合就会产生创业活动，创业总是在一定的政策环境和市场环境中进行的。

（1）分析创业环境，指导创业活动

创业活动是一个开放的系统，与其所处的环境是相互作用、相互影响的。创业者获取到的资源以及在市场上的竞争都离不开其所处的环境。通过对创业环境的研究，能知晓创业环境为什么能影响创业活动，从而为创业者评估自己的创业能力和环境因素提供一定的参考。

（2）分析创业环境，规避创业风险

目前，创业活动的成功率在全世界范围内都比较低。之所以如此，除了创业者自身的能力有限、创业资金不足等因素外，更重要的是创业环境的影响。如个别部门服务意识不高、法制环境不健全、社会服务化程度低等。所有这些都严重影响初创企业的生存和发展。因此，通过对创业环境的分析，阐明创业环境是如何影响创业活动的，从而规避创业风险，提高创业的成功率。

(3) 分析创业环境，完善创业服务

在创业的过程中，一部分创业者崛起，而更多的创业者沉寂了。分析其深层次的原因，主要是创业环境各个方面对创业活动的影响程度较大，并且不同的因素对创业的影响程度不同，同一环境因素在创业的不同阶段也会产生不同的影响。因此，通过分析创业环境、正确评估创业环境的影响程度、完善社会服务功能，从而建立有效的创业环境支持体系。

2. 创业环境分析的内容

(1) 宏观环境

宏观环境对企业的影响作用是间接的，但是其影响也是巨大的，因为这些因素企业无法控制。因此，创业者必须了解或熟悉相应的宏观环境因素，以适应环境，把握机遇。

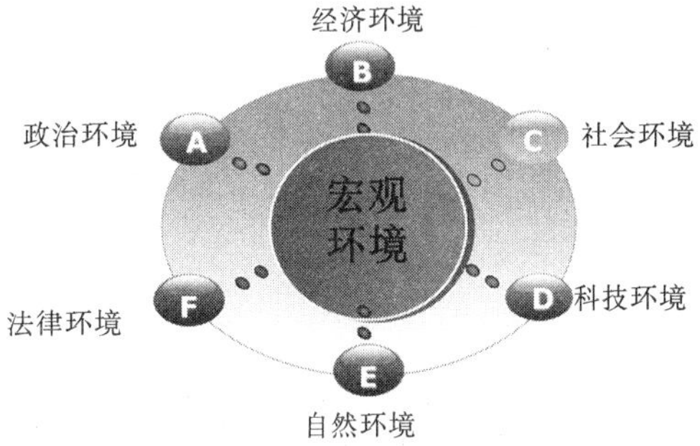

图 8-2 宏观环境分析

① 政治环境

与创业活动密切相关的政治环境，主要包括政局、国家政策等，它们是企业生存发展的前提条件之一。

国家政策是任何一个企业都必须遵守的准则，当国家在一定范围内调整或改变某项政策时，企业要相应调整经营目标和策略，因为政策分析是制定企业发展规划的基础。

信贷政策：创业往往离不开银行的贷款支持，即使大型跨国公司也离不开银行，因为资金周转总有不畅的时候，而市场机遇常常需要迅速集中投入。国家和银行对待大众创业的信贷政策会直接影响创业成败。

税收政策：对于吸引投资、鼓励创业、保护创业和促进经济发展有重要作用。为了鼓励大众创业和保护大众创业，发达国家普遍实行优惠的税收政策，减轻他们的创业风险。

财政补贴：为了引导创业者的目标和中小企业的发展方向，政府不仅采取优惠税收政策——少收税，而且通过财政补贴方式，以税养企业。

技术创新政策：国家为了促进高新技术成果转化，出台了《中华人民共和国促进科技成果转化法》等法规，鼓励科研机构和科研成员以多种方式转化高新技术成果，可以自办企业，也可以将成果作为资本向其他企业投资，作价可达企业注册资本的35%。

② 经济环境

经济环境包括经济结构、经济发展阶段、经济周期、国民收入以及资本市场发育程度等因素，它们决定了潜在市场的大小。

经济结构：是指一个国家或地区的产业结构、分配结构、交换结构、消费结构、技术结构以及所有制结构等。其中，产业结构与新创企业的关系最为密切，如果一国（地区）的产业结构处于升级阶段，则会提供较多的创业机会。

经济发展阶段：企业的经营活动要受到一个国家或地区整个经济发展阶段的制约。

经济周期：是现代社会发展过程中不可避免的经济波动，包括繁荣、萧条、衰退、复苏四个阶段。在经济周期中，经济波动几乎会影响所有部门，造成产量、就业、物价水平、利率等的变动，一般来说，在经济复苏、繁荣阶段，经济活动十分活跃，因而有利于新创企业的发展。

国民收入：是一个国家物质生产部门的劳动者在一定时期内所创造的价值总和，它反映一个国家的经济发展水平。人均国民收入是每年平均每人的国民收入，它反映一个国家消费品市场的平均水平。居民个人收入包括每人的工资、奖金、津贴、退休金、红利、租金、赠与等从各种来源所得的全部货币收入，它反映消费者的购买力水平。

资本市场：它是融通资金、调节投资的主渠道，其发展状态决定着企业可获得资本的数量和取得资金的难易程度，尤其对于刚创办的企业而言，资本市场是决定其能否渡过初创期的资本障碍从而进一步发展壮大的关键。

③ 社会环境

社会环境包括人口结构、社会文化环境等。

人是市场的主体，是企业经营活动的基础和服务的对象，人口的变化意味着市场规模的变化、市场结构的变化。

所谓社会文化环境，是指一个国家、地区或民族的传统文化，通常由价值观念、信仰、风俗习惯、行为方式、社会群体及相互关系等内容构成。任何企业的经营活动都必然处于一定的社会文化环境中。

④ 科技环境

科技环境包括社会科技水平、社会科技力量、国家科技体制、国家科技政策和科技立法，它们直接或间接地影响着创业活动以及新创企业的生产经营，因为科学技术的发展决定社会生产力水平，一种新科技的出现，必然导致新的产业部门的出现，使消费对象的品种不断增加，范围不断扩大，进而使消费结构发生变化。

⑤ 自然环境

创业者要分析周围的自然环境及自然资源是否适合创业项目的发展，能否提供该行业所需的各种条件。另外，随着人们环保意识的增强，许多国家或地区已经制定了相关的环境保护法，创业者必须顺应可持续发展战略的要求，在生产经营中保证不破坏自然环境、不浪费资源，以实现企业利益、社会利益和生态环境利益的统一。

⑥ 法律环境

法律是市场经济条件下规范企业经营行为的准则，对于新创办企业而言，不仅要了解基本法律环境，例如《企业登记管理条例》《合同法》《担保法》《票据法》《知识产权保护法》等基本法律法规；还需要熟悉相关国际贸易规则与惯例以及《反垄断法》《反倾销法》《劳动法》等有关产品安全方面的法律规定。

(2) 行业环境

不同的行业由于所处的发展阶段不同，行业的特征以及经济特性均是不同的。这些特性将直接决定企业所选择进入的行业，以及所要生产的产品能否为企业带来可观的利润，甚至关系到企业的生死存亡。

① 行业的生命周期

每一个行业发展所经历的周期可以分为四个阶段：投入阶段、成长阶段、成熟阶段和衰退阶段。从本质上看，行业的生命周期是由该行业生产所使用的关键技术的成熟程度决定的，而技术同样也具有生命周期。

投入阶段，行业生产的关键技术尚在研制过程中，消费群体不明确且规模较小，在这个阶段存在大量的创业机会，先进入者拥有制定行业、生产、技术标准的优势，但同时也存在很大技术风险、市场风险。

成长阶段，行业刚刚形成，现有企业的规模小、产品少，但给创业者的机会多。随着关键技术逐渐成熟，企业纷纷进入，行业规模迅速扩大，投放到市场上的产品数量大、品种多。这一阶段的市场需求增长较快，所以带给创业者较大的机会。

成熟阶段，这是行业稳定发展的阶段，企业间竞争激烈、优胜劣汰，实力雄厚的大企业拥有较高的市场占有率。这一阶段留给创业者的机会十分有限。

衰退阶段，行业逐渐消亡、衰落的阶段，许多企业纷纷退出，由于市场需求下降，原有产品逐渐被新产品替代，这一阶段的创业机会渺茫，创业者应尽量回避。

② 行业壁垒

创业者进入一个行业之前，必须对进入这一行业的壁垒有所了解，行业的壁垒主要有以下几个方面。

规模经济：无论哪一行业，创业项目都必须具备相应的生产规模、达到一定的产品数量，成本才能降到较低水平，否则难以盈利。

产品差异：产品差异是顾客对某产品所形成的消费偏好。如果存在诸如品牌偏好、风俗偏好或口味偏好这样的产品差异，新进入企业就需要耗费大量的成本费用进行品牌建设、产品定位、广告宣传等工作，以建立新的差异，改变顾客对原有品牌的忠诚度。

顾客品牌转移难度：指顾客对老品牌的信任和偏爱的程度。顾客对于熟悉品牌的依赖程度越高，就越难接受新品牌或根本不进行尝试，这样的行业是难以进入的。

转换成本：转换成本既包括进入一个新的行业在固定资产、工艺设备的改造和原材料供应转换以及新员工培训等方面所花费的实际成本，也包括顾客心理转换成本，所谓顾客心里转换成本，是指新进入企业往往需要提供更好的产品或更低的价格或更多的免费服务项目，否则难以使顾客接受新产品。

资源的稀缺性：如果某一行业所使用的资源，如原材料、劳动力、设备等供应充足，进入就比较容易；相反，在资源短缺的行业，新企业的加入则意味着该行业的资源争夺更加激烈，进入难度就比较大。

技术的更新换代：一个行业的技术进步速度越快，新产品替代老产品的时间越短，该行业就越难进入。因为这对创业者的新产品开发工作构成极大的挑战，创业者可能还没有开发出该行业原有的老产品，产品就可能由于技术进步的原因步入了成熟或衰退期，而使企业的获利受到影响，或者是行业内其他企业新开发的产品对现有市场的冲击。

知识点 3：创业政策

创业离不开政府政策的支持，近五年国家对创业工作的重视程度逐年增强。

1. 国家相关政策

创业政策体系结构不断完善，构成体系框架的单元政策要素越来越丰富。其中，对大学生创新创业教育具有较强指导意义的国家政策有：《国务院办公厅关于深化高等学校创新创业教育改革的实施意见》（国办发〔2015〕36号）《国务院办公厅关于发展众创空间推进大众创新创业的指导意见》（国办发〔2015〕9号）《国务院关于大力推进大众创业万众创新若干政策措施的意见》（国发〔2015〕32号）等。

（1）创业教育领导机制政策

创业教育领导机制相关政策主要是从创业教育的领导机构与机制建设方面出发，保障创业教育的健康持续发展。例如，国务院办公厅于2015年3月发布《国务院办公厅关于发展众创空间推进大众创新创业的指导意见》（国办发〔2015〕19号），更加明确地指出要加强组织领导："各地区、各部门要高度重视推进大众创新创业工作，切实抓紧抓好。各有关部门要按照职能分工，积极落实促进创新创业的各项政策措施。各地要加强对创新创业工作的组织领导，结合地方实际制定具体实施方案，明确工作部署，切实加大资金投入、政策支持和条件保障力度。"

（2）创业教育课程建设政策

2015年由国务院颁布的《国务院办公厅关于深化高等学校创新创业教育改革的实施意见》（国办发〔2015〕36号），其中指出了要健全创新创业教育课程体系：调整专业课程设置，挖掘和充实各类专业课程的创新创业教育资源，在传授专业知识过程中加强创新创业教育；面向全体学生开设研究方法、学科前沿、创业基础、就业创业指导等方面的必修课和选修课，纳入学分管理，建设依次递进、有机衔接、科学合理的创新创业教育专门课程群；加快创新创业教育优质课程信息化建设，推出一批资源共享的公共课、视频公开课等在线开发课程；编写具有科学性、先进性、适用性的创新创业教育重点教材等。

(3) 创业教育师资队伍建设

创新创业教育师资队伍建设政策主要是在师资配备与师资教学能力方面给予政策上的支持与要求。《国务院办公厅关于深化高等学校创新创业教育改革的实施意见》(国办发〔2015〕36号) 中对加强教师创新创业教育教学能力建设提出了意见：高校要明确全体教师创新创业教育责任，完善专业技术职务评聘和绩效考核标准，加强创新创业教育的考核评价；配齐配强创新创业教育与创业就业指导专职教师队伍，并建立定期考核、淘汰制度；将提高高校教师创新创业教育的意识和能力作为岗前培训、课程轮训、骨干研修的重要内容，建立相关专业教师、创新创业教育专职教师到行业企业挂职锻炼制度；加快完善高校科技成果处置和收益分配机制等具体意见。

(4) 创业实践基地建设政策

大学生创业实践基地主要是指实验室、科技园、创业园等有利于创新创业实训与实践的专门场所，其政策旨在扶持各种基地的搭建与运用。例如，2010年教育部对大学生创业实践基地建设提出了四点具体规划：一是全面建设创业基地；二是明确创业基地功能定位；三是规范创业基地管理；四是高等学校也要出台相应的政策措施和激励机制，以利于大学科技园开展学生创业工作。

2. 山东省相关政策

(1) 创业扶持政策

① 一次性创业补贴、创业岗位开发补贴和一次性创业场所租赁补贴

一次性创业补贴：对首次领取营业执照并正常经营1年以上的小微企业，给予不低于1.2万元的一次性创业补贴。省级按照每户4800元的标准，根据实际发放小微企业一次性创业补贴情况对各市（不含青岛市）给予补助。有条件的市可将一次性创业补贴政策放宽到符合条件的新注册个体工商户，给予不低于2000元的补贴。

② 小微企业创业岗位开发补贴：对吸纳登记失业人员和毕业年度高校毕业生(不含创业者本人）并与其签订1年以上期限劳动合同的，按月向招用人员支付不低于当地最低工资标准的工资报酬，足额缴纳职工社会保险费满4个月以上的小微企业，按照申请补贴时创造就业岗位数量给予每个岗位2000元的一次性创业岗位开发补贴。

③ 一次性创业场所租赁补贴：有条件的市对毕业年度的高等院校、技师学院毕业生和就业困难人员租用经营场地创业，并且未享受场地租赁费用减免的，可给予一次性创业场所租赁补贴。执行标准由各市自行确定。

(2) 创业担保贷款政策

① 创业担保贷款及贴息：借款人是指在法定劳动年龄内，城镇登记失业人员、就业困难人员（含残疾人）、复员转业退役军人、刑满释放人员、高校在校生、毕业5年内的高校毕业生（含服务基层项目大学生和留学回国学生）、化解过剩产能企业

职工和失业人员、返乡创业农民工、网络商户、建档立卡贫困人口。符合条件的自主创业人员可以申请最高不超过10万元的创业担保贷款，贷款期限最高不超过3年；贷款经办金融机构认可，可以展期1次，展期期限不超过1年，展期期限内贷款不贴息；第一年给予全额贴息，第二年贴息2/3，第三年贴息1/3。

② 小微企业创业担保贷款：符合工信部《关于印发中小企业划型标准规定的通知》（工信部联企业〔2011〕300号）文件规定，且当年新招用符合创业担保贷款申请条件的人员（不包括大学生村官、留学回国学生、返乡创业农民工、网络商户）数量达到30%（超过100人的企业达到15%）以上，并签订1年以上劳动合同的小微企业，经办金融机构根据企业实际招用人数合理确定创业担保贷款额度，最高贷款额度300万元，由财政部门按照贷款合同签订日贷款基础利率的50%予以贴息。小微企业应无拖欠职工工资、欠缴社会保险费等严重违法违规信用记录。

(3) 高校毕业生就业创业政策

① "三支一扶"优惠政策

从2016年起，统筹中央及省财政专项补贴，按每人2000元标准，给予每名新招募且在岗服务满6个月以上的"三支一扶"人员一次性安家费补贴。在全省考试录用公务员工作中，按照当年"三支一扶"等服务基层项目人员期满人数30%的比例确定定向招聘岗位。"三支一扶"大学生服务期满后3年内报考省属院校研究生的，在初试总分中增加10分，同等条件下优先录取。对于已被录取为研究生的应届高校毕业生参加"三支一扶"计划的，学校应为其保留入学资格；高职（高专）毕业生参加"三支一扶"计划服务期满考核合格的，可免试入读成人高等学历教育专科起点本科。

② 小微企业吸纳高校毕业生社保补贴政策

对小微企业新招用毕业年度高校毕业生，签订1年以上劳动合同并缴纳社会保险费的，给予1年社会保险补贴（不包括个人应缴纳的部分），从就业补助资金中列支。

③ 高校毕业生灵活就业社会保险补贴

离校1年内未就业的高校毕业生灵活就业后，按规定缴纳社会保险费的，给予一定数额的社会保险补贴，补贴标准不超过其实际缴费的2/3，补贴期限最长不超过2年。

④ 就业见习补贴

对吸纳择业派遣期内离校未就业山东生源高校毕业生参加就业见习，并支付见习人员见习期间基本生活费（不低于当地最低工资标准）的单位，给予一定标准的就业见习补贴。补贴标准为当地最低工资标准的50%，对见习期满留用率为70%以上的见习单位，见习补贴比例提高10个百分点。补贴期限一般为6个月，最长不超过12个月。

⑤ 求职创业补贴

毕业年度有就业创业意愿并积极求职创业的城乡低保家庭、城市零就业家庭、农村贫困家庭、残疾及获得国家助学贷款的高校毕业生,给予一次性求职创业补贴。城乡低保家庭、城市零就业家庭、农村贫困家庭和有残疾人证的毕业生补助标准为 1000 元/人,其他人补助标准为 600 元/人。

练技能

技能点 1:创业环境的调查方法

创业者必须对自己准备创业的环境有清晰的了解,了解其中对自己创业的有利因素和不利因素,可以帮助创业者寻找创业机会和规避风险。

1. 主观反馈法

主观反馈法即收集现实中的创业者对创业环境各要素的主观评价,再进行系统分析,从而推断创业环境的现状。因为每一位创业者的切身经历和经验都是对客观的创业环境的直接感受,也是对创业环境的最直接评价。

2. 抽样调查法

抽样调查法即从现有的创业者中选择一部分能够充分代表总体信息的调查样本,从这些样本的分析中可以对创业环境有正确的认识。

3. 问卷调查法

问卷调查法即通过设计问卷表,向创业者总体的有代表性的样本提出有关创业环境要素的同样问题,并且对回答进行统计分析,以便对创业环境各要素的真实状况做出评估。

4. 个别访谈法

个别访谈法即依照方便、开放的原则,选择较有代表性的创业者进行无结构式访谈,提出有关创业环境的开放式问题,受访者就个人经验和自身的实际遭遇进行陈诉,发表个人意见。

5. 座谈访问法

座谈访问法是根据区域分布,分别在不同区域召开有关创业环境的专题座谈会,邀请部分创业企业家和企业管理者就创业环境展开开放性和封闭性问题的组合座谈,在了解个别企业实际境遇的同时,对共同关心的环境"瓶颈"问题展开讨论,并且提出相应的对策建议。

6. 个案分析法

个案分析法是选择个别成功创业者,对其创业和成长的过程进行结构式采访,分析其成功与创业环境的相关要素和制约其进一步发展的"瓶颈"因素;选择个别创业失败者,帮助其分析创业失败的原因,并分离出哪些因素与创业环境有关。

应用：

请选择至少一种调查方法对你所在的城市或地区的创业环境进行调查，分析对自己创业的有利因素和不利因素。

技能点 2：创业环境之 SWOT 分析

1. SWOT 分析法

SWOT 分析法又称为态势分析法，由旧金山大学的管理学教授于 20 世纪 80 年代初提出，是一种能够较客观而准确地分析和研究一个单位现实情况的方法。S (Strength) 指内部的优势，W (Weakness) 指内部的劣势，O (Opportunity) 指外部环境的机会，T (Threat) 指外部环境的威胁。运用 SWOT 分析，必须对 S、W、O、T 这四个因素有一个辩证的认识，并在进行抉择时综合考虑。

2. SWOT 分析法应用

在全面、系统地分析了 S、W、O、T 四个基本因素之后，就可以得到一个战略决策平面，形成四个战略决策象限。如图 8-3 所示，各种不同的战略对策方案实际上可以分为四种策略，即 SO 策略、WO 策略、ST 策略、WT 策略。个体或单位根据本身的具体情况进行分析，探寻不同条件下应该采取的对策和办法。我们以大学生创业为例应用 SWOT 分析法，帮助同学们掌握此分析技能。

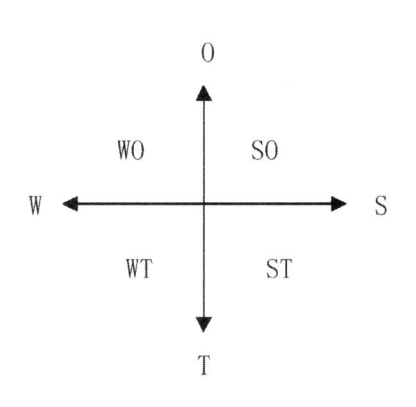

图 8-3 SWOT 分析平面与四种策略

大学生创业的态势分析如下。

（1）优势分析（S）

① 勇于拼搏，具有冒险精神。

② 敢于挑战，富有创新精神。

③ 专业知识优势。

④ 团队组建优势。

（2）劣势分析（W）

① 大学生创业者对市场需求理解不深，对行业动态发展及商业信息把握不准，不能全面了解创业行情并进行理性的风险分析，就可能导致创业者对于一些热门行业盲目跟从。

② 许多大学生缺乏创业的常识，如注册、贷款、办理工商手续、相关的法律常识条件及各类注意事项等。

③ 资金不足是制约大学生创业的主要"瓶颈"。

④ 急于求成、眼高手低、创业技能缺乏。

(3) 机遇分析（O）

① 近年来，为支持大学生创业，尤其是 2015 年李克强总理提出"大众创业，万众创新"战略后，国家出台了一系列鼓励大学生自主创业的优惠政策，涉及融资、开业、税收、创业培训、创业指导等诸多方面。

② 高校的支持。为解决大学生就业难的问题，各高校及其就业指导部门也做了大量的工作。

③ 很多城市和大学创建了大学生创业孵化园。大学生创业孵化园的创建为学生自主创业搭建了平台。

(4) 威胁分析（T）

① 部分大学生创业者是被动创业，因为找不到合适的工作和适合的岗位才会去创业。

② 创业环境有待进一步改善。我国的创业环境在包括金融支持、政府政策（政府直接支持、国家创业政策、新企业审批）、政府项目（服务型组织）、教育与培训机构、研究开发转移、商务环境和文化与社会规范中都存在一定的差距。

③ 经济疲软的威胁。在全球经济发展缓慢的大环境下，创业的难度和失败率都相对较高。

(5) 大学生创业策略选择

通过对大学生创业的分析可知，大学生创业既存在优势也存在劣势，既有机遇也有挑战。依据 SWOT 分析理论，为大学生创业提供了四种三大策略，即进攻型策略（SO 策略）、谨慎型策略（WO 策略和 WT 策略）和保守型策略（ST 策略）。

① 进攻型策略（SO 策略）

抓住机遇、发挥优势。此策略的大学生既有很强的自身优势，又拥有良好的外部环境。因此，在创业过程中既要发挥自身冒险精神、创新精神和扎实的专业知识等优势条件，又要借助国家的优惠政策，选择专业对口、市场前景好的项目进行创业。

② 谨慎型策略（WO 策略和 WT 策略）

抓住机遇、克服弱点的 WO 策略和发挥优势、迎接挑战的 ST 策略。看到机遇的同时，充分认识到自身的不足；或在看到自身优势的同时，能感到外部环境的威胁。

选择 WO 策略的大学生拥有较好的外部环境，但自身存在社会经验不足、创业资金较少和创业技能缺乏的劣势。因此在创业过程中，要充分认识到自身的劣势，并根据实际情况不断进行调整以弥补自身的不足，抓住机遇，充分利用国家和各级政府部门的相关政策，选择对自己有利和行业进行创业。

选择 WT 策略的大学生自身优势明显，但创业外部环境不够成熟。因此在自主创业过程中要深入分析外部环境因素，并尽量规避由不利的外部环境导致的创业风险，充分发挥自身扎实的专业知识和突出的创新能力，以实现成功创业的梦想。

③ 保守型策略（ST策略）

这种策略把外部威胁和内部弱点看得较重，因而采取退避三舍的保守型策略。符合此策略的大学生自身存在很多不足，同时外部环境存在威胁。因此，要积极进行自我规划，尽量克服自身劣势，规避外部环境的风险和威胁，通过多种方式积累经验、知识和才干，时机成熟再创业。

应用：

运用SWOT分析方法，对你自己做SWOT分析，分析自己的创业选择并给出相应的策略与应对方法。

技能点3：创业环境之矩阵分析

环境因素的发展变化，可能会给创业者带来市场机会，也可能成为威胁因素。研究环境因素对企业有利或不利的影响，还可采取矩阵图来进行分析和评估。

1. 机会矩阵

如图8-4所示，横坐标表示机会的吸引力，即成功后可能带来的收益的大小，纵坐标表示机会出现的概率，即机会出现的可能性。根据各环境因素的相应数据放置在坐标平面内某一区域，就可以区分其重要程度。

区域Ⅰ：机会出现概率大，而且机会出现后会带来较大的收益，因此对创业者的吸引力大，是应该尽量利用的环境。

区域Ⅱ：机会出现概率大，但机会出现后带来的收益较小，是创业者应该注意开发的环境。

区域Ⅲ：机会出现概率小，并且机会出现后给企业带来的收益较小，是创业者应该注意回避的环境。

区域Ⅳ：机会出现概率小，但一旦机会出现后会给企业带来较大的收益，是创业者应该注意创造条件、力争成功的环境。

2. 威胁矩阵

如图8-5中，横坐标表示威胁对企业经营影响的严重性，即威胁出现之后可能带来损失的大小，纵坐标表示威胁发生的概率。根据各环境因素的相应数据放置在坐标平面内某一区域，就可以区分事件的影响程度及其性质。

区域Ⅰ：威胁发生的概率大，而且发生后将产生较为严重的负面影响，因此创业者要予以特别关注。

区域Ⅱ：威胁发生的概率大，但发生后带来的负面影响有限，创业者应该予以必要的关注。

区域Ⅲ：威胁发生的概率小，并且发生后给企业经营带来的负面影响业比较有限，是可以基本忽略的环境。

区域Ⅳ：威胁发生的概率小，但一旦发生会产生较为严重的负面影响，因而创业者不能掉以轻心。

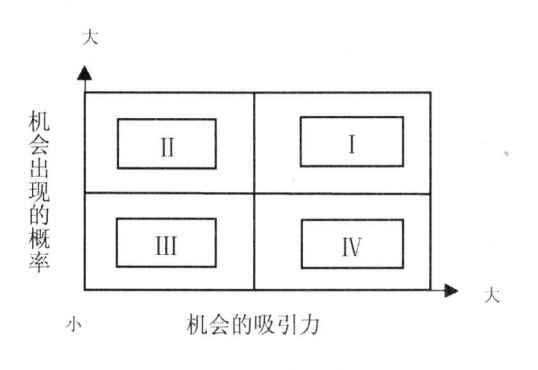

图 8-4　机会矩阵图

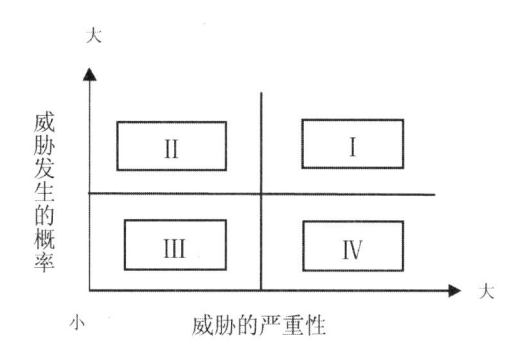

图 8-5　威胁矩阵图

3. 机会威胁矩阵

通过市场机会和环境威胁矩阵图的分析，可以判断创业者所面临的市场机会和环境威胁的位置，以便找出主攻方向。同时，对市场机会和环境威胁进行比较，还可以预测对创业者来说机会和威胁哪一个占主要地位。把两个方面的分析结果重叠，就可以形成新的矩阵图，如图 8-6 所示，横坐标表示机会水平的高低，纵坐标表示威胁程度的强弱。这样，业务项目就可以分为四种类型。

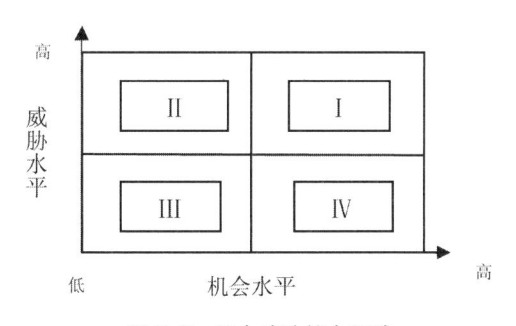

图 8-6　机会威胁综合矩阵

区域Ⅰ：威胁程度高，机会水平也高，两相比较难分上下，处于这一区域的是风险型环境。

区域Ⅱ：威胁程度高，机会水平低，是最差的环境状态，处于这一区域的是困难型环境。

区域Ⅲ：威胁程度和机会水平均低，虽盈利能力不高，但也没有多大风险，处于这一区域的是成熟型环境。

区域Ⅳ：威胁程度低，机会水平高，是最佳的环境状态，处于这一区域的是理想型环境。

应用：

小丁和小崔两人是某学院同学，由于看好婚庆行业，所以就业后不久便双双辞职，向家人借款 12 万元，联手开办了一家婚庆公司。然而，公司运营没有预想的顺利，目前尚未收回投资成本。

她们的婚庆公司选址偏僻，店铺规模档次"高不成、低不就"；目前当地婚庆公司大大小小 2000 多家，大打价格战，她们没有价格优势；另外请司仪、摄像师、租花车等，每次支付完这些固定的费用，再扣除场地费，利润就所剩无几了。

小丁无奈地说："感觉创业挺难的，很辛苦很累，还不如给人打工挣死工资舒服。再坚持一年如果还没有起色，我们会选择放弃。"

请运用矩阵分析法分析小丁和小崔两人创业的环境，并给出意见和建议。

机会：＿＿＿＿＿＿＿＿＿＿＿＿

威胁：＿＿＿＿＿＿＿＿＿＿＿＿

位于哪个区域：＿＿＿＿＿＿＿＿

意见和建议：＿＿＿＿＿＿＿＿＿

开眼界

本研究着重从大学生思想行为主要涉及的关系对象角度，围绕当前创业大学生的思想行为特点、影响因素、存在问题展开，通过调研问卷和个体访谈的方式了解创业大学生思想行为现状。研究采取分层抽样的方法，主要从山东省高校抽取不同学科、不同年级中从事创新创业项目的学生作为研究对象。研究对象主要来自 27 个省市地区的不同家庭。研究共发放问卷 821 份，获得有效问卷 742 份，有效回收率为 90.3%。此外，为了弥补定量研究的不足，本研究还在 6 所高校随机对 18 名创业大学生进行访谈。创业大学生思想行为特点调研结果如下。

1. 创新创业意愿较为强烈，但缺乏对创业精神的坚持。
2. 重视创新创业价值观的作用，但更渴望创业目标的实现。

表 8-1　影响大学生选择创新创业的关键因素

关键因素 \ 百分比	频率	百分比（%）	有效百分比（%）	累计百分比（%）
创业意识	94	12.7	12.7	12.7
创业能力	152	20.5	20.5	33.2
创业价值观	196	26.4	26.4	59.6
创业信念	95	12.8	12.8	72.4
创业资金	49	6.6	6.6	79.0
创业项目	30	4.0	4.0	83.0
创业团队	108	14.6	14.6	97.6
创业政策	3	0.4	0.4	98.0
创业环境	7	0.9	0.9	98.9
其他	8	1.1	1.1	100
合计	742	100	100	

3. 认同社会主义核心价值观，但在创新创业过程中践行乏力。

材料解读：

从调查资料中可以看到，影响大学生选择创新创业的关键因素中包括创业政策、创业环境，虽然它们所占的比重较小，但依然非常重要。

主题 2　创业团队组建

长知识

知识点 1：创业团队概述

创业活动是创业者识别商业机会并整合资源的过程，因此创业者作为创业活动的推动者和实施者，在整个创业活动中具有举足轻重的地位。然而单个创业者的素质和能力毕竟有限，在许多方面存在局限性，因此创业团队的组建就显得非常必要。

1. 创业团队的内涵

创业团队是一种特殊的团队，而对这个概念的定义也是众说纷纭，目前国内外学者都没有一个公认的标准，大家争论的焦点集中在人员构成、所有权以及成员的参与时间上。

将创业团队定义为：创业初期由少数才能互补、责任共担、愿意为实现共同的创业目标而努力奋斗的创业者组成的团队。

2. 创业团队的构成

创业团队需具备五个重要的团队组成要素——目标 (Purpose)、人 (People)、定位 (Place)、权限 (Power)、计划 (Plan)，这五个要素的英文单词都以字母 P 开头，因此称为创业团队要素 5P 模型（如图 8-7）。

（1）目标

创业团队应该有一个既定的共同目标，这个目标是创业团队努力的方向。

（2）人

在一个创业团队所需的资源中，人力资源是最活跃、最重要的资源，通过人员的不同分工，才能保证创业项目的顺利开展和目标实现。

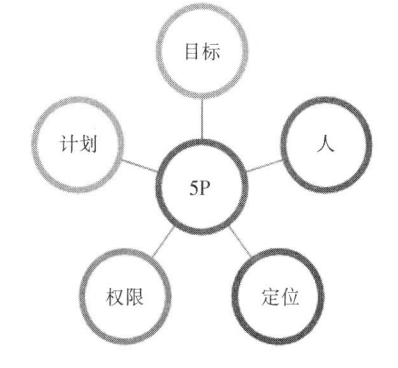

图 8-7　创业团队 5P 模型

（3）定位

团队要通过合理的方式创建出有助于实现目标的组织结构，关键是在了解团队及内部成员特征的基础上，改造习惯性的思维定式，让来自不同领域的成员真正成为更具合作性的团队伙伴，定位具体包括创业团队的定位和团队成员的定位两层含义。

(4) 权限

所谓创业团队的权限，指的是团队担负的职责和掌握的权力，即团队的工作范围和在某范围内决策的自主程度。

(5) 计划

创业团队的计划涉及如何把职责和权限具体分配给团队成员，如何做出规划指导团队成员分别做哪些工作以及怎样做等问题。创业团队的计划有以下两层含义。

① 创业目标的实现不仅需要有创业团队和创业资源的支撑，还需要有一系列具体的行动方案，以指导团队成员的角色分工和资源分配，因此可以把计划理解成达到目标的具体工作程序。

② 创业目标的实现是一个漫长而艰苦的过程，缺乏详细具体的行动计划，团队在项目的运行过程中容易失去行动目标，尤其在遭遇困难的时候，团队的应变能力不足可能导致偏离目标。因此，按计划进行可以保证创业团队的顺利运转，进而一步步接近目标。

3. 创业团队的意义

虽然每个创业者都希望凭借自己的能力和激情推动创业项目取得成功，并有完全掌握新企业发展的欲望，但团队创业却拥有更多个人独自创业所不具备的优势。

(1) 组建团队能将每个人所拥有的技能和经验组织到一起，超越个人原有的技能和经验，这种技能和经验在更大范围内的组合使团队能应对多方面的挑战。

(2) 组建团队能以更有效的方式应对创业过程中遇到的困难和问题，因为团队对待变化中的事物和需求具有更大的灵活性，团队能用比个人更为快速、准确和有效的方法打入大型组织的关系网，根据新的信息和挑战调整创业的行为方式。

(3) 组建团队能为加强新创组织的发展和管理工作提供独特的视角，在新创组织的创建和发展过程中，如果团队能够通过共同努力克服障碍，团队中的个体就能对相互的能力建立起信任和信心，并共同追求高于个人职能工作的团队业绩，从而使团队的业绩最终成为对团队自身的激励。

(4) 组建团队有利于营造更轻松愉快的工作环境，通过团队塑造出的创业氛围能够使团队的成员愿意为了实现团队的目标而一起工作，并且为了团队的业绩、成果而相互充分信任。这种令人满意的工作环境支持团队创造优异的业绩。

知识点 2：优秀创业团队特质

1. 优秀创业团队的角色构成

一支理想的创业团队应该有八种不同性格与特征的创业者构成，分别为实干者、协调者、推进者、创新者、信息者、监督者、凝聚者、完成者。如图 8-8 所示。

不同角色在团队中发挥着不同作用，因此团队中不能缺少任何角色。

（1）创新者提出观点。没有创新者，思维就会受到局限，点子就会匮乏。创新是创业团队生产、发展的源泉。企业不仅生产经营要创新，管理也需要创新。

（2）实干者运筹计划。没有实干者的团队会显得比较乱，因为实干者的计划性很强。

（3）凝聚者调节关系。凝聚者是团队的润滑剂，没有凝聚者的团队的人际关系会比较紧张，矛盾和冲突会更多一些，团队目标完成将受到很大的冲击，团队的寿命也将缩短。

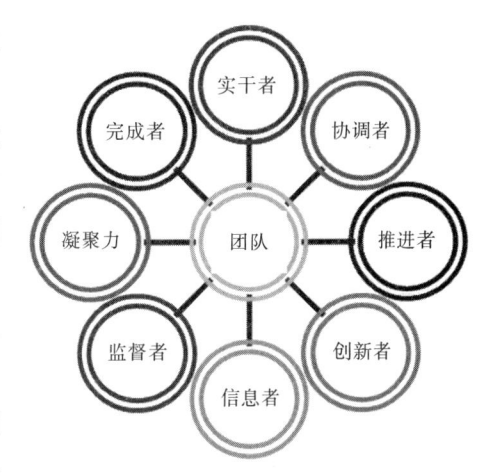

图 8-8　创业团队角色构成

（4）信息者提供支持的武器。没有信息者的团队会比较封闭，因为不知道外界发生了什么事。

（5）协调者化解分歧。没有协调者的团队，领导力会削弱，因为协调者除了要有权力性的领导力以外，更要有一种个性的引召力来帮助领导树立个人影响力。

（6）推进者促进实施。没有推进者，整个团队的整体效率就不高。推进者是创业团队进一步发展的"助推器"。

（7）监督者督导过程。没有监督者的团队会大起大落，做得好就大起，做得不好也没有人去挑剔，这样就会大落。监督者是创业团队健康成长的鞭策者。

（8）完成者注重细节。没有完成者的团队线条会显得比较粗，因为完成者更注重的是品质、标准。

2. 优秀创业团队的特征

（1）共同的创业理想和明确的创业目标

一个优秀的创业团队，其内部必须要拥有共同的创业理念和明确的创业目标，这是彼此信任、合作的基础，同时具备为共同目标而努力的具体行动纲领和准则。

（2）团队的完整性和凝聚力

创业团队是一个有机整体，成败取决于整体而非个人，因此创业团队中不需要个人英雄主义，每位成员都应该在各自岗位中相互协作，形成有机的整体。

（3）优势互补

一个优秀的创业团队要做到优势互补，能力搭配合理。成员间的能力通常都能形成良好的互补，而这种能力互补也会有助于强化团队成员之间彼此的合作。

（4）良好的沟通

如果一个创业团队里总能有提出建设性建议和一个不断发现问题的批判性成员，

这对创业的成功是大有裨益的。每位成员之间保持良好的沟通和交流可以加强团队的团结、减少分歧并化解内部矛盾。同时，也可以提高团队的工作效率。

（5）不断学习，保持团队的创造力

一个优秀的创业团队，其内部应形成良好的学习氛围。创业并非意味着学习的结束，相反，这只是学习的开始，团队成员只有不断地学习新知识和新技能才能保持创业团队的创造力和活力。

（6）相互信任

猜疑会使创业团队出现内部不团结甚至导致团队的瓦解，建立和维护创业团队成员之间的信任是创业成功的保障。

（7）利益分配公平合理

创业之初的股权和利益分配与之后创业过程中的贡献可能并不一致，因此会发生某些有突出贡献的团队成员拥有股权数较低，导致贡献与报酬不一致的不公平现象。因此，优秀的创业团队需要有一套公平合理的利益分配机制，激励团队的每位成员努力工作，在实现团队目标的同时实现自我价值。

知识点 3：创业团队组建原则

1. 创业团队组建的原则

（1）注重团队精神

团队是企业凝聚力的基础，事业的成败往往取决于整体，因此在组建创业团队时要非常注重团队精神。每位成员如果都能够同甘共苦，经营成果能够公开透明并且拥有公平合理的分配制度，团队里就会形成一股强大的凝聚力。

（2）创业团队目标明确合理

一个优秀的创业团队必须拥有明确的创业目标，这样才能使团队成员清楚地认识到共同的奋斗方向是什么。与此同时，目标也必须是合理的、切实可行的，这样才能真正达到激励的目的。

（3）平等、尊重的合作关系

创业团队需要寻找的是合作伙伴，而不是招聘员工。一个人只有把自己的工作当成终身事业去做才有成功的可能，一个创业团队需要平等对待每位成员，形成相互尊重的合作关系，团队才能迅速成长。

（4）优势互补原则

建立优势互补的团队是创业成功的关键。创业团队在组建时要充分考虑团队成员之间的能力和技术上的互补。针对创业目标与当前能力的差距，寻找所需要的配套成员。

2. 创业团队组建的主要影响因素

（1）创业者

创业者的能力、知识和经验从根本上决定了是否要组建创业团队、如何组建创业团队，以及由哪些人组成团队。

（2）创业团队的理想和目标

共同的理想、统一的目标是组建创业团队的前提，团队成员若不认可团队目标，就不可能全心全意为此目标的实现而与其他团队成员相互合作、共同奋斗。

（3）创业团队成员

创业团队成员的能力和技术的互补是组建创业团队的必要条件。

（4）创业环境

创业团队的生存和发展直接受到经济环境、社会环境、市场环境、资源环境等多种外部环境要素的影响，这些外部环境要素从宏观上间接地影响着对创业团队组建类型的需求。

练技能

技能点1：创业团队组建流程

创业团队的组建是一个相当复杂的过程，不同类型的创业项目所需的团队不尽相同，创建步骤也不完全相同。概括来讲，大致的组建程序如图8-9。

明确创业目标 → 制定创业计划 → 招募合适人员 → 职权划分 → 构建制度体系 → 团队调整融合

图8-9 创业团队组建流程

1. 明确创业目标

每个团队都有自己的创业目标，为了完成这个共同的目标，不同背景、不同技能、不同知识的人们才组合了起来形成现在的团队。一般来说，创业团队的目标就是通过完成创业阶段的规划、组织、技术、市场、管理等各项工作实现企业从无到有、从起步到成熟。总目标确定之后，再将总目标加以分解，设定为若干可行的阶段性子目标，以推动团队最终实现创业目标。

2. 制定创业计划

在确定每个阶段性子目标以及总目标之后，紧接着开始研究如何实现这些目标，这就需要制定周密的创业计划。创业计划是在对创业目标进行具体分解的基础上，以团队为整体确定在不同的创业阶段需要完成的阶段性任务，通过逐步实现这些阶段性任务，最终实现创业目标。

3. 招募合适人员

招募合适人员是创业团队组建最关键的一步，创业团队成员的招募主要应考虑两个方面。一是考虑互补性，即成员之间在能力或技术上具有互补性。这种能力互补既有助于强化团队成员间彼此的合作，又能保证整个团队的战斗力，更好地发挥团队的作用。一般而言，创业团队至少需要技术、营销和管理三个方面的人才。只有这三个方面的人才形成良好的沟通协作关系后，创业团队才可能实现稳定高效。二是考虑适度规模。适度的团队规模是保证团队高效运作的重要条件。团队成员太少则无法实现团队的功能与优势，而过多又可能会产生交流的障碍或者可能会分裂成许多较小的团体，进而大大削弱团队的凝聚力。研究表明：创业团队的规模控制在 2~12 人之间比较合适。

4. 团队职权划分

为保证团队成员严格执行创业计划、顺利开展各项工作，必须在团队内部预先进行职权的划分。职权的划分就是根据执行创业计划的需要，具体确定每个团队成员担负的职责以及所享有的权限。团队成员之间的职权必须划分明确，既要避免职权上的交叉重复，又要避免工作无人承担的纰漏，还要留出新问题出现的调整空间。

5. 完善制度体系

创业团队制度体系体现了创业团队对成员的控制和激励能力，主要包括了团队的各种约束制度和各种激励制度。一方面，创业团队通过各种约束制度（主要包括纪律条例、组织条例、财务条例、保密条例等）指导其成员避免做出不利于团队发展的行为，实现对其行为进行有效的约束、保证团队的稳定秩序。另一方面，创业团队要实现高效运作，需要有效的激励机制（主要包括利益分配方案、奖惩制度、考核标准、激励措施等），使团队成员能看到随着创业目标的实现，其自身利益将会得到怎样的改变，从而达到充分调动成员的积极性、最大限度发挥团队成员作用的目的。

6. 团队调整融合

完美组合的创业团队并非创业一开始就能建立起来的，很多时候是在企业创立一定时间以后随企业的发展逐步形成的。随着团队的运作，团队组建时在人员配制、设计职权划分等方面的不合理之处会逐渐暴露出来，这时就需要对团队进行调整融合。在进行团队调整融合的过程中，最为重要的是要保证团队成员间经常进行有效的沟通与协调，培养并强化团队精神，提升团队士气。

技能点 2：创业团队管理技巧

欲把创业团队打造成一个健康、有战斗力的团队，需要一定的管理方法和管理技巧，那就是努力给员工创造一个充分利用自己个性从而将工作做到最好的条件，可以考虑通过以下方式管理团队。

1. 培养员工正确的团队理念

(1) 凝聚力

拥有正确团队理念的成员相信他们处在一个命运共同体中，共享收益，共担风险。团队工作，即作为一个团队而不是靠个别的"英雄"工作，每个人的工作相互依赖和支持，依靠事业成功来激励每个人。

(2) 诚实正直

这是有利于顾客、公司和价值创造的行为准则。它排斥纯粹的实用主义或利己主义，拒绝狭隘的个人利益和部门利益。

(3) 为长远着想

拥有正确团队理念的成员相信他们正在为企业的长远利益工作，正在成就一番事业，而不是把企业当作是一个快速致富的工具。

2. 树立共同目标

共同目标能够为团队成员指引方向和提供动力，目标会使个体提高绩效水平，目标也使群体充满活力。当群体需要、个人需要、工作需要三者利益一致时才能保证最佳业绩。从短期看，创业项目要有一个工作目标；从长期看，创业者要有一个使全体员工共同为之奋斗的发展规划与蓝图。无论是短期目标还是长期目标，创业者都必须做到与员工充分沟通，要让员工看到创业项目成功及个人成长的希望。

3. 建立责、权、利、力统一的团队管理机制

(1) 创业团队内部需要妥善处理各种权力和利益关系

① 妥善处理创业团队内部的权力关系。在创业团队运行过程中，团队要确定谁适合于从事何种关键任务和谁对关键任务承担什么责任，使能力和责任的重复性最小化。

② 妥善处理创业团队内部的利益关系。这与新创企业的报酬体系有关。一个新创企业的报酬体系不仅包括诸如股权、工资、奖金等金钱报酬，而且包括个人成长机会和提高技能等方面的因素。

(2) 制定创业团队的管理规则

创业团队管理规则的制定要有前瞻性和可操作性，要遵循先粗后细、由近及远、逐步细化、逐次到位的原则。这样有利于维持管理规则的相对稳定，而规则的稳定有利于团队的稳定。

企业的管理规则大致可以分为三个方面。

① 治理层面的规则，主要解决剩余索取权和剩余控制权问题。治理层面的规则大致可以分为合伙关系与雇佣关系。除了利益分配机制和争端解决机制，还必须建立进入机制和退出机制。没有出入口的规则是不完整的，因此要约定以后创业者退出的条件和约束，以及股权的转让、增股等问题。

② 文化层面的管理规则，主要解决企业的价值认同问题。企业章程和用工合同解决的是经济契约问题，但作为管理规则它们还是很不完备的。经济契约不完备的地方要由文化契约来弥补。

③ 管理层面的规则，主要解决指挥管理权问题。管理层面的规则最基本的有三条：一是平等原则，制度面前人人平等，不能有例外现象；二是服从原则，下级服从上级，行动要听指挥；三是等级原则，不能随意越级指挥，也不能随意越级请示。这三条原则是秩序的源泉，而秩序是效率的源泉。当然，仅有这三条原则是不够的，但它们是最基本的，是建立其他管理制度的基础。

4. 完善成员技能

只有一个懂得不断充实自我的学习型团队，才能在不断发展的社会创造出更多的"奇迹"。高效团队需要三种不同技能类型的成员：具有技术专长的人、具有发现、解决问题和决策技能的人和具有较强人际关系的人。创业者要让团队成员有培训发展的空间，鼓励各成员学习，努力创造培训机会，更重要的是要让员工在自己有兴趣的岗位上进行实践锻炼。

5. 建立奖惩机制

作为初创企业应建立一套适合自己的奖惩机制。这个制度不一定要严谨完美，可以考虑采用制度化管理和人性化管理相结合的原则，但一定要机制明晰、利益均沾，要使团队成员能够体会到随着创业项目的成长，自己能够按照贡献获得公平的报酬。这就要求创业者对创业团队的管理要做到奖惩分明、公开公正，将利益落到实处。

技能点 3：大学生创业团队

随着经济新常态的发展、就业形势的严峻，国家和地方政府出台了一系列辅助大学生创业和就业的政策。对于广大在校大学生而言，他们精力旺盛、思维活跃、想象力丰富、行事不受经验束缚、创新精神和创新能力比较强，这些是创业者获得成功最重要的条件。然而，大学生个人由于专业、时间、社会资源有限，很难凭借一己之力让企业走向成功，这就需要团队的力量，组建一支优秀的创业团队是创业成败的关键，因此团队创业模式成了大学生创业的主要模式。

1. 努力创建共同的创业理念和愿景

创业团队成员的共同理念和共同愿景是凝结团队的基础，也是团队在创业过程中克服困难、战胜挫折的精神来源。大学生创业团队由一些志同道合的同学自愿组成，所以在创业之初往往会有比较一致的创业理念。但是，在创业过程中由于创业团队成员不断与外界接触，同时，自身能力也在不断提高，很可能会改变当初的创业理念和愿景。因此还要不断加强共同理念和愿景的营造，并且及时解决在创业过程中出现的分歧和矛盾，积极保持这种和谐、开放的创业氛围。

2. 努力建立学习型团队，保持团队的持续学习力和创造力

要注重整个组织的学习氛围、充分发挥团队成员的创造性思维能力，这样团队才会有持续的学习力和创造力，才能取得长足发展。大学生创业团队由于团队成员知识实践水平不够、社交也不够广，在整个创业过程中需要不断学习。而且创业团队在后期会出现原有团队成员退出和新成员加入等各种新情况，在这种情况下保持团队的创造力，需要通过学习让新成员了解团队理念，拥有统一信念。

3. 努力实现团队成员间优势互补

一个好的创业团队，应该是一个优势互补的团队，研发、技术、市场、融资等各方面组成的一流的合作伙伴是创业成功的法宝。要建立优势互补的创业团队，需要有主内与主外的不同人才、耐心的总管和具有战略眼光的领袖、技术与市场等各方面的人才，而且团队人才的搭配应注意从个人性格与看问题角度的不同出发。

4. 努力制定科学合理的股权分配机制与富有弹性的利益分配机制

创业团队成员间股权分配是一个敏感、困难但又相当重要的议题，需要做到尽量科学合理。在股东股份分配时要尽量广泛听取各个股东的建议的基础上，尽量本着有利于企业长远发展的原则予以分配。股权分配之后还需要有一个合理的利益分配体系，因为在创业过程中会发生某些具有显著贡献的团队成员可能拥有股份数较低等贡献与报酬不一致的现象，这就需要有一套公平弹性的利益分配机制来弥补仅仅按股份分红这一单一分配机制所产生的问题。

实践应用

组建最佳团队

1. 制作广告

假设你想寻找合伙人共同创业，创办一家快餐连锁企业（奶茶店），请你拟定一份征集合伙人的广告。注意以下几个方面：

你是召集人，不一定是领导者；

创业的初始目标、计划；

你掌握的资源及你需要的资源；

所需伙伴的数量和特点；

你对股权分配、团队管理的设想；

有吸引力的回报及可能的风险；

其他你认为需要说明的问题。

2. 三分钟演讲

张贴你的广告，并用三分钟演讲宣传你的优势，吸引同学加入你的团队。同学共

同评估，选出几位同学做团队创建者，并自愿加入一个团队。

3. 评估团队结构

同学们从以下四个方面分析哪个团队组成更好？每项 25 分，哪个队的分数高？落后的队谈谈将如何赶超对方？

① 团队成员加入的目的。

② 团队成员的知识结构。

③ 团队成员的性格、个性、兴趣。

④ 团队成员的价值观念。

4. 确定团队成员

团队创建者可以根据同学对下面五个问题的解答情况决定其去留。① 团队中唯一权威主管问题。② 团队成员间的相互信任问题。③ 妥善处理不同意见和矛盾。④ 合理分配股权问题。⑤ 妥善处理团队成员间的利益。然后请团队中的一位成员，对本团队做出最后调整（增人或减人）。

5. 团队展示

各团队经过讨论，完成下表 8-2，并进行集体展示。

表 8-2　团队展示

团队名称	
设计 LOGO	
团队口号	
团队愿景创业项目	
团队领导者	
团队成员及分工	
团队管理制度	

6. 推选最佳团队

最后同学们重新评估这几个团队，推选出最佳团队。

7. 总结

团队组建的经验与不足：＿＿＿＿＿＿＿＿＿＿＿＿＿＿＿＿＿＿＿＿

团队管理的收获与问题：＿＿＿＿＿＿＿＿＿＿＿＿＿＿＿＿＿＿＿＿

大学生创业团队优缺点：＿＿＿＿＿＿＿＿＿＿＿＿＿＿＿＿＿＿＿＿

开眼界

巨人集团的兴衰

巨人集团是个民营企业，谈巨人集团就不得不谈巨人集团的创始人——史玉柱。

1991年他创办了珠海巨人科技公司并邀来全国各地200多名电脑销售商，组织全国电脑汉卡连锁销售会。他为了这次会议，把能动用的几十万元全投了进去，最后得到的是一个全国性电脑连锁销售网络。他以广告开路，一次次成功地促销，走出了一条捷径。

1992年，巨人高科技集团公司成立，史玉柱持股90%，注册资本1.19亿元，下设8个分公司，是当时仅次于四通的中国第二大民营企业。年销售M—6403汉卡2.8万套，产值1.6亿元，利润3500万元。

1993年史玉柱提出了第二次创业总体目标——跳出电脑行业，走产业多元化的扩张之路，以寻求解决矛盾的出路。他把生物工程这个利润很高的行业作为巨人集团新的产业支柱，并向多元化的方向发展巨人集团。王安电脑公司的破产保护案对史玉柱触动很大，他认为西方跨国电脑企业纷纷来中国拓展业务，巨人汉卡肯定会受到巨大的冲击。巨人集团的发展必须寻找新的产业支柱，从而决定进入生物工程领域。于是巨人集团投资300万元成立了全资子公司——康元公司，从事"脑黄金"等保健品的开发、生产和销售。当时，也正值全国房地产热，史玉柱决定筹建18层的自用办公大楼，总投资2亿元。但此想法一闪而过，最终设计出来的方案是38层。当时巨人资产规模上亿元，巨人汉卡年利润可达4000万~5000万元。下半年，一位领导到巨人集团参观时认为地理位置非常好，建议再建高一些，由自用转向房地产开发。于是，巨人大厦设计方案从38层增加到54层，再增至64层，后又增加到70层。

1995年初，史玉柱用打"三大战役"的方法进行促销电脑、保健品和药品。一次性推出三大系列的30个产品，广告铺天盖地。不到半年时间，巨人集团的子公司从38个发展到228个，人员从200多人发展到2000多人。如此大规模的闪电战术确实创出了奇迹：30个产品上市后的15天内，订货单就突破3亿元。但是史玉柱的第二次创业却回避了最关键问题——企业内部的产权改造和机制重塑。原有干部队伍因动力不足，惰性严重，新的骨干队伍难以补充，管理失控。集团出现各类违规、违纪、违法案件。总公司对子公司不同程度失控，巨人集团面对内部管理混乱出现的问题已焦头烂额。

到1996年下半年，巨人大厦急需资金，史玉柱抽调生物工程的流动资金去支撑巨人大厦的建设资金。大厦从1994年2月动工到1996年7月，史玉柱竟未申请过一分钱的银行贷款，全凭自有资金和卖楼花的钱支持，把生产和广告促销的资金全部投入到大厦。而生物工程又需要大量资金进行研发，管理不善加之过度抽血，生物工程被搞得"半死不活"，该产业逐渐萎缩，结果使得生物工程停产，这又使巨人集团的资金链断裂。

1997年初，巨人集团总危机彻底爆发了，债主蜂拥而至，他已无钱可还，银行将他拒之门外，巨人集团最后崩溃。

思考：

1. 为什么史玉柱能成功创业并获得事业的快速发展？创业者如何借鉴其成功的经验？

2. 导致巨人集团崩溃的原因有哪些？创业者应从中吸取什么教训？

主题3　公司注册

长知识

创业者在有创业的想法、制定了创业计划、组建了创业团队之后，就要立刻付诸行动，开始创业之路。

知识点1：自主创业步骤

1. 学生网上申请

通过教育部大学生创业服务按要求提交《高校毕业生自主创业证》申请。

2. 高校网上初审

所在高校对毕业生提交的相关信息进行审核，通过后注明已审核，并在网上提交学校所在地省级教育行政部门。

3. 省级教育行政部门复核

省级教育行政部门对毕业生提交的相关信息进行复核并确认。

4. 高校发放《高校毕业生自主创业证》

复核通过后，由所在高校打印并发放《高校毕业生自主创业证》，相关部门和学生本人都可随时查询。

5. 学生申领《就业失业登记证》

毕业生持《高校毕业生自主创业证》向创业地县以上人社部门提出《就业失业登记证》认定申请，由创业地人社部门核发《就业失业登记证》，一并作为当年及后续年度享受税收扶持政策的管理凭证。

6. 学生享受税收优惠

7. 大学生申请创业补贴

申领补贴的人员应当按照规定填写《创业补贴申请表》文件，并且提报以下内容材料：

（1）申请人身份证原件及复印件；

（2）《营业执照》《税务登记证》副本原件及复印件，通过变更公司法定代表人创业情况的需要提供有效变更证明；

（3）毕业5年内的普通高等学校毕业生应提供毕业证书、报到证（或毕业证书认证证明）原件和复印件材料；高校在校生应提供学生证件原件以及复印件；返乡农民工应当提供本人外出务工期间和用人单位签订的劳动合同原件文件以及复印件材料；

（4）申领创业补贴人员应于每月10日前，向公司原本工商注册地所在的街道（镇）人力资源社会保障服务中心提出申请。

知识点2：企业组织形式

1. 个人独资企业

个人独资企业是指依照《个人独资企业法》在中国境内设立，由一个自然人投资，财产为投资人个人所有，投资人以其个人财产对企业债务承担无限责任的经营实体。

（1）设立个人独资企业，应当具备下列条件：

① 投资人为一个自然人；

② 有合法的企业名称；

③ 有投资人申报的出资；

④ 有固定的生产经营场所和必要的生产经营条件；

⑤ 有必要的从业人员。

（2）个人独资企业的优点

① 企业设立、转让和解散等手续非常简便，仅需向登记机关登记即可；

② 企业主独资经营，制约因素较少，经营方式灵活，能迅速对市场变化做出反应；

③ 利润归企业主所有，不需要与其他人分享；

④ 在技术和经营方面易于保密，利于保护其在市场中的竞争地位；

⑤ 若企业主因其个人努力而使企业获得成功，则可以满足个人的成就感。

（3）个人独资企业的缺点

① 当个人独资企业财产不足以清偿债务时，企业主将依法承担无限责任，必须要以其个人的其他财产予以清偿，因此经营风险较大；

② 一般来说，个人独资企业受信用限制不易从外部获得资本，如果企业主资本有限或者经营能力不强，则企业的经营规模难以扩大；

③ 一旦企业主发生意外事故或者犯罪、转业、破产，则个人独资企业也随之不复存在。

2. 合伙企业

合伙企业是指自然人、法人和其他组织依照《合伙企业法》在中国境内设立的普通合伙企业和有限合伙企业。

其中，普通合伙企业由普通合伙人组成，合伙人对合伙企业债务承担无限连带责任；有限合伙企业由普通合伙人和有限合伙人组成，普通合伙人对合伙企业债务承担无限连带责任，有限合伙人以其认缴的出资额为限对合伙企业债务承担责任。

(1) 设立合伙企业，应当具备下列条件：

① 有两个或两个以上合伙人，合伙人为自然人，应当具有完全民事行为能力；

② 有书面合伙协议；

③ 有合伙人认缴或者实际缴付的出资；

④ 有合伙企业的名称和生产经营场所；

⑤ 法律、行政法规规定的其他条件。

(2) 合伙企业的优点

① 由于出资人较多，扩大了资本来源和企业信用能力；

② 由于合伙人具有不同的专长和经验，能够发挥团队作用，各尽其才，有利于提高企业的管理能力；

③ 由于资本实力和管理能力的提高，增强了企业扩大经营规模的可能性。

(3) 合伙企业的缺点

① 在合伙企业存续期，如果某个合伙人有意向合伙人以外的人转让其在合伙企业中的全部或部分财产时，必须经过其他合伙人的一致同意。

② 当合伙企业以其财产清偿合伙企业债务时，其不足部分由各合伙人用其在合伙企业出资以外的个人财产承担无限连带清偿责任。

3. 公司制企业

(1) 有限责任公司

有限责任公司是指由两个以上、五十个以下股东共同出资，股东以其出资额为限对公司承担责任，公司以其全部资产对公司的债务承担责任的企业法人。这种公司本质上是一种合资公司，但与股份公司相比也有人合因素。

设立有限责任公司，应当具备下列条件：

① 股东符合法定人数；

② 有符合公司章程规定的全体股东认缴的出资额；

③ 股东共同制定公司章程；

④ 有公司名称，建立符合有限责任公司要求的组织机构；

⑤ 有公司住所。

(2) 股份有限公司

股份有限公司是指将公司全部资本分为等额股份，股东以其所持股份为限对公司承担责任，公司以其全部资产对公司的债务承担责任的企业法人。

设立股份有限公司，应当具备下列条件：

① 发起人符合法定人数；

② 有符合公司章程规定的全体发起人认购的股本总额或者募集的实收股本总额；

③ 股份发行、筹办事项符合法律规定；

④ 发起人制订公司章程，采用募集方式设立的需经创立大会通过；

⑤ 有公司名称，建立符合股份有限公司要求的组织机构；

⑥ 有公司住所。

(3) 公司企业的优点

① 公司的股东只对公司承担有限责任，与个人的其他财产无关，因而股东的风险不大，并且股份有限公司的股东还可以自由转让股权而转移风险；

② 通过公开上市可提高公司的社会声望，因而融资能力很强；

③ 公司具有独立存续时间，除非因经营不善导致破产或停业，不会因个别股东或高层管理人员的意外或离职而消失。

(4) 公司企业的缺点

① 公司设立的程序比较复杂，创办费用高；

② 按照相关法律要求，股份有限公司需要定期披露经营信息，公开财务数据，容易造成商业机密的外泄；

③ 由于公司从社会吸纳资金，为了保护利益相关者，政府对公司的限制较多，法律法规的要求也较为严格。

4. 个体工商户

个体工商户可以在国家法律和政策允许的范围内，经营工业、手工业、建筑业、交通运输业、商业、餐饮业、服务业、修理业及其他行业。可以个人经营，也可以家庭经营。个人经营的，以个人全部财产承担民事责任；家庭经营的，以家庭全部财产承担民事责任。

5. 非正规劳动组织

非正规劳动组织，是指将下岗、失业人员组织起来，帮助他们通过自己的劳动获得一定收入和社会保障的社会劳动组织。主要形式有两种：一种是由下岗、失业人员以自愿组合、自筹资金、自主经营、自负盈亏的形式组织起来，自己寻找经营服务项目并进入社区开展服务的劳动组织；另一种是由地方政府根据安置就业困难人员的需要，帮助建立的非盈利性社会劳动组织，如社区公益性劳动组织、培训实习和劳务输出的基地等。

知识点3：企业注册流程

1. 新企业名称核准

企业名称一般由字号（商号）、所属行业（经营特点）、组织形式三部分组成，前面可以加上所在地区行政区域名称。如"北京××科技发展有限公司""上海××文化发展中心""济南××食品厂""青岛××商店""杭州××技术开发中心"等。

设立公司应当申请名称预先核准。申请名称预先核准，应当提交下列文件：有限责任公司的全体股东或者股份有限公司的全体发起人签署的公司名称预先核准申请书；全体股东或者发起人指定代表或者共同委托代理人的证明；国家工商行政管理总局规定要求提交的其他文件。

企业名称核准后，企业名称要遵照《企业名称登记管理规定》和《企业名称登记管理实施办法》到工商行政管理部门申请注册，非经工商行政管理机关核准的企业名称不受法律保护。

2. 工商注册登记

工商注册登记是新企业开办的法定程序。创业者应主动到当地工商行政管理部门向有关人员咨询，了解申请工商注册登记的程序与要求，及时办理新企业的工商注册登记手续，使新企业的经营活动合法化，并受到法律保护。

3. 刻制印章

新企业领取营业执照后，创业者需到所在地公安局特行科办理新企业印章，并向特行科提供相关文件，包括营业执照、法定代表人身份证证明等。公安局审批后到指定的印章刻制单位刻制新企业印章。完成刻制后，还需在公安机关及相应的主管部门进行印鉴备案。

需要说明的是，企业的印章、企业牌匾、企业银行账户、企业信笺所使用的名称应与新企业在工商行政管理机关登记注册的名称相一致。

4. 代码登记

此处的代码即组织机构代码，是指根据代码编制规则编制，赋予每一个组织机构在全国范围内唯一的、始终不变的识别标识码。我国实行组织机构代码登记制度，根据《全国组织机构代码编制规则》强制性国家标准，对境内每一个机关、团体和企事业单位颁发一个唯一的、始终不变的法定代码标识。

5. 开立银行账户

开立银行账户是新企业与银行建立往来关系的基础。根据我国相关法律规定，每个独立核算的经济单位都必须在银行开户，各单位之间办理款项结算，除现金管理办法规定外，均需通过银行结算。单位银行结算账户包括基本存款账户、一般存款账户、专用存款账户、临时存款账户，不同存款账户的功能及用途各不相同。

6. 办理税务登记

依法纳税是每个创业者必须承担的社会责任。企业、企业在外地设立的分支机构和从事生产、经营的场所，个体工商户和从事生产、经营的事业单位自领取营业执照之日起30日内，持有关证件向税务机构申报办理税务登记。税务机关应当自收到申报之日起30日内审核并发给税务登记证件。

7. 办理社会保险

用人单位应当自成立之日起30日内凭营业执照、登记证书或者单位印章，向当地社会保险经办机构申请办理社会保险登记。社会保险经办机构应当自收到申请之日起15日内予以审核，发给社会保险登记证件。用人单位的社会保险登记事项发生变更或者用人单位依法终止的，应当自变更或者终止之日起30日内，到社会保险经办机构办理变更或者注销社会保险登记。

8. 招聘员工

招聘到合适的人才，人尽其才，是企业生存和发展的关键。企业需要各种各样的人才在一起工作，既要有出类拔萃的决策者、技术骨干，也要有一般的具体工作人员。招聘原则是"任人唯贤，择优录用"，以确保招到高质量的人才。

练技能

技能点1：企业组织形式选择

1. 个人独资企业与合伙制企业

案例一： 在河南某高校的职业生涯规划大赛上，有这样一个案例。几个来自于同一县城的学习平面设计的同学，大三暑假期间在郑州的一个婚纱摄影店实习。实习中，他们萌生了回老家开婚纱摄影店的想法。

他们回老家后有目的地进行了调研，发现县城虽然有几家婚纱摄影店，但是其观念落后，摄影效果根本无法与郑州的店铺相比。而且通过调查还得知，本县每年的结婚人数不少于9000对，市场规模不小。

于是，在家长的帮助下他们开始了选址和筹划工作。一个月后，一家全新的婚纱摄影楼在县城繁华街道诞生。开张的那天，来了解和预约的人络绎不绝。没过多久，他们的预约单就排到了来年的7月，生意相当红火，还没毕业，他们的店就作为学校的实习点接待了几个平面设计专业的学生实习。他们不仅在经济上取得了不菲的收入，而且在心理上收获了很大的成就感。

此案例中，你认为这家全新的婚纱摄影楼是＿＿＿＿＿＿＿＿＿＿（个人独资或合伙制企业？）为什么？

哪种组织形式更合适？

2. 合伙制企业与有限责任公司

案例二：刘峰和张启元就读于同一所大学的经管系，毕业后两人决定开始创业做生意。因为两个人都没有什么经验，所以就先从摆小摊开始做起。他们一直都比较有吃苦耐劳的精神，虽然是摆小摊这种小生意，也做得非常不错。

攒足了开店的钱后，他们决定把赚到的钱拿出来，一人一半，开一家饰品精品店。于是两个人就去有关部门登记了营业执照，开始营业。在两个人辛苦的努力下，慢慢地把一家店做到了四家店，生意越做越火。这时候两个人因为管理和发展方向上的问题起了分歧，矛盾越来越大。两兄弟并没有因此而彼此怨恨，只是很难再合作下去，所以两个人决定拆伙，各做各的生意。因为两个人成立的是合伙公司，所以他们达成了一定的协议，去有关部门做了变更手续，这个合伙公司就算是解散了。

案例三：小周、小刘和小张三人大学时关系就不错，其中两人的家庭条件非常好，三人毕业后，决定一起合伙开一家贸易有限责任公司，主要经营服装饰品之类的商品。

在三人的苦心经营下，公司的业绩蒸蒸日上，公司规模慢慢开始扩大。突然，家庭条件不好的小张的母亲得了癌症，他想回家陪年老的母亲过完最后的时光，决定拆伙然后把属于自己的资产拿回来。此时公司正是需要人的时候，如果小张撤资，影响会非常大。

不过他们的公司是有限责任公司，小张的离开不会引发企业解散的危机。这时候，小周对小张说："大家兄弟一场，非常希望你能留下来，但是伯母的身体要紧，不要因为这个事情拆伙，我们可以把钱凑出来给你，等伯母身体好一点的时候，你再回来。"小张答应了小周的建议，还是这个公司的一个股东。

对比案例二与案例三，你认为合伙制企业与有限责任公司有什么区别？

技能点2：公司登记申请模拟

1. 公司登记（备案）申请书

□ 基本信息（必填项）	
名　　称	(集团母公司需填写：集团名称：　　　　　集团简称：　　　　)
统一社会信用代码 （设立登记不填写）	
住　　所	＿＿省（市/自治区）＿＿市（地区/盟/自治州）＿＿县（自治县/旗/自治旗/市/区）＿＿乡（民族乡/镇/街道）＿＿村（路/社区）＿＿号
联系电话	邮政编码
□ 设立（仅限设立登记填写）	
法定代表人 姓　　名	公司类型　□有限责任公司　　□股份有限公司 　　　　　　　　□外资有限责任公司 □外资股份有限公司
注册资本	＿＿＿万元　　（币种：□人民币　□其他＿＿＿＿）
投资总额 （外资公司填写）	＿＿万元（币种：＿＿＿）　折美元：＿＿＿万元
设立方式 （股份公司填写）	□发起设立　营业期限/　□长期　　　　　□＿＿＿年 □募集设立　经营期限
申领执照	□申领纸质执照 其中：副本＿＿＿个（电子执照系统自动生成，纸质执照自行勾选）
经营范围 （根据《国民经济行业分类》、有关规定和公司章程填写）	（申请人须根据企业自身情况填写《企业登记政府部门共享信息表》相关内容。）

注：1. 本申请书适用于内资、外资公司申请设立、变更、备案。

2. 申请书应当使用 A4 纸。依本表打印生成的，使用黑色墨水钢笔或签字笔签署；手工填写的，使用黑色墨水钢笔或签字笔工整填写、签署。

附表 1

法定代表人信息

本表适用于设立及变更法定代表人填写。

姓　　名		国别（地区）	
职　　务	□董事长 □执行董事 □经理	产生方式	
身份证件类型		身份证件号码	
固定电话		移动电话	
住　　所		电子邮箱	

（身份证件复、影印件粘贴处）

拟任法定代表人签字：

年　月　日

附表 2

董事、监事、经理信息

（担任法定代表人的董事长、执行董事、经理不重复填写）

姓名_____ 国别（地区）_____ 身份证件类型_____
身份证件号码_____ 职务_____ 产生方式_____

（身份证件复、影印件粘贴处）

注：1."职务"指董事长（执行董事）、董事、经理、监事会主席、监事。上市股份有限公司设置独立董事的应在"职务"栏内注明。

2."产生方式"按照章程规定填写，董事、监事一般应为"选举"或"委派"；经理一般应为"聘任"。中外合资（合作）企业应当明确上述人员的委派方。

姓名_____ 国别（地区）_____ 身份证件类型_____
身份证件号码_____ 职务_____ 产生方式_____

（身份证件复、影印件粘贴处）
备注事项同上

姓名_____ 国别（地区）_____ 身份证件类型_____
身份证件号码_____ 职务_____ 产生方式_____

（身份证件复、影印件粘贴处）
备注事项同上

附表 3

股东（发起人）、外国投资者出资情况

单位：万元（币种：□人民币 □其他_____）

股东（发起人）、外国投资者名称或姓名	国别（地区）	证件类型	证件号码	认缴出资额	实缴出资额	出资（认缴）时间	出资方式	出资比例

附表 4

联络员信息

姓　　名		固定电话	
移动电话		电子邮箱	
身份证件类型		身份证件号码	

（身份证件复、影印件粘贴处）

注：1. 联络员主要负责本企业与企业登记机关的联系沟通，以本人个人信息登录国家企业信用信息公示系统依法向社会公示本企业有关信息等。联络员应了解企业登记相关法规和企业信息公示有关规定。

2.《联络员信息》未变更的不需重填。

附表 5

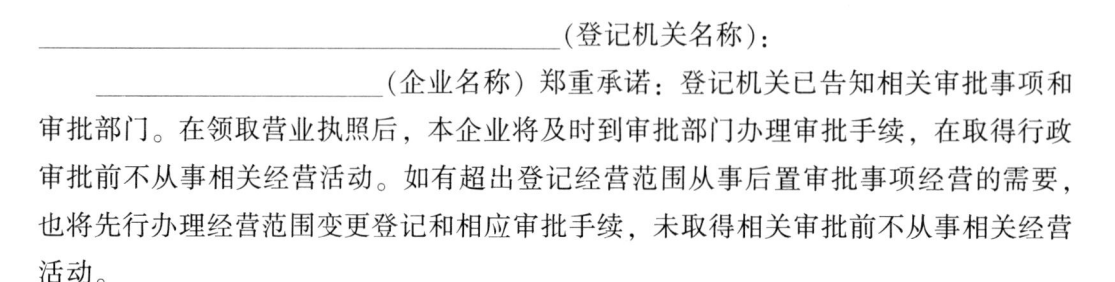

承诺书

_____(登记机关名称)：

_____(企业名称)郑重承诺：登记机关已告知相关审批事项和审批部门。在领取营业执照后，本企业将及时到审批部门办理审批手续，在取得行政审批前不从事相关经营活动。如有超出登记经营范围从事后置审批事项经营的需要，也将先行办理经营范围变更登记和相应审批手续，未取得相关审批前不从事相关经营活动。

如有违反上述承诺内容情形发生的，愿自行承担相应的法律责任。

签字：

年　月　日

注：1.《承诺书》只在企业设立和经营范围变更时填写。

2. 申请人为公司、非公司企业法人、非公司外商投资企业的，由法定代表人签字，设立时由拟任法定代表人签字；申请人为外国（地区）企业在中国境内从事生产经营活动的，由有权签字人签字；申请人为合伙企业、外商投资合伙企业的，由全体合伙人或委托执行事务合伙人签字；申请人为个人独资企业的，由投资人签字。变更登记时还须加盖公章，外国（地区）企业在中国境内从事生产经营活动除外。

3. 有限责任公司和股份有限公司的分公司、非公司企业法人分支机构由隶属企业的法定代表人签字，营业单位由隶属单位的法定代表人签字，个人独资企业分支机构由隶属企业投资人签字，合伙企业分支机构由合伙企业执行事务合伙人或委派代表签字。设立、变更登记时还须加盖隶属企业（单位）公章，外国（地区）企业在中国境内从事生产经营活动除外。

附表 6

外商投资企业法律文件送达
授权委托书

授权人：_____

被授权人：_____

授权范围：授予_____（被授权人名称或姓名）代表_____（授权人名称或姓名）在中国境内接受企业登记机关法律文件送达，直至解除授权为止。

被授权人地址		邮政编码	
被授权人联系人		电子邮件	
被授权人联系人联系电话	固定电话：		
	移动电话：		

授权人签字或盖章：　　　　　　被授权人签字或盖章：

　　　　　　　　　　　　　　　　　　　　　　　年　　月　　日

注：1. 仅限外资企业填写。

2.《外商投资企业法律文件送达授权委托书》由外国（地区）投资者（授权人）与境内法律文件送达接受人（被授权人）签署。被授权人可以是外国（地区）投资者设立的在中国境内从事生产经营活动的机构、拟设立的公司（被授权人为拟设立的公司的，公司设立后委托生效）或者其他境内有关单位或个人。被授权人、被授权人地址等事项发生变更的，应当签署新的《外商投资企业法律文件送达授权委托书》并及时向企业登记机关备案。

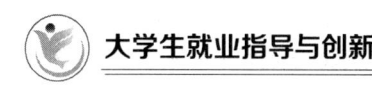

2. 个人独资企业登记（备案）申请书

□基本信息（必填项）			
名　　称		统一社会信用代码 （设立登记不填写）	
联系电话		邮政编码	
住　　所		_____省（市/自治区）_____市（地区/盟/自治州）_____县（自治县/旗/自治旗/市/区）_____乡（民族乡/镇/街道）_____村（路/社区）_____号		
□设立（仅限设立登记填写）			
出 资 额	_____万元（人民币）	申领执照	□申领纸质执照 其中： 副本_____个（电子执照系统自动生成，纸质执照自行勾选）
经营范围 (根据《国民经济行业分类》、有关规定填写）		（申请人须根据企业自身情况填写《企业登记政府部门共享信息表》相关内容。）		
□变更（仅限变更登记填写,只填写与本次申请有关的事项）			
变更事项	原登记内容		变更后登记内容
注：变更事项包括名称、住所、投资人姓名和居所、出资额和出资方式、经营范围。			

注：1. 本申请书适用个人独资企业申请设立、变更、备案。

2. 申请书应当使用 A4 纸。依本表打印生成的，使用黑色墨水钢笔或签字笔签署；手工填写的，使用黑色墨水钢笔或签字笔工整填写、签署。

	□基本信息（必填项）			
分支机构 □ 增设 □ 注销	名　　称		统一社会信用代码	
	登记机关		登记日期	
其　他	□ 联络员			
□投资人及出资信息（仅限设立及变更投资人填写）				
姓　　名		性　　别		民　族	
文化程度		政治面貌		邮政编码	
固定电话		移动电话		电子邮箱	
身份证件类型		身份证件号码			
住　　所				
出资方式	□ 1. 以个人财产出资； □ 2. 以家庭共有财产作为个人出资。 出资人的家庭成员签字： 　　　　　　　　　　　　　　　　　　　年　月　日			

　　　　　　　　　（身份证件复、影印件粘贴处）

	□ 指定代表/委托代理人（必填项）		
委托权限	1. 同意 □　不同意 □　核对登记材料中的复印件并签署核对意见； 2. 同意 □　不同意 □　修改企业自备文件的错误； 3. 同意 □　不同意 □　修改有关表格的填写错误； 4. 同意 □　不同意 □　领取营业执照和有关文书。		
固定电话		移动电话	
（指定代表或者委托代理人身份证件复、影印件粘贴处）			
指定代表/委托代理人签字： 　　　　　　　　　　　　　　　　　　　　　　　　年　　月　　日			
□ 申请人承诺（必填项）			
本申请人和签字人承诺提交的材料文件和填报的信息真实有效，并承担相应的法律责任。 投资人签字： 　　　　　　　　　　　　　　　　　　　　　　　　企业盖章 　　　　　　　　　　　　　　　　　　　　　　　　年　　月　　日			

附表 1

联络员信息

姓　名		固定电话	
移动电话		电子邮箱	
身份证件类型		身份证件号码	
     （身份证件复、影印件粘贴处） 			

注：1. 联络员主要负责本企业与企业登记机关的联系沟通，以本人个人信息登录国家企业信用信息公示系统依法向社会公示本企业有关信息等。联络员应了解企业登记相关法规和企业信息公示有关规定。

2.《联络员信息》未变更的不需重填。

附表 2

承诺书

_____（登记机关名称）：

_____（企业名称）郑重承诺：登记机关已告知相关审批事项和审批部门。在领取营业执照后，本企业将及时到审批部门办理审批手续，在取得行政审批前不从事相关经营活动。如有超出登记经营范围从事后置审批事项经营的需要，也将先行办理经营范围变更登记和相应审批手续，未取得相关审批前不从事相关经营活动。

如有违反上述承诺内容情形发生的，愿自行承担相应的法律责任。

签字：

年 月 日

注：1.《承诺书》只在企业设立和经营范围变更时填写。

2. 申请人为公司、非公司企业法人、非公司外商投资企业的，由法定代表人签字，设立时由拟任法定代表人签字；申请人为外国（地区）企业在中国境内从事生产经营活动的，由有权签字人签字；申请人为合伙企业、外商投资合伙企业的，由全体合伙人或委托执行事务合伙人签字；申请人为个人独资企业的，由投资人签字。变更登记时还须加盖公章，外国（地区）企业在中国境内从事生产经营活动除外。

3. 有限责任公司和股份有限公司的分公司、非公司企业法人分支机构由隶属企业的法定代表人签字，营业单位由隶属单位的法定代表人签字，个人独资企业分支机构由隶属企业投资人签字，合伙企业分支机构由合伙企业执行事务合伙人或委派代表签字。设立、变更登记时还须加盖隶属企业（单位）公章，外国（地区）企业在中国境内从事生产经营活动除外。

3. 合伙企业登记（备案）申请书

□基本信息（必填项）	
名　称	
统一社会信用代码（设立登记不填写）	
主要经营场所	_____省（市/自治区）_____市（地区/盟/自治州）_____县（自治县/旗/自治旗/市/区）_____乡（民族乡/镇/街道）_____村（路/社区）_____号
联系电话	邮政编码
□设立（仅限设立登记填写）	
执行事务合伙人	姓名或名称　　　　　　　　　国别（地区） 委派代表姓名（仅限执行事务合伙人为法人或其他组织的填写）
合伙企业类型	□ 内　资　　□ 外商投资　　□普通合伙　□特殊的普通合伙　□有限合伙
出资额	认缴_____万元，其中：实缴_____万元（币种：□人民币 □其他_____）
经营范围（根据《国民经济行业分类》、有关规定和企业章程（协议）填写）	（申请人须根据企业自身情况填写《企业登记政府部门共享信息表》相关内容。）

注：1. 本申请书适用合伙企业、外商投资合伙企业申请设立、变更、备案。

2. 申请书应当使用 A4 纸。依本表打印生成的，使用黑色墨水钢笔或签字笔签署；手工填写的，使用黑色墨水钢笔或签字笔工整填写、签署。

合伙期限	☐长期　　　　　☐_____年		
合伙人数	_____人	其中，有限合伙人数 （仅有限合伙填写）	_____人
申领执照	☐申领纸质执照　其中：副本___个（电子执照系统自动生成，纸质执照自行勾选）		

☐变更（仅限变更登记填写，只填写与本次申请有关的事项）

变更事项	原登记内容	变更后登记内容

注：变更事项包括名称、主要经营场所、执行事务合伙人、经营范围、合伙企业类型、合伙人姓名或者名称及住所、国家（地区）及住所、承担责任方式、认缴或者实际缴付的出资数额、缴付期限、出资方式、评估方式、合伙期限、法人或者其他组织的执行事务合伙人委派代表，新合伙人入伙、退伙。

☐备案（仅限备案登记填写）

清算人	成　员		
	清算负责人		联系电话	
其　他	☐合伙协议或补充合伙协议　　☐联络员　　☐外国投资者法律文件送达接受人		

□ 指定代表/委托代理人（必填项）				
委托权限	1. 同意 □　不同意 □　核对登记材料中的复印件并签署核对意见； 2. 同意 □　不同意 □　修改企业自备文件的错误； 3. 同意 □　不同意 □　修改有关表格的填写错误； 4. 同意 □　不同意 □　领取营业执照和有关文书。			
固定电话		移动电话		

（指定代表或者委托代理人身份证件复、影印件粘贴处）

指定代表/委托代理人签字：

年　　月　　日

□ 申请人承诺（必填项）
本申请人和签字人承诺提交的材料文件和填报的信息真实有效，并承担相应的法律责任。 全体合伙人签字（仅限合伙企业设立登记）： 执行事务合伙人或委派代表签字（仅限变更登记、清算人备案以外的备案）： 清算人签字（仅限清算人备案）： 　　　　　　　　　　　　　　　　　　　　　　　　　　　　　企业盖章 　　　　　　　　　　　　　　　　　　　　　　　　　　　年　　月　　日

附表 1

执行事务合伙人（委派代表）信息

姓名/名称		固定电话	
电子邮箱		移动电话	
身份（资格）证明类型		身份（资格）证明号码	
法人或其他组织委派代表的委托书			
我单位作为合伙企业_____的执行事务合伙人，现委托_____代表我单位执行合伙事务。 委托单位法定代表人（负责人）签字： 　　　　　　　　　　　　　　　　　　　　　　　　　　委托单位盖章 　　　　　　　　　　　　　　　　　　　　　　　　　　　年　月　日			
    （身份证件复、影印件粘贴处） 			
拟任执行事务合伙人（或委派代表）签字：			年　月　日

附表2

全体合伙人委托执行事务合伙人的委托书

名　　称	
统一社会信用代码 （设立登记不填写）	
委托事项	
经全体合伙人协商一致，同意委托＿＿＿＿＿＿＿＿＿＿＿＿＿＿＿＿为执行事务合伙人。 全体合伙人签字： 　　　　　　　　　　　　　　　　　　　　　　　　　　　　年　月　日	

注：自然人由本人签字，法人和其他组织由其法定代表人或负责人签字并加盖公章；横线部分根据实际填写自然人姓名、法人或其他组织的名称。

附表3

全体合伙人名录及出资情况

单位：万元（币种：□人民币 □其他_____）

合伙人名称或姓名	国别（地区）	住所	证件类型及号码	承担责任方式	出资方式	评估方式	认缴出资额	实缴出资额	缴付期限

注："承担责任方式"根据合伙协议约定填写"无限责任"或者"有限责任"。"评估方式"栏，以货币出资的，填写"无"；以非货币财产出资的，以实物、知识产权、土地使用权或其他财产权利出资的，填写"全体合伙人评估"。"缴付期限"填写合伙协议约定的缴付期限。

附表4

联络员信息

姓　　名		固定电话	
移动电话		电子邮箱	
身份证件类型		身份证件号码	

（身份证件复、影印件粘贴处）

注：1. 联络员主要负责本企业与企业登记机关的联系沟通，以本人个人信息登录国家企业信用信息公示系统依法向社会公示本企业有关信息等。联络员应了解企业登记相关法规和企业信息公示有关规定。

2.《联络员信息》未变更的不需重填。

附表 5

承诺书

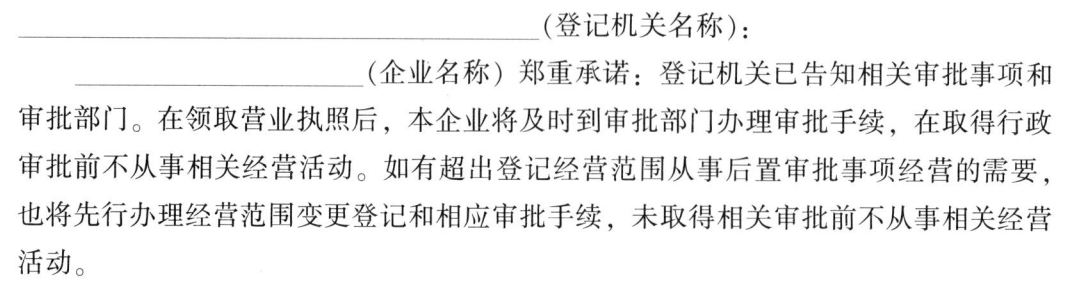

_____(登记机关名称)：

_____(企业名称)郑重承诺：登记机关已告知相关审批事项和审批部门。在领取营业执照后，本企业将及时到审批部门办理审批手续，在取得行政审批前不从事相关经营活动。如有超出登记经营范围从事后置审批事项经营的需要，也将先行办理经营范围变更登记和相应审批手续，未取得相关审批前不从事相关经营活动。

如有违反上述承诺内容情形发生的，愿自行承担相应的法律责任。

签字：

年　月　日

注：1.《承诺书》只在企业设立和经营范围变更时填写。

2. 申请人为公司、非公司企业法人、非公司外商投资企业的，由法定代表人签字，设立时由拟任法定代表人签字；申请人为外国（地区）企业在中国境内从事生产经营活动的，由有权签字人签字；申请人为合伙企业、外商投资合伙企业的，由全体合伙人或委托执行事务合伙人签字；申请人为个人独资企业的，由投资人签字。变更登记时还须加盖公章，外国（地区）企业在中国境内从事生产经营活动除外。

3. 有限责任公司和股份有限公司的分公司、非公司企业法人分支机构由隶属企业的法定代表人签字，营业单位由隶属单位的法定代表人签字，个人独资企业分支机构由隶属企业投资人签字，合伙企业分支机构由合伙企业执行事务合伙人或委派代表签字。设立、变更登记时还须加盖隶属企业（单位）公章，外国（地区）企业在中国境内从事生产经营活动除外。

开眼界

互联网创业

我们正处在一个创业的时代。时代在发展，社会在进步，经济在变革，为创业者提供了前所未有的创业条件。国家和地方出台了一系列优惠政策，鼓励高校毕业生创业。每一位有志青年学生都应该审时度势，投入到创业的洪流中，显身手、展才华，实现自己的人生理想，为社会作出更大的贡献。

1. 互联网创业的背景与内涵

互联网创业是网站运营之后产生的一种新型的创业形式，通过互联网来创造商机。大多数互联网创业者是从事IT行业的青年人，所以互联网创业也是一种具有勃勃生机的创业形式。

随着互联网产业的发展，互联网创业将成为创新创业的重要实施路径，主要原因有两个方面。第一，我国互联网使用人数逐年增加。第二，传统产业发展较为完备，创新创业较为困难，而互联网产业属于新兴产业，在"互联网+"引领下，信息技术迅猛发展，加上政府提供的创业政策，互联网创业必将成为未来"大众创业，万众创新"的主要实施路径。

2. 适合网上创业的人群

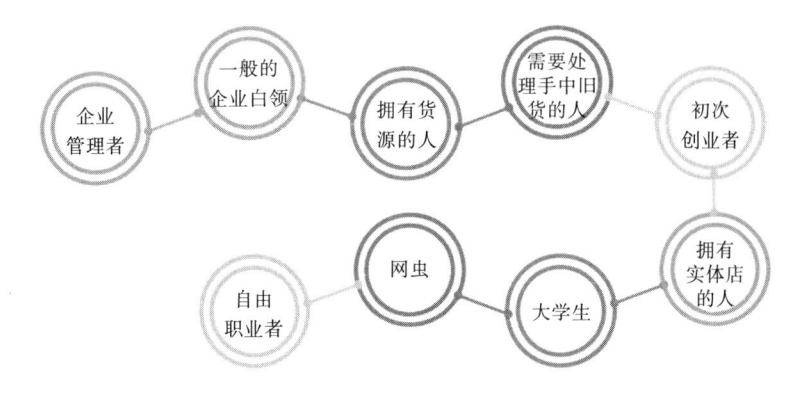

图 8-10 适合网上创业的人群

3. 网上创业的优势

（1）投资少，回收快

（2）资金占用较少

（3）营业时间不限

（4）地域、地点限制小

4. 网店注册流程（以"淘宝网"为例）

(1) 用户注册

安全小提示：为了保证交易的安全性，注意密码不要设置得太过简单，建议使用"英文字母+数字+符号"的组合密码。

图 8-11 用户注册

(2) 身份认证

"淘宝网"规定只有通过实名认证之后，才能出售宝贝、开店铺。所以在注册用户之后，还要进行相应的认证（包括个人实名认证和支付宝认证两个过程）。

图 8-12 身份认证

(3) 进货、拍图、修图等

通过身份验证后，您就要开始整理自己已有的宝贝了，为了将销售的宝贝更直观地展示在消费者面前，图片的拍摄至关重要，而且最好使用相应的图形图像处理工具进行图片格式、大小转换，比如 Photoshop、美图等。

(4) 发布宝贝

要在淘宝上开店，除了要符合认证的会员条件之外，还需要按规定发布宝贝。因此，在整理好商品资料、图片后，您要上传图片、发布宝贝。

图 8-13 拍照上传

(5) 店铺创建成功

淘宝为通过认证的会员提供了免费开店的机会，只要你按规定数量发布宝贝，就可以拥有一间属于自己的店铺和独立网址。在这个网页上你可以放上自己出售的宝贝，并且根据自己的风格来进行布置。

(6) 店铺的装修

在免费开店之后，买家可以获得一个属于自己的空间。和传统店铺一样，为了能正常营业、吸引顾客，需要对店铺进行相应的"装修"，主要包括店标设计、宝贝分类、推荐宝贝、店铺风格等。

5. 网店的推广

提高网店知名度，增加网店访问量的方法主要有以下几种：

(1) 利用论坛、空间、博客等宣传

(2) 交换链接

(3) 搜索引擎优化（SEO）

(4) 橱窗推荐

(5) 利用网络广告宣传

(6) 利用手机等移动设备进行宣传

(7) 利用电子邮件宣传

(8) 传统方式与电子化方式的有效结合

课后习题

1. 材料分析题

材料一：根据人社部、教育部和国家工商总局合作进行的大数据交叉比对显示，2018年在工商部门新登记注册的大学生创业总数达到47.8万人，比上年增加11.9万人,增加的比例是33.3%,大学生创业数量持续增长。

材料二:根据《山东省2018届非师范类高校毕业生就业质量分析报告》的数据显示,非师范类毕业生自主创业情况如下。

(1) 创业领域分布

调查结果显示,"创意小店"和"连锁加盟"是非师范类毕业生创业人数较多的两个领域,比例分别为21.84%和17.57%。毕业生创业领域分布情况如下图所示:

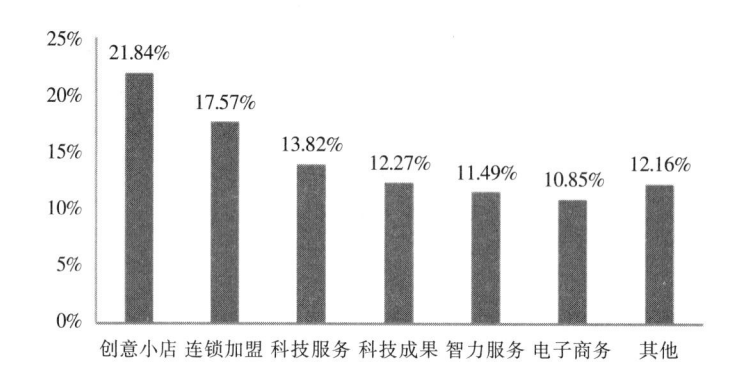

图8-14 非师范类毕业生创业领域分布

(2) 准备创业的动机

调查结果显示,"实现个人理想"是毕业生准备创业选择比例最高的动机,达22.47%;"创造财富""就业压力大""响应国家号召""自由的工作方式"和"服务社会"的选择人数也较多,比例都超过10%。毕业生准备创业的动机调查情况如下图所示:

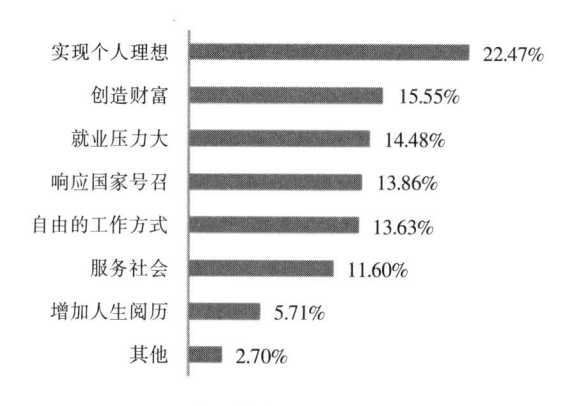

图8-15 非师范类毕业生准备创业的动机

(3) 创业困难的原因

调查数据显示,非师范类毕业生认为"缺乏资金""个人能力不足"和"缺乏有效创业指导"是造成自己创业困难的三个最主要原因,比例分别为18.47%、14.87%

和 12.47%；"行政审批手续繁琐"比例也较高，超过 10%。毕业生创业困难的原因调查情况如下图所示：

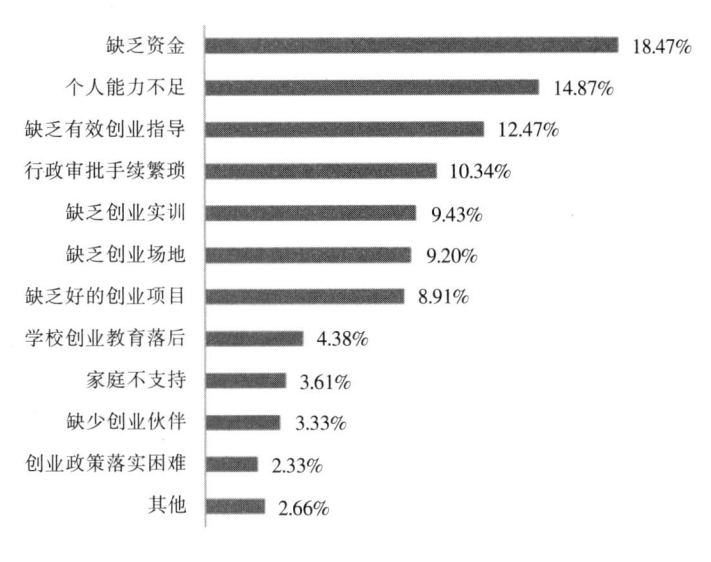

原因	比例
缺乏资金	18.47%
个人能力不足	14.87%
缺乏有效创业指导	12.47%
行政审批手续繁琐	10.34%
缺乏创业实训	9.43%
缺乏创业场地	9.20%
缺乏好的创业项目	8.91%
学校创业教育落后	4.38%
家庭不支持	3.61%
缺少创业伙伴	3.33%
创业政策落实困难	2.33%
其他	2.66%

图 8-16　非师范类毕业生创业困难的原因

问题 1：大学生创业数量持续增长的原因是什么？

问题 2：如何提高毕业生创业的积极性？

2. 案例分析

韩小军是一名职业学院应届大学毕业生，在校期间品学兼优，家长都希望他毕业后找一家工资高、待遇好、比较稳定的工作，但他本人想自己创业，打算在学校附近开一家鲜花礼品店，不过他还是有一大堆问题搞不清楚：鲜花礼品店怎么注册啊？是否一定要注册一家公司？如果注册需要多少注册资金？我应该怎么取名字、选址啊？国家对大学生创业都有些什么优惠政策？

你能帮他解答这些疑问吗？运用所学知识试一试吧！

3. 思考题

（1）什么是创业团队？创业团队的组成要素有哪些？

（2）创业团队有哪几种类型？怎样组建高效率的创业团队？

（3）创业团队如何管理？

（4）大学生创业团队如何组建？

（5）创业企业的组织形式有哪些？

（6）企业注册的基本流程是？

图书在版编目（CIP）数据

大学生就业指导与创新创业实务 / 孙连军，李成龙，崔玉祥主编. -- 北京：中国书籍出版社，2020.1

ISBN 978-7-5068-7808-1

Ⅰ. ①大… Ⅱ. ①孙… ②李… ③崔… Ⅲ. ①大学生-职业选择-高等职业教育-教材 Ⅳ. ①G647.38

中国版本图书馆 CIP 数据核字(2020)第 019305 号

大学生就业指导与创新创业实务

孙连军　李成龙　崔玉祥　主编

责任编辑	姜　佳
责任印制	孙马飞　马　芝
封面设计	范　荣
出版发行	中国书籍出版社
地　　址	北京市丰台区三路居路 97 号（邮编：100073）
电　　话	（010）52257143（总编室）　　（010）52257140（发行部）
电子邮箱	eo@chinabp.com.cn
经　　销	全国新华书店
印　　刷	青岛环海瑞源印刷科技有限公司
开　　本	787 mm × 1092 mm　1 / 16
字　　数	403 千字
印　　张	20
版　　次	2020 年 4 月第 1 版　2020 年 4 月第 1 次印刷
书　　号	ISBN 978-7-5068-7808-1
定　　价	38.00 元

版权所有　翻印必究